本书是江苏省社科基金项目“习近平总书记关于
(批准号 19ZTB009)的阶段性成果

U0883756

李良玉教授与其博士生文丛
Liliangyu Jiaoshou Yu Qi Boshisheng Wencong

新中国盐业管理体制变革研究

——以淮北盐业为例

Xinzhongguo Yanye Guanli Tizhi Biange Yanjiu
Yi Huaibei Yanye Weili

周倩倩 著

合肥工业大学出版社

图书在版编目(CIP)数据

新中国盐业管理体制变革研究:以淮北盐业为例/周倩倩著.—合肥:合肥工业大学出版社,2022.12
ISBN 978-7-5650-6023-6

Ⅰ.①新… Ⅱ.①周… Ⅲ.①制盐工业—经济体制改革—研究—淮北 Ⅳ.①F426.82

中国版本图书馆CIP数据核字(2022)第220455号

新中国盐业管理体制变革研究

——以淮北盐业为例

周倩倩 著　　责任编辑 郭娟娟

出 版	合肥工业大学出版社	版 次	2022年12月第1版
地 址	合肥市屯溪路193号	印 次	2022年12月第1次印刷
邮 编	230009	开 本	710毫米×1010毫米 1/16
电 话	人文社科出版中心:0551-62903200	印 张	15.5 彩 插 1
	营销与储运管理中心:0551-62903198	字 数	315千字
网 址	www.hfutpress.com.cn	印 刷	安徽昶颉包装印务有限责任公司
E-mail	hfutpress@163.com	发 行	全国新华书店

ISBN 978-7-5650-6023-6　　定价:49.00元

清末民初运盐船（仿制品）
（盐城中国海盐博物馆馆藏）

盐城中国海盐博物馆外景

汉代煮盐“牢盆”（仿制品）
（盐城中国海盐博物馆馆藏）

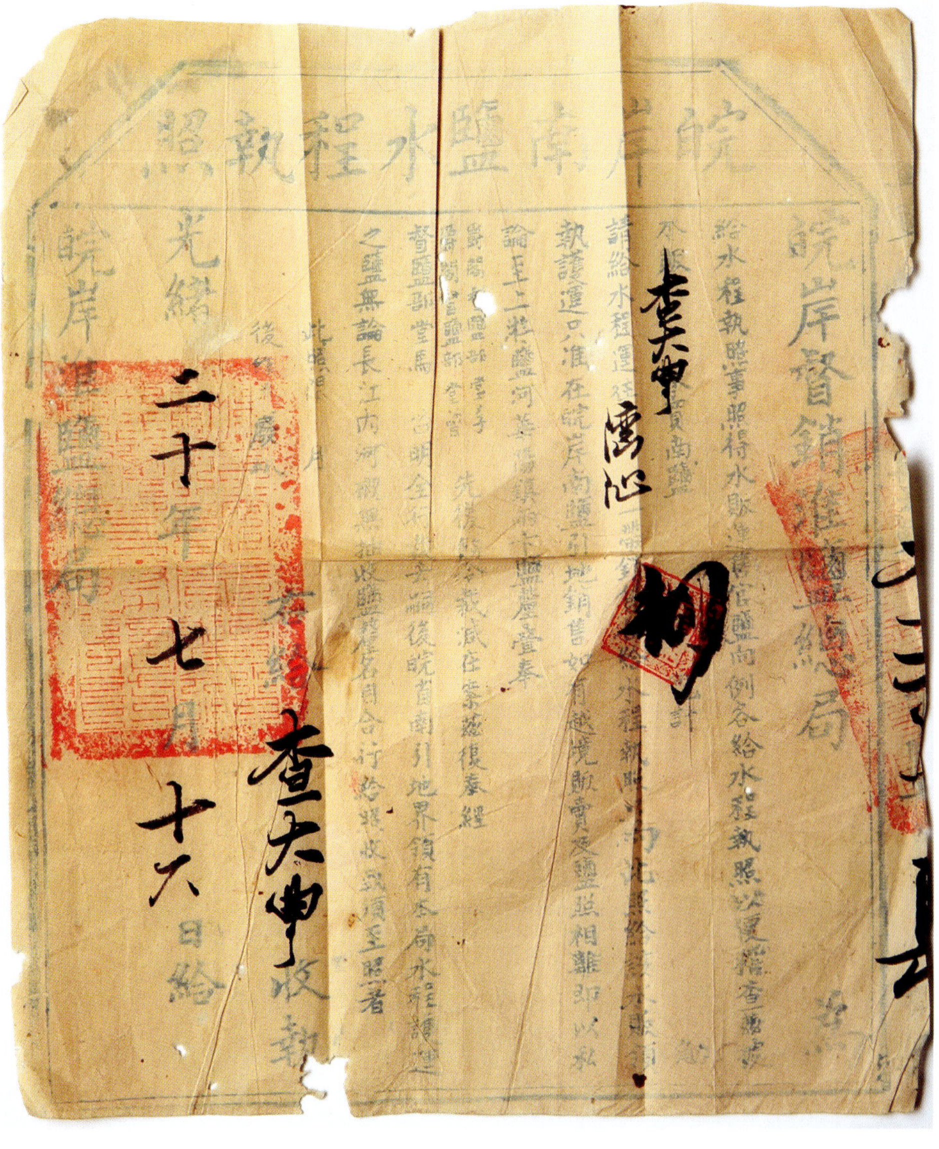

1894 年皖岸淮盐总局发“皖岸南准销淮盐水程执照”
（盐城中国海盐博物馆馆藏）

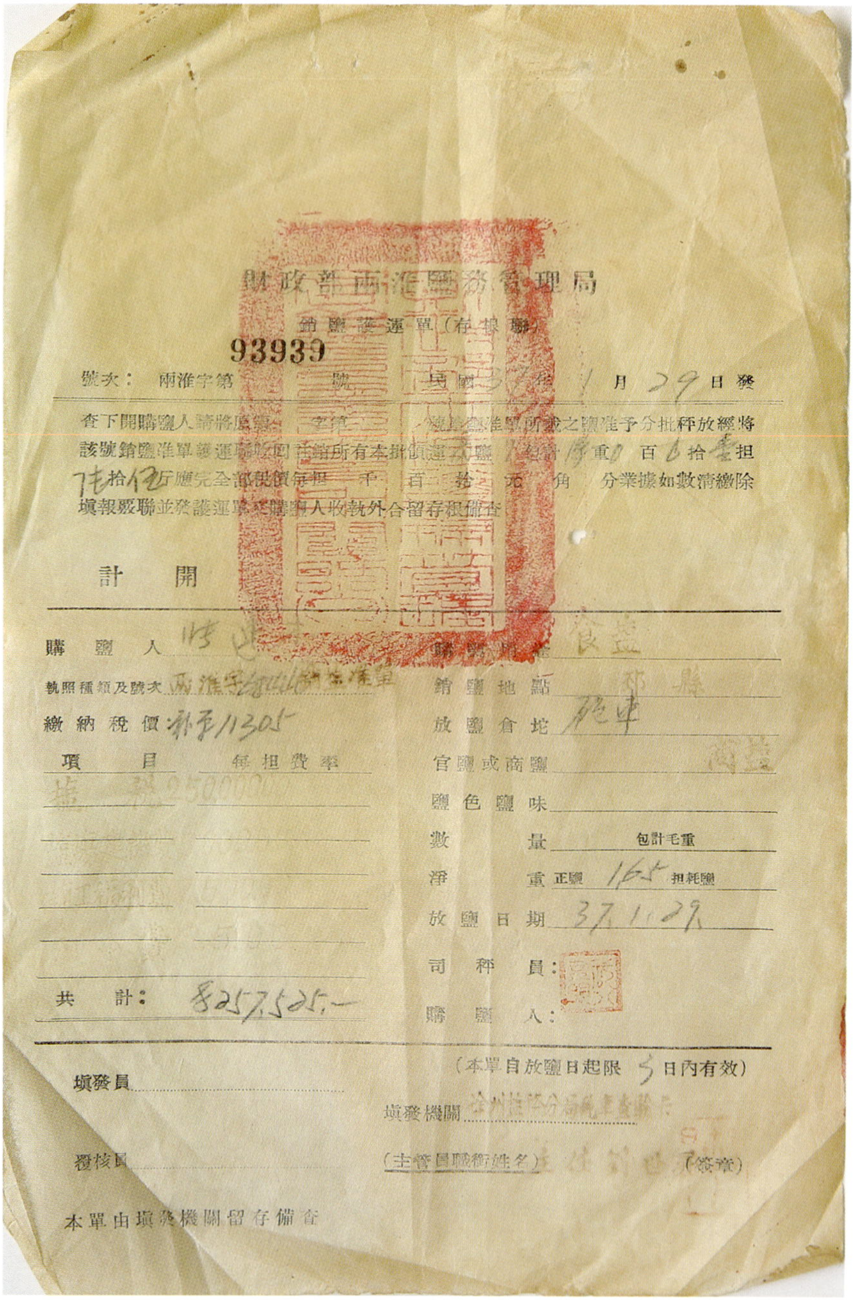

財政部兩淮鹽務管理局

銷鹽護運單(存根聯)

93939

號次：兩淮字第　　號　民國37年1月29日發

查下開購鹽人請將原領　字第　號銷鹽准單所載之鹽准予分批秤放經將該號銷鹽准單護運聯收回註銷所有本批領運之鹽　包計淨重　百　拾　担　拾　斤應完全部税價每担　千　百　拾　元　角　分業據如數清繳除填報聯並發護運單交購鹽人收執外合留存根備查

計開

購鹽人　　購鹽用途　食盐

執照種類及號次

銷鹽地點

繳納稅價

放鹽倉坨

項目　每担費率

官鹽或商鹽　商盐

鹽色鹽味

數量　包計毛重

淨重　正鹽　165　担耗鹽

放鹽日期　37.1.29

司秤員：

購鹽人：

共計：8257.525.—

(本單自放鹽日起限　5　日內有效)

填發員

填發機關

覆核員

(主管員職銜姓名)　(簽章)

本單由填發機關留存備查

1948 年国民党政府盐务管理机构所发“销盐护运单”

(盐城中国海盐博物馆馆藏)

灌东盐场场部

作者在灌东盐场场部大楼前与该场党委书记刘双全（右二）、
主管生产的副场长严庭武（右一）等人合影

作者和灌东盐场职工在盐滩

作者和灌东盐场最大的工区——海堤工区负责人在盐滩

灌东盐场盐池的防雨设备。照片中间是塑料薄膜，
下雨前可通过机械操作把整个盐池覆盖起来，盐场称之为“塑苦技术”

已覆盖上塑料薄膜的盐池

灌东盐场的工人在扒盐

作者在洗盐场。通过照片中的皮管把盐和卤水输送上去，把盐中的杂质过滤掉

盐廪

灌东盐场的运盐码头

运盐的重要水道——灌河（当地又称潮河）

新滩盐场场部外景

作者在新滩盐场场部，左侧站立者为该场党委书记陈正群

新滩盐场的运盐码头

新滩盐场利用原有盐池改建的水产养殖区

总 序

“李良玉教授及其博士生学术文丛”原由知识产权出版社出版。2007年9月起，由合肥工业大学出版社继续出版。为了既体现丛书的连续性，又显示新一家出版社的气象，丛书名改为“李良玉教授与其博士生文丛”。

2005年8月至2006年8月，在知识产权出版社领导的大力支持下，特别是在副总编辑王润贵先生和编辑牛洁颖女士的直接主持下，共有《李良玉历史研究与教育文选》和我的5位学生的博士论文出版。我衷心感谢所有关心和参与这套丛书的朋友们的远见卓识和辛勤劳动，也特别珍惜和他们相处过程中所获得的真诚。记得我在给牛洁颖的一封电子邮件中说过：“人文社会科学的东西，仁者见仁、智者见智而已。我很欢迎和你推心置腹地讨论问题，目标是一致的，就是把书出好；立场是一致的，就是以诚相见；我想效果自然也是可以预见的，就是互相更加信任，友谊愈笃。”这段文字代表了我们的共识。

1999年，南京大学通过有关程序确认我具备博士生指导教师资格，次年起我开始招收学生。假如按今天官本位条件下博导的实际社会地位、声誉及其所承担的职责等多项指标来衡量，成为博士生导师或许并非幸事。然而，我仍然感谢学校领导、研究生院和所有参加评审工作的校内校外专家，他们给了我一份可能，如同我在第一届学生答辩的时候所说：“使我有机会获得培养青年、提携才俊的创造性工作的快乐。”它来源于教育的诚实、神奇和自我满足。

把我指导的学生的论文结集出版博士论文丛书，是我招收博士生伊始就定下来的努力方向，也是一开始就向同学们提出来的目标。这是一个艰难的目标。现在，这套丛书已经拥有40种著作，预计今后几年内将达到50种左右的规模。假如有人问我，丛书的价值何在？我依然回答：任何著作一经出版，对它的评判权从来就不属于作者。只有读者和时间的检验，才能最终决定其命运。

除了我的书以外，这套丛书的著作，多是我的学生的博士论文。读他们的书，能读到一些锐气，自然也会有一些幼稚。同学们努力学习的风范是值得夸奖的，从这个角度上说，丛书为了解当前博士生教育提供了一例个案，不论这一个案有没有价值。

回顾招收博士生以来的教书生活，我从内心深处感激我的学生。无论来自何方、年龄大小、从事过什么工作，他们为了读书求知的共同目标走到一起来了。我们坦诚相处，教学相长，虽然也会有艰难或者隔阂，但毕竟能够获得一些理解与成长的经验。我始终认为，生活的本质在于真实。基于这样的理念，我曾对同学说过，追求真实而不追求虚伪，追求幸福而不追求痛苦，追求理解而不追求怨恨。博士生的学习生活是一种知识、道德和能力的全面提高过程，它既是学生的提高过程，也是老师的提高过程。对于我们每个人来说，都是由日常生活的点点滴滴所积累起来的进步。

在同学们的身上，我们能够感受到新时代学术的朝气。尽管他们各自的人生阅历、知识背景、生活目标不尽相同，但是读书生活却给了他们以同样的学术传统、学术理念、学术规范与方法的熏陶。在这里，我个人的能量是有限的。不过，我们拥有传统人文的深厚资源、外来学术的精彩信息和百年老校的丰富积淀。它们浩如大海，蔚为壮观。也许，现代与传统的衔接，师道与学统的交汇，个人与时代的融合，才是他们不断自我觉悟、自我更新、自我发展的内在精神动力。

博士论文是博士生学习的主要成果，也是当代学术进步的重要标志之一。引导同学完成博士论文的过程，是师生之间知识交流、思想交流、情感交流的完整过程。对老师来说，同学的敏锐、勤奋与活力，是那么的宝贵；对于同学来说，每一类学术题材的发现，每一种学术思路的开拓，每一个细节问题的解决，都会带来学问启蒙和心灵震撼的作用，甚至包括对人生意义的新认识。20 多年来，有相当多的博士论文开辟了各自学术领域的新境界。它告诉我们，博士论文质量的根本标志，是按照学术规范研究和解决问题所达到的水平，或者说，是解决问题的难度及其所包含的开拓性成就。有鉴于此，我们才应该把博士论文看作是一种文化创造，一种当下社会和时代应当能够留下来的精神产品。要求所有博士论文都达到这样的水平也许很难，但是，提出这样的要求是必要的，鼓励每一位博士生向这样的目标努力前进也是有意义的。

是为序。

李良玉

2022 年 11 月 7 日于南京大学港龙园

目　录

绪　论

一、选题缘起

2011年9月，当我重新踏入南京大学的校门时，心中泛起诸多感慨。两年前，我从南京大学本科毕业，被保送到浙江大学历史系读硕士。两年后，我又考回南京大学历史系，成为李良玉教授的博士生。事实上，早在2004年，我已与李老师结缘。我素闻李老师对学生教导有方，便想请他指导我的毕业论文。当时李老师已经有十几年没带过本科生了，但还是一口答应下来，让我顿时有受宠若惊之感。硕士两年，我虽然身在杭州，但一直未敢忘记老师的教诲。这期间，在找工作和读博之间衡量再三后，我选择了后者，并再次投到李老师门下，我与老师之间的师徒缘分更加深厚。

李老师是带领我进入学术殿堂的恩师，他严谨的治学方法对我产生了很大影响。刚一入学，李老师要求我先练习写论文，为完成博士论文积累写作经验。较之于李老师的预期，我的前期训练过程漫长而艰难。接连三篇论文的修改时间，篇篇都有半年之久，前后修改十几稿。即便如此，最后的定稿仍不能令李老师满意。他总是摇着头说，文字不过关，将来博士论文初稿难以达标。直到写完第五篇论文，李老师才大致认可了我的文字水平。

李老师注重档案史料，入学不久，就把我“赶”到江苏省档案馆去“摸材料”了。我先从档案目录看起，把有兴趣的问题记下来；回到学校后上网查阅是否有相关的研究成果，以及是否有进一步挖掘的空间；了解学术动态之后，重新回到档案馆看档案。做了这些基础工作后，我再向李老师汇报看档案的成果和心得，征求选题意见。

一段时间后，我注意到了江苏省盐务管理局的档案。这批档案始自1945年，截至1980年，共有910卷，从生产、运销、税收、机构组织、管理、基础建设、制盐技术、职工等方面全面反映了淮北海盐业的发展状况。此外，还有淮南盐管局的档案136卷，时间从1949年至1954年。这两套档案较为系统地呈现了新中国成立后两淮盐业的发展历程，而学术界对这方面的研究较少。李老师了解到这一情况后，鼓励我继续关注这批档案，并将查阅范围限定在“文革”之前。至博士一年级上半学期结束，我已经翻阅了不少卷档案，并复印了一部分。

在摸档案的过程中，我对选题的意义发生了动摇：全国有十几个产盐区，我只研究其中一个，其价值何在？看到我不愿意研究下去，李老师又指定我探讨研究一个当代历史人物。之后的三四个月里，我大量阅读了这个人出版的著作，写出了一份关于他的早年思想研究的开题报告。不知不觉中，将近一年时间过去了，但进度缓慢。针对我的情况，李老师认为：政治人物的思想分析有难度，而两淮盐业历史悠久，两淮当代盐业研究更有填补空白的性质，这应该是个很好的课题；同时，通过查阅和解读档案进行学术研究的训练，还有助于奠定比较扎实的学术基础，所以，应该重新考虑以当代两淮盐业为博士论文选题。我经过再三考虑，认为自身的思维方式更适合研究社会经济史。经与李老师商定，我的博士论文选题重新确定为新中国成立后的两淮盐业。

由于中间的曲折，接下来查档案的时间就比较紧张了。再次回到江苏省档案馆“奋战”了三四个月后，加上之前的成果，我已经把1945—1966年江苏省盐务管理局的大部分主体资料复印完了。

李老师比我更加心焦，催促我赶快把档案拿给他看。2013年元旦晚上，李老师一份一份地认真地看我的档案，不时在笔记本上做些记录，不知不觉两个多小时过去了……类似的情景我之前已在李门弟子中有所耳闻。读罢档案后，李老师与我进行了长时间的谈话。他首先将我的论文题目确定为“新中国淮北盐业的国有化进程”，时间段划定为1948—1957年。之所以拟定这个题目，是因为盐业的体制在1957年基本稳定下来了，之后就是盐场的所属关系有所变化，其他内容不多，而1948—1957年淮北盐场的国有化问题，典型性强一些。接下来，李老师指出了我的论文需要解决的八大问题，以后收集档案及其他资料都要围绕这八个问题展开。最后，他提出了在收集资料方面需要注意的四个问题。经李老师提点，我顿时有种豁然开朗的感觉。之后，随着各种资料的进一步收集（以档案资料为主），论文思路渐渐清晰起来。

二、选题意义

两淮盐区是中国四大海盐产区（其他三个是东北、长芦、山东）之一。这里的两淮，是盐业史上的两淮，指的是今江苏境内赣榆县（今江苏省连云港市赣榆区）以南、长江以北的东部沿海制盐区，也可以称为苏北盐区。一般说来，以废黄河为界，以北为淮北盐区，包括今天的赣榆、涟水、连云港、灌云、灌南、响水、滨海等地；以南为淮南盐区，包括今天的盐城、阜宁、大丰、东台、海安、如东、启东等地。

古代的两淮盐业以淮南盐区为主。清代中期以来，随着制盐技术的改进以及盐法的改革，淮北盐区日渐兴盛。淮北盐区的青口、板浦、中正三场，统称为淮北盐场。清末民初，淮北盐场新添济南场，该场产量极丰，使淮北盐场一跃而成为两淮的主要产盐区，其地位超过了淮南。

20世纪40年代，淮北盐场处于日伪、国民党、中共三方政权的交替控制之下，并最终于1948年11月8日由中共完全接管。这时，淮北盐场的范畴已发生了一些变化。一方面，由于青口场为山东的中共部队接收，从而脱离了淮北盐场；另一方面，1941年新四军铺设的新滩盐场并入淮北盐场。因此，中共接管的淮北盐场包括板浦、中正、济南、新滩四场。此后各个盐场的场区划分和名称多有变动，但都是以这四个场为基础的。

研究新中国初期的淮北盐业，有以下两方面的意义：

第一，盐业经济是我国主要的经济门类，盐税收入，特别是两淮盐税，历来是国家财政收入的重要来源。自抗战后期新四军占领淮北盐场开始，淮盐税收就为华中革命根据地提供了有力的财力支持。新中国成立初年，淮北盐业更是为新生的中共政权奠定了部分财政基础。

中国盐税的渊源可上溯至四千多年前的夏代，《尚书·禹贡》中有青州“厥贡盐絺”的记载，这就是说青州进贡的物品中有盐和絺（一种细葛布）。春秋中期，管仲在齐国率先实行盐专卖制，从此盐开始为政府所垄断，盐税也因此成为国家的重要财源。这一做法极大地影响了此后历朝的盐业政策。尤其到了唐宋以后，盐税在整个国家财税收入当中所占比重越来越大。

中国古代的财税结构，自中唐以后大为改观，《新唐书·食货志》中有“天下之赋，盐利其半”的说法，足见盐税在国家财政中的重要性。唐宋以降，盐课常占国家赋税的三分之一至二分之一，而两淮盐课又占全国盐课收入之首。明代，朝廷的财政收入每年为银400万两左右，一半取自于盐利。据万历年间户部尚书李汝华《户部题行盐法十议疏》中记载，两淮每年共征盐课银68万多两，居各盐区之首，约占明朝财政收入的17%①。清代，淮盐畅销江淮平原和长江流域，甚至出现了提前销售下一年度引盐的现象。盐业经济的蓬勃发展造就了一批富可敌国的大盐商，并迅速促成了淮盐集散地——扬州的空前繁荣。按照何炳棣的估计，在18世纪大部分时间里，两淮盐商每年运销的盐量至少有6亿斤，供

① ［明］李汝华《户部题行盐法十议疏》，《明经世文编》（卷四七四）。

给全国四分之一的人口①。清代盐课收入“与田赋国税相埒”②，是政府财政收入的大宗。乾隆年间，两淮巡盐御史李发元写道：“两淮岁课，当天下租庸之半，损益盈虚，动关国计。”③ 台湾学者徐泓认为，盐课约占政府财政收入的17%④。吴海波经过分析指出，清代乾隆年间的盐课收入大概只占全国课税收入的12%，两淮岁课虽然占全国盐课的一半左右，但计算下来，在全国课税收入当中的比例不到8%⑤。盐商在正规纳税之外，附加约一成的捐输报效，用以充实国库、补充军需。

民国时期，根据1928年国民政府公布的《划分国家收入地方收入标准案》，共征收22种税。在税收总额中，关税、盐税、统税占大宗。以1936年为例，国民党政府的税收总数是730692000元，其中关税324633000元，盐税217811000元，统税161579000元，盐税占第二位⑥。

新中国成立后，中共对盐税十分重视。1949年年底召开的首届全国税务会议决定在全国范围内征收14种税，并确立以货物税、工商（业）税、盐税、关税为全国税收的重点。1950年2月，中财委在北京召开了首届全国财政会议，会议决定除批准征收的地方税收外，所有关税、盐税、货物税、工商税的一切收入，均归中央人民政府财政部统一调度使用。而盐税收入在新中国成立初年对国家财政确实做出了一定贡献。据统计，1950年全国税收总额为49亿元，其中盐税为2.7亿元，占税收总额的5.5%；1957年全国税收总额为154.9亿元，其中盐税6.3亿元，占税收总额的4.1%⑦。又根据相关数据计算所得，1950、1957年淮北盐场的盐税收入分别占当年全国盐税收入的18.28%和15.51%。

第二，中国古代以至近代盐业体制变革频繁，但是完全的官营体制只存在于汉武帝时期。中共政权接管淮北盐场后，建立了产、运、销一体化的国营经济，实现了盐业体制的重大变革，这一变革至1957年完成。

中国古代盐政可以分为无税、征税、专卖三种。无税制实行于夏商周三代以前及隋代、唐初。征税制即国家征税以后（大多在产地征收），由民众自由贩运买卖，不加限制，实行于夏商周三代、秦、汉初与东汉六朝。专卖制分为五种。

---

① ［美］何炳棣：《扬州盐商：十八世纪中国商业资本的研究》，巫仁恕译，《中国社会经济史研究》1999年第2期，第64页。

② 赵尔巽等撰：《清史稿》（第123卷），中华书局1976年版，第3606页。

③ 嘉庆《两淮盐法志》第55卷《杂志四·碑刻下》，同治九年（1870年）扬州书局重刊本。

④ 徐泓：《清代两淮盐商没落原因的探讨》，《徽学》（第七卷），2011年，第12页。

⑤ 吴海波：《清中叶两淮私盐与地方社会——以湖广、江西为中心》，复旦大学2007年博士学位论文，第188-189页。

⑥ 李良玉：《新编中国通史》（第四册），福建人民出版社1996年版，第318页。

⑦ 刘佐：《新中国税制60年》，中国财政经济出版社2009年版，第484-485页。

一是部分官专卖，以民制为主，官制为辅，凡民制之盐由政府尽数收买，官运官销，春秋时期齐国管仲曾实行。二是全部官专卖，产、运、销皆收归政府，完全为国有营业，西汉武帝时期实行。三是就场官专卖，民制、官收、商运、商销，唐代宝应之后、宋中叶、金、元以及明代万历以前实行。四是官商并卖，将行盐地方，划分为官运官销地区和商运商销地区，各有经界，不相侵越，五代、宋初、辽、金、元时期实行。其中，淮盐属于官卖。五是商专卖，即政府将收买与运销之权，授予专商，居间课税，明末及清代实行①。

中国古代盐业体制经历了四次较大的变革，分别是：汉武帝时期的盐铁专卖制度，唐中叶的食盐专卖制度，明代的“开中法”及“纲法”，清代后期的票法。民国时期的盐务改革分为两个方面：一是在管理机构方面成立了盐务稽核所；二是在实行自由贸易和统一盐税方面进行了重点改革。中共政权在接收国民党政府的旧遗产（固定资产如厂房、设备、技术等）的同时，对原有的盐政制度进行了改革。新中国成立后，淮北盐场被建成社会主义计划经济体制下的国营企业。至 1957 年，淮北盐场的组织机构、管理方式、产运销体制、税收制度、盐民生活等各方面都发生了翻天覆地的变化。

从社会经济史的角度来看，淮北盐场是一个很典型的研究范例，为深层观察 20 世纪 50 年代中国的经济和社会组织形态提供了弥足珍贵的样本。新中国成立初期，淮北盐场的年平均盐产量占全国盐产量的 27% 以上，是全国第三大海盐产地。为进一步提高淮盐生产能力，国家将淮北盐场列入全国 694 个 1000 万元限额以上的重点建设项目之内。淮盐除供应江苏省外，主要销往安徽、湖北、湖南、江西、河南、上海等地，影响范围十分广泛。可以说，淮北盐业在新中国经济建设中得到了壮大，也为新中国的经济发展做出了重大贡献。随着大量新中国经济档案的公开，对经济行业史的研究成为可能。江苏省档案馆藏“江苏省盐务管理局”档案中，1948 年至 1957 年的百余卷档案，从各个侧面反映出以国家政策为导向、以盐务管理局和盐场为主体的淮北海盐业的发展状况，展现了一个从混乱到系统、从波动到稳定的发展过程，这同国家的政权建设密切相关，也是这十年期间国内经济建设的缩影。

20 世纪 80 年代以来，全国各地井矿盐被大量发现和开采，并以其高产出和低占地面积的优势，对传统的海盐业形成巨大冲击，这是市场经济下资源优化配置的必然结果。根据笔者调研所见，苏北各大国营盐场的盐田或全部或大部改辟为利润更为丰厚的经济开发区和水产养殖区，历史上延续了两千多年的两淮海盐生产渐呈衰落之势。改革开放后逐步建立起来的新型经济发展模式又使传统经济

---

① 曾仰丰：《中国盐政史》，上海书店 1984 年版，第 1–2 页。

面临着挑战。经济史研究需要适当关注当代经济的发展，本书对新中国经济起步阶段的淮北盐业进行研究，希望能对今天江苏盐业的产业结构调整和沿海盐田的开发有一些借鉴意义。

三、学术史综述

盐业史研究是中国历史研究中，特别是中国古代经济史中的重要分支。盐业问题，以及由此派生出来的政治、经济、文化、科技、法律等种种社会问题，历来得到学界的关注。

（一）中国盐业史研究综述

关于中国古代盐业的重要著作有《史记·平准书》《盐铁论》《熬波图》[①]《明史·食货志》《明经世文编》《清经世文编》《清史稿·食货四盐法》《盐政志》[②]《鹾政全书》[③]《盐法隅说》[④] 等。特别是明清时期，出版了大量关于两淮、两浙、河东、长芦、山东、福建、两广、四川等重要产盐区的盐法志和盐务纪要。这些资料是研究中国古代盐业的基础。当代学者整理的盐业资料集如《明清徽商资料选辑》《清实录经济资料辑要》《清实录江浙沪地区经济资料选》[⑤] 等，也有重要价值。

民国时期出版的珍贵盐业史资料有《盐法纲要》《中国盐政纪要》《中国盐政实录》《盐务法令汇编》《暂行盐专卖会计制度》《盐业资料汇编》[⑥] 等，并创立了《盐政杂志》《盐务月报》《盐务汇刊》《盐政丛刊》等专门性盐业刊物。这些资料在对中国古代盐业进行梳理以外，重点介绍了民国盐务的各个方面。当代学者对民国时期的盐业史资料进行了系统整理，主要有《国民政府时期的盐政史料》《中国近代盐务史资料选辑》（1—4 卷）《中华民国工商税收史料选编》

① ［元］陈椿撰：《熬波图》，《吉石巷丛书》，《上海掌故丛书》收入。

② ［明］朱延立撰：《盐政志》，国家图书馆藏，影印本。

③ ［明］周昌晋撰：《鹾政全书》，明天启七年（1627）活字印本影印。

④ ［清］孙玉庭撰：《盐法隅说》，乾隆年间刊本。

⑤ 张海鹏、王廷元编：《明清徽商资料选辑》，黄山书社 1985 年版；南开大学历史系编：《清实录经济资料辑要》，中华书局 1959 年版；何泉达选辑：《清实录江浙沪地区经济资料选》，上海社会科学院出版社 1989 年版。

⑥ 左树珍：《盐法纲要》，新学会社 1912 年版；林振翰编：《中国盐政纪要》，商务印书馆 1930 年版；盐务署盐务稽核总所编：《中国盐政实录》，文海出版社 1933 年版；财政部盐务总局编：《盐务法令汇编》，财政部盐务总局 1942 年版；财政部盐务总局编订：《暂行盐专卖会计制度》，上海印书馆 1943 版；刘楷编：《盐业资料汇编》，出版社与出版时间不详。

第二辑盐税[①]，以及反映地方盐业史的《民国云南盐业档案史料》《自贡盐业契约档案选辑（1732—1949）》《范旭东企业集团历史资料丛编——久大精盐公司专辑》（上、下）等[②]。

20世纪80年代以来，主要盐产地区所编纂的省志、市志甚至县志系列丛书中，都专门列有盐业志，如《山东省盐业志》《河北省志·盐业志》《江苏省志·盐业志》《浙江省盐业志》《广东省志·盐业志》《四川省志·盐业志》《云南省志·盐业志》[③] 等，有些盐场也编纂了志书，如《漳浦盐场志》《台北盐场志》等[④]。此外，工具书《盐政辞典》和《中国盐业史辞典》的编纂为学者的研究工作提供了极大的便利[⑤]。

新中国时期，中国盐业史研究在20世纪80年代以后蓬勃发展起来。在此之前，学者探讨的主要内容围绕盐政、盐法、盐商、盐税、食盐生产与运销等传统问题展开，20世纪80年代以后，研究领域大为拓宽，在对上述问题进一步挖掘的同时，还深入研究了食盐专卖、盐业改革、盐业生产技术、盐商、私盐、盐文化、盐户等问题。值得一提的是，1986年《盐业史研究》在盐都自贡创刊，自创刊以来二十多年时间里共登载各类盐业史文章上千篇，提供了一个良好的学术交流平台。

大致归纳起来，中国盐业史的研究成果主要体现在以下几个方面。

1. 盐政问题

通论中国盐政史的代表性著作有民国学者曾仰丰所著《中国盐政史》（上海

---

① 江凤兰编：《国民政府时期的盐政史料》，台北“国史馆”1993年版；南开大学经济研究所经济史研究室编：《中国近代盐务史资料选辑》（1-4卷），南开大学出版社1985—1991年版；江苏省中华民国工商税收史编写组、中国第二历史档案馆编：《中华民国工商税收史料选编》第二辑盐税，南京大学出版社1995年版。

② 吴强、李培林、和丽琨编：《民国云南盐业档案史料》，云南民族出版社1999年版；自贡市档案馆、北京经济学院、四川大学编：《自贡盐业契约档案选辑（1732—1949）》，中国社会科学出版社1985年版；赵津主编：《范旭东企业集团历史资料丛编——久大精盐公司专辑》（上、下），天津人民出版社2006年版。

③ 山东省盐务局编著：《山东省盐业志》，齐鲁书社1992年版；河北省地方志编纂委员会编：《河北省志·盐业志》，中国书籍出版社1996年版；江苏省地方志编纂委员会：《江苏省志·盐业志》，江苏科学技术出版社1997年版；浙江省盐业志编纂委员会编：《浙江省盐业志》，中华书局1996年版；广东省地方史志办公室编：《广东省志·盐业志》，广东人民出版社2006年版；四川省地方志编纂委员会：《四川省志·盐业志》，四川科学技术出版社1995年版；《云南省志·盐业志》编纂委员会编撰：《云南省志·盐业志》，云南人民出版社1993年版。

④ 《漳浦盐场志》编委会：《漳浦盐场志》，厦门大学出版社1993年版；《台北盐场志》编纂委员会：《台北盐场志》，中国矿业大学出版社2008年版。

⑤ 林振翰编：《盐政辞典》，中州古籍出版社1988年版；宋良曦、林建宇、黄健等：《中国盐业史辞典》，上海辞书出版社2010年版。

书店1984年版）和当代学者郭正忠等主编的《中国盐业史》（人民出版社1997年版）。曾仰丰在20世纪20年代曾担任淮北稽核分所的中方经理，对盐务政策熟稔。他在书中详细论述了历朝历代直至1926年的中国盐政。他认为，夏商周三代以前及隋代唐初，实行无税制；夏商周三代、秦及汉初与东汉六朝，实行征税制；其余各朝实行专卖制；并对民国前期的盐业政策作了重点介绍。《中国盐业史》分为古代编、近代 当代编、地方编三编，每编均利用了大量的文献资料，并结合考古发掘和文物档案，对历代盐政以及其他各个方面的内容都给予充分论述，同时述及盐政对财税系统的影响。以下分别介绍各个历史时期的盐政史的研究情况。

郝树声认为盐铁钱专营是秦汉时期的一项重要国策。早在商鞅变法时期，地处西方的秦国就对盐铁实行了国营专卖，秦汉时期，盐铁国营还是私营，实际上存在着一个中央政府与地方郡国贵族、豪强、工商巨富之间的利益冲突。盐铁官营削弱地方豪强和巨富，致使国家能在各个领域实施有效的宏观调控，有利于中央集权的巩固①。罗庆康梳理了两汉时期的盐铁专卖政策，认为盐铁专卖政策的实施始自汉武帝，直至西汉末年。王莽代汉时期以及东汉前期，都在不同程度继续推行②。万海峰、肖燕从盐铁专卖制度的源起着手论述，并结合汉武帝时期的社会背景，对这一制度在当时的具体实施情况及其对整个社会所造成的影响进行了评析③。陈乃华认为，盐铁专卖政策是西汉中后期社会经济危机的主要原因之一，这一政策的实施堵塞了农村过剩劳动力向私人工商业流通的渠道，加速了农民破产并沦为流民和奴婢的过程④。

多数学者认为专卖制在魏晋南北朝时期反复实行。日本学者吉田虎雄较早探讨了这一时期专卖制的发展演变过程⑤。马志冰认为，魏晋南北朝时期的许多政权都推行过盐铁官营政策，但是都贯彻不力。因此，在盐铁官营事业绵延发展的同时，民间私营盐铁生产也并未停止⑥。王向田专门对曹魏政权的盐业政策进行了考察，认为统治者加强了对盐业的控制。曹操实行监卖制，魏国建立后，逐渐实行了盐专卖。曹魏时期，盐利不仅作为国家财政收入的一部分，而且成为促进

---

① 郝树声：《略论秦汉时期盐铁钱专营与中央集权的巩固》，《甘肃社会科学》1998年第3期，第86-87页。

② 罗庆康：《两汉专卖政策的发展与演变》，《暨南学报》1990年第2期，第35-44页。

③ 万海峰、肖燕：《略论汉武帝时期的盐铁专卖制度》，《江西社会科学》2007年第2期，第124-127页。

④ 陈乃华：《盐铁专卖与西汉中后期社会危机》，《山东师大学报（社会科学版）》2000年第2期，第74-76页。

⑤ ［日］吉田虎雄：《西汉魏晋南北朝的专卖制度》，《东亚经济研究》1938年第22期，第20-21页。

⑥ 马志冰：《魏晋南北朝盐铁管理制度述论》，《史学月刊》1992年第1期，第15-21页。

北方地区经济恢复生机的动力①。

陈衍德、杨权论述了唐代盐政变革的始末，并指出唐代盐法的变革，根源于社会经济发展的水平，也和政治局势、财政状况有密切关系②。鲍晓娜认为，唐代的榷盐法是封建专制政府抑商的主要措施，又是巩固专制主义中央集权制的重要经济措施。“官商分利”法是禁榷的最好形式，虽不能完全调和“官”“商”之间的矛盾，却大大延缓了商品货币经济的发展进程，使其始终处于自然经济的附属地位③。齐涛认为，唐代榷盐制是古代财税体系由直接税为主转向直接税与间接税并重的开端。这是它与以往历史时期食盐专卖制度的根本区别。自此开始，食盐专卖在国家财政中一直居于重要地位，唐代榷盐制的基本精神也为后世师法④。吉成名认为，盐业政策的变化与政治、经济形势直接相关，李唐王朝的兴衰与盐业政策的制定和推行之间存在着不可分割的内在联系⑤。俞钢正面评价了第五琦变革盐法的作用。他认为第五琦在安史之乱中，为了筹措军费、扩大财源、平定叛乱，创立了食盐专卖法、改革货币制度，从而一度扭转了财政拮据的局面、保障了军需，为平定安史之乱、改善唐代财政做出了贡献⑥。许红缨、万海峰评析了刘晏的盐法改革，认为唐朝自安史之乱后国力由盛转衰，刘晏采取了一系列的财政改革措施来扭转困局，其中最主要的便是他对盐法的变革。刘晏通过对食盐的禁榷，完善第五琦的盐法专卖制度，创设了通商法，国家因此获得了巨额利润，使唐朝的统治得以延续⑦。此外，李青淼从地理空间的角度，研究了盐产格局、行销范围、盐业政策的区域差异等问题，对唐代盐业重新进行思考⑧。

戴裔煊梳理了宋代钞盐制度的演变过程，指出钞盐制的实行对增加国家财政收入有重要作用⑨。郭正忠就戴著未及论述的重要问题进行了补充，在盐政方面主要论述了两宋盐业经济体制及其内部结构，即宋代食盐的生产与流通体制，以及其中生产者、运输者、销售者、监督管理者们彼此之间的关系；通过上述考察，集中反映食盐政策的变迁⑩。林文勋对宋代盐钞的功能进行了分析，认为盐

---

① 王向田：《盐业在曹魏恢复北方经济中的地位和作用》，《首都师范大学学报》1997 年第 3 期，第 26-30 页。

② 陈衍德、杨权：《唐代盐政》，三秦出版社 1990 年版。

③ 鲍晓娜：《从唐代盐法的改革论禁榷制度的发展规律》，《中国社会经济史研究》1982 年第 2 期，第 16-23 页。

④ 齐涛：《论唐代榷盐制度》，《山东大学学报》1989 年第 4 期，第 38-43 页。

⑤ 吉成名：《论唐代盐业政策与王朝的兴衰》，《河北学刊》1996 年第 3 期，第 85-89 页。

⑥ 俞钢：《论唐中叶第五琦的经济措施及影响》，《上海师范大学学报》1990 年第 2 期，第 51-55 页。

⑦ 许红缨、万海峰：《浅析刘晏的盐法改革》，《江西社会科学》2004 年第 5 期，第 115-118 页。

⑧ 李青淼：《唐代盐业地理》，北京大学 2008 年博士论文，第 6-8 页。

⑨ 戴裔煊：《宋代钞盐制度研究》，商务印书馆 1957 年版，第 366-367 页。

⑩ 郭正忠：《宋代盐业经济史》，人民出版社 1990 年版。

钞是入中法下商人通过入中取得的一种作为支盐贩卖凭证的信用票据，其对宋代社会经济的影响甚大，已突破了其支盐贩卖的原始功能，逐渐具备了货币的某些基本功能①。

孙久龙对金代地方专门管理盐业的部门——盐使司进行了研究，从金代盐使司的由来、设置与职官、职能等方面进行论述，指出其在政治、经济中的作用②。张国旺按地域将元代海盐产区分为环渤海盐区和东南盐区，考察了海盐生产、管理、运销等方面，进而总结出元代海盐业的基本特征，并分析了元代海盐业对明代海盐业的影响③。

学者对明代盐政的探讨主要围绕开中制与商人之间的关系展开。李潜龙探讨了开中制度下明代社会的阶级斗争、盐商资本的发展及其局限性等问题④。薛宗正就开中制与开中盐商、内商和边商的分化，以及纲运制与包销商人的关系问题进行了考察⑤。日本学者藤井宏分析了明代新安商人（即徽商）的演变与开中制之间的关系。他指出新安商人在促进社会经济发展，以及促使以粮食生产为特征的农业人口分流方面，客观上扮演了进步者和尝试者的角色⑥。韩国学者金钟博分析了盐法之演变与盐商之变化之间的关系⑦。对于开中制造成的盐商守支问题，李珂认为政府利用商灶购销脱节赚取巨额利润，也乘机向商人卖空，造成盐商的守支。明代中期商灶购销脱节日益严重，盐商守支表现出制度化、扩大化、专职化的特征⑧。孙晋浩与前文观点不同，他认为守支问题的出现直接影响了盐商的经营收益，而政府遭受的损失更为巨大⑨。此外，黄国信、叶锦花以明中期福州府沿海地区为例，论述了食盐专卖与海域控制的关系，拓宽了研究的空间。他们认为嘉靖、万历年间，福州府通过在近海岛屿建立食盐专卖制度，借助官府力量排挤竞争者，控制了近海海域；并通过废除盐帮荡平了帮商在海上的影响力，同时借官府重整海防之机，取代盐帮控制了近海海域。可见，传统中国的食

---

① 林文勋：《宋代盐钞功能试探》，《中州学刊》1995 年第 2 期，第 112-116，129 页。

② 孙久龙：《金代盐使司》，吉林大学 2006 年硕士论文，第 32 页。

③ 张国旺：《元代海盐问题研究》，河北师范大学 2003 年硕士论文，第 42-44 页。

④ 李潜龙：《明代盐的开中制与盐商资本的发展》，《学术研究》1979 年第 5 期，第 10-15 页。

⑤ 薛宗正：《明代盐商的历史演变》，《中国史研究》1980 年第 2 期，第 27-37 页。

⑥ ［日］藤井宏：《新安商人的研究》，傅衣凌、黄焕宗译，《江淮论坛》编辑部编：《徽商研究论文集》，安徽人民出版社 1985 年版，第 137-247 页。

⑦ ［韩］金钟博：《明代盐法之演变与盐商之变化》，《史学集刊》2005 年第 1 期，第 21-26 页。

⑧ 李珂：《明代开中制下商灶购销关系脱节之探析——盐商守支与灶户的盐课负担》，《北京师范大学学报》1990 年第 5 期，第 88-96 页。

⑨ 孙晋浩：《明代开中法与盐商守支问题》，《晋阳学刊》2000 年第 6 期，第 74-80 页。

盐专卖制度具有多层次的意义[①]。

陈锋论述了清代盐业变革的过程，指出清代盐政沿袭明代，但略有不同。他重点分析了票盐制改革的原因、过程、目的及其影响[②]。萧国亮对清代纲盐制度进行了分析，认为这一制度的最大特点是国家利用政治权力来实行对盐业经济的垄断[③]。林永匡对河东盐课归丁改革的前因后果作了全面梳理，肯定了改革的积极作用[④]。民国学者吴铎考察了川盐济楚的背景、原因及效果[⑤]。徐凯希指出，川盐行楚是中国近代盐政史上最大规模的一次越界冲销，推动了近代两湖行盐制度的演变[⑥]。黄国信指出，四川盐在两湖的销售，进入近代以后，在很长时间内仍维持着传统的运作方式，大约到了民国才真正被近代因素所影响，它展现了中国传统经济的一个独特领域在近代中国的演变历程[⑦]。在清代食盐专卖制度研究方面，鲁子健对官督商销、官运官销、官运商销三种基本形式进行了剖析，从总体上指出了食盐专卖的性质、危机及清政府所采取的对策[⑧]。张薇运用寻租理论对 16、17 世纪（明代及清朝前期）中国的专卖制度（主要是盐业专卖制度）进行剖析，分析其对该时期中国经济转型的影响[⑨]。

清代地方盐政研究方面，吕一群梳理了清政府在湖广地区的榷盐制度有着从纲法、票法到循环给运的演变过程，并指出随着商品经济的发展、盐业贸易规模的扩大以及私盐的活跃，榷盐制度受到了极大冲击[⑩]。黄国信通过对康熙年间江西赣州府盐法变迁的分析，说明基于市场因素的多层次盐区认同与行政性制度因素一起，成为地方社会对王朝盐政制度进行反应的重要依据，其中盐法考成是王朝盐政制度在地方具体运作的一个关键[⑪]。周琍从社会史角度出发，从政治、经济、文化等几个方面探讨了清代广东盐业与地方社会发展的关系。作者对盐课收

---

① 黄国信、叶锦花：《食盐专卖与海域控制——以嘉万年间福州府沿海地区为例》，《厦门大学学报（哲学社会科学版）》2012 年 3 期，第 101-108 页。

② 陈锋：《清代盐政与盐税》，中州古籍出版社 1988 年版，第 256-271 页。

③ 萧国亮：《论清代纲盐制度》，《历史研究》1988 年第 5 期，第 64-73 页。

④ 林永匡：《乾隆时期河东盐课归丁改革》，《历史档案》1982 年第 3 期，第 90-97 页。

⑤ 吴铎：《川盐官运之始末》，《中国近代社会经济史研究集刊》1935 年第 3 卷第 2 期，第 143-261 页。

⑥ 徐凯希：《略论晚清川盐破岸行楚》，《江汉论坛》1992 年第 9 期，第 60-64 页。

⑦ 黄国信：《从“川盐济楚”到“淮川分界”——中国近代盐政史的一个侧面》，《中山大学学报（社会科学版）》2001 年第 2 期，第 82-90 页。

⑧ 鲁子健：《清代食盐专卖新探》，《中国经济史研究》1992 年第 3 期，第 105-115 页。

⑨ 张薇：《明清盐业专卖制度演变的“寻租”经济学分析——18 世纪中国经济兴衰和社会转型的影响因素探讨》，《上海财经大学学报》2006 年第 6 期，第 84-89 页。

⑩ 吕一群：《清代湖广榷盐制度的演变》，《江汉论坛》1996 年第 7 期，第 8-11 页。

⑪ 黄国信：《盐法变迁与地方社会的盐政观念——康熙年间赣州盐法所见之市场、考成与盐政关系》，《清史研究》2004 年第 3 期，第 1-10 页。

入、盐商、私盐都进行详细考察，并分析了清代广东盐业对周边区域的影响①。纪丽真的博士论文《明清山东盐业研究》全面、系统地反映出明清时期山东盐业的概况和发展轨迹②。此外，李卫、林则徐、丁宝桢、陆建瀛、曾国藩、胡林翼等地方官吏所推行的区域性盐业改革也受到学界的关注。

民国盐政的研究内容分为几个时段。丁长清主编的《民国盐务史稿》（人民出版社 1990 年版）分别介绍了北洋政府时期、国民党南京政府时期、抗战时期沦陷区、抗战及战后国民党统治区的盐政措施。书中引用了大量的文献资料和数据统计，对盐政变革的背景、过程及结果都有详尽阐释，呈现了民国盐政的整体面貌，具有很高的学术价值。民国时期，缪秋杰与曾仰丰、张绣文、姚文纶并称为盐务界“四大金刚”。李涵等人的《缪秋杰与民国盐务》以缪秋杰毕生盐政建树为主线进行论述，反映了整个民国盐务史的演变过程③。

刘经华论述了中国早期盐务现代化问题，重点对民国初期盐务改革进行了研究；考察了北洋政府时期盐务稽核总所洋会办丁恩改革的历史背景、总体目标、政策措施、运作方式、基本成效以及存在的问题等④。梁华从寻租经济学的视角，对民国初年专商引岸制度改革作了典型剖析，这次改革最后因利益集团阻挠导致失败⑤。

张立杰论述了南京国民政府改革盐政的主要措施：一是恢复并掌管了盐务稽核机关；二是颁布了新盐法，旨在废除专商引岸制度、改行自由贸易新制；同时分析了盐商、盐民、民众，以及外国势力与盐政改革的利害关系。该书最后指出，由于地方基层力量的阻碍、改革前期准备不足，以及片面追求盐税的增加，南京国民政府的盐政现代化改革具有很大的不彻底性⑥。易继苍认为，南京国民政府的盐税改革在客观上统一了全国的盐政和盐务，增加了政府的财政收入；裁厘改统，废除了中国实行长达半个多世纪的厘金政策，促进了民族工业的发展⑦。

董振平系统地研究了抗战时期国民政府的盐务政策。他将国民政府盐政变革置于民族解放背景之下，肯定其官运政策，认为改革具有历史必然性。将盐政变革分为盐统制、盐专卖、准专卖三个阶段，对盐务政策及各个方面进行剖析，比较完整地再现了抗战时期国统区的盐务历史⑧。

---

① 周琍：《清代广东盐业与地方社会》，中国社会科学出版社 2008 年版。
② 纪丽真：《明清山东盐业研究》，山东大学 2006 年博士论文，第 147-148 页。
③ 李涵等：《缪秋杰与民国盐务》，中国科学技术出版社 1990 年版，第 54-100 页。
④ 刘经华：《中国早期盐务现代化——民国初期盐务改革研究》，中国科学技术出版社 2002 年版。
⑤ 梁华：《民国初期专商引岸制度改革与寻租》，《江西社会科学》2001 年第 4 期，第 72-73 页。
⑥ 张立杰：《南京国民政府的盐政改革研究》，中国社会科学出版社 2011 年版。
⑦ 易继苍：《南京国民政府的盐税与统税改革》，《杭州师范学院学报》2003 年第 2 期，第 101-105 页。
⑧ 董振平：《抗战时期国民政府盐务政策研究》，齐鲁书社 2004 年版，第 239-288 页。

2. 私盐问题

私盐的研究范围涉及私盐与盐政、盐商、盐税、盐产、盐法、会党、地方社会、盐业专卖制度等各个方面的关系，研究阶段集中在唐宋、明清及近现代这三个时期。

私盐问题与食盐专卖体制之间存在密切联系，马新指出，唐代私盐贩的盛行根植于唐代的榷盐制度。在这一制度下，盐的专卖一直实行高额垄断价格，导致私盐泛滥；同时，行盐制度、销区界定等也为私盐越界提供了可乘之机[①]。陈学英则分析了唐后期私盐问题出现的根源和影响。他认为，随着榷盐法的创立与完善，私盐问题逐渐成为一个重要的社会问题。私盐产生的主要原因在于唐代盐法的刺激，以及市场上食盐供给的不平衡。作者进一步指出，私盐问题一方面造成了政府盐利收入的减少，另一方面促成了社会资源的合理配置[②]。

与唐代私盐问题相比，宋代私盐问题有过之而无不及。史继刚认为，宋代私盐运销方法多种多样，不同阶级、阶层的私盐贩，因其所处地位不同，在贩卖方式上表现出明显差异[③]。郭正忠指出，由于统治者追求“盐课增羡”导致生产片面发展，再加上运销能力的局限，致使宋代各地出现了食盐“过剩”与乏盐并存的现象。对此，官府被迫压缩生产规模和降低生产效率，强迫民众认购和认销官盐，刺激了私盐的泛起，在一定程度上激化了社会矛盾[④]。他还对宋代的私鹾案以及宋代私盐律等问题进行了研究，考察了中唐以至宋代以来私盐法的演变过程[⑤]。

张小也对清代盐政缉私问题的研究指出，清代缉私制度存在问题，缉私力量不仅不能抑制私盐活动的泛滥，反而发展到护送盐枭贩私的程度。这主要表现在：缉私人员腐败无能，对有势力的官私、商私、漕私、枭私，得贿放纵、避其风头，甚至与之勾结，反过来为难平民。而缉私人员素质差、缉私队伍的庞大，使民众造成损失，并导致盐价的高昂。此外，缉私奖励机制效率低下，难以起到应有的激励作用[⑥]。关于清代私盐的研究内容集中于两淮地区，详见后文。

---

① 马新：《榷盐与私盐贩的盛行》，《盐业史研究》1999 年第 4 期，第 19-21 页。

② 陈学英：《浅谈唐后期私盐问题出现的根源和影响》，《西北民族大学学报（哲学社会科学版）》2005 年第 5 期，第 58-60 页。

③ 史继刚：《宋代私盐的来源及其运销方式》，《中国经济史研究》1991 年第 1 期，第 139-146 页。

④ 郭正忠：《论两宋的周期性食盐“过剩”危机——十至十三世纪中国食盐业发展规律初探》，《中国社会经济史研究》1984 年第 1 期，第 43-58 页。

⑤ 郭正忠：《宋代的私鹾案和盐子狱》，《盐业史研究》1997 年第 1 期，第 3-11 页；《宋代私盐律述略》，《江西社会科学》1997 年第 4 期，第 51-57 页。

⑥ 张小也：《清代盐政中的缉私问题》，《清史研究》2000 年第 1 期，第 32-41 页。

3. 盐商问题

关文斌对近代天津盐商的研究表明，盐商在支持清政权的同时，在一定程度上对天津的社会、经济、文化产生影响，并逐渐参与地方事务，演变为绅商，其影响力甚至超越科举出身的士绅、在籍官僚。在面临太平军北伐和外国侵略时，这些绅商扮演过重要的抵制角色。义和团运动以后，他们投身地方教育，支持地方新政。作者还探讨了国家政权、官僚体制与地方社会经济的相互作用①。美国学者关曼本（Kwan Man Bun）以清末民初的天津盐商为载体，详细探讨了清代长芦盐区及其天津的盐政衙门的发展历程，论述了19世纪至20世纪早期天津盐商的经营活动和社会政治地位②。由于两淮盐商最负盛名，对他们的研究成果也最为丰富，这部分内容详见后文。

4. 盐业生产技术问题

我国古代盐业生产主要有海盐生产、井盐生产与池盐生产三种形态，各采用不同的生产技术。由于海盐是中国古代和近代最主要的盐种，学界对制盐工艺的研究多集中于海盐。

白广美全面论述了中国古代各朝各主要产盐区的海盐生产技术。此外，他还对汉代井盐生产技术问题有所涉及，考察了东汉“盐井画象砖”，并讨论了煮盐燃料等问题③。朱继平以遗址出土的陶器及其内壁附着物、土壤为研究对象，结合中国古代早期井盐、海盐开发工艺，运用现代的科技测试方法，对中国古代早期制盐业进行了研究④。朱去非指出，唐宋时期全国海盐区都是采取淋卤煎盐的办法⑤。马新认为，汉唐时期的海盐生产技术及生产规模，较前代有了长足的进步。作者同样指出中国古代盐业生产的第一个阶段是淋卤煎盐，不是直接煮海水为盐⑥。刘淼对明代海盐生产过程中的重要工序如晒灰、淋卤、石莲试卤等进行了考证，同时指出，晒盐成为一种独立的制盐行业是明代制盐史上的一大进步，但在各盐产区发展缓慢⑦。

王日根、吕小琴的研究表明，明代中后期，晒盐法因其经济、实用、高效的特点被推广到诸多盐区，但是处于核心地位的淮北盐区却抵制这一新技术，直到

---

① 关文斌：《文明初曙——近代天津盐商与地方社会》，天津人民出版社1999年版，第241-246页。

② Kwan Man Bun, *The Salt Merchants of Tianjin*: *State Making and Civil Sociey in Late Imperial China*. Honolulu：University of Hawaii Press，2011.

③ 白广美：《中国古代海盐生产考》，《盐业史研究》1988年第1期，第49-63页；《关于汉画象砖“井火煮盐图”的商榷》，《自然科学史研究》1984年第1期，第24-30页。

④ 朱继平：《中国古代早期制盐业的初步研究》，中国科学技术大学2004年博士论文，第1-19页。

⑤ 朱去非：《唐宋海盐制法考》，《盐业史研究》1991年第1期，第48-49，64页。

⑥ 马新：《汉唐时代的海盐生产》，《盐业史研究》1997年第2期，第10-18页。

⑦ 刘淼：《明代海盐制法考》，《盐业史研究》1988年第4期，第58-72页。

清初才零星试用。作者指出，晒盐法于明代未能在淮南盐区推广的体制原因是：煎盐法是和有利于国家严密控制盐业生产的“火伏法”等措施相配套的，国家不愿从根本上做出改变；晒盐法对明代盐业体制起着分化作用，使余盐、私盐问题更加突出①。

此外，朱霞对云南诺邓村井盐生产民俗进行研究，指出了村落井盐生产技术的民间传承及其意义，与私盐活动的关系，以及生产民俗的现代变迁②。

5. 其他问题

除了上述几个方面之外，中国盐业史研究中还有一些比较有价值的成果。新加坡学者姜道章综合气候因素，就我国不同地区的人民的食盐消费差异作了非常详细的分析③。他同时对清代盐业贸易进行了论述。他认为，盐业贸易给清政府提供了最好的财源。在清朝统治期间，国家通过各种手段对盐业贸易进行控制，目的在于消除不缴税的盐，最大限度地增加政府收益。由于大多数盐业贸易都掌握在拥有特权的商人手里，政府采取吸收或是和商人合作的方法，保证盐业收益。此外，食盐运输主要靠水运，这也使政府能够最大程度控制盐的流动。由于盐业贸易缺乏竞争机制，它的现代化受到阻碍④。陈国灿、周祚绍、薛宗正分别论述了唐、宋、明代灶户的身份地位和生产状况⑤。吴斌、支果、曾凡英从法学视角对四川近现代盐业契约进行了系统研究，挖掘了盐业契约的法学理论价值及其对当代市场经济法秩序建构的现实意义⑥。

（二）两淮盐业史研究综述

两淮盐业在中国盐业史上占据了重要地位，学术界对两淮盐业的研究成果十分丰富。

清代的《两淮盐法志》是重要的研究史料，康熙、雍正、乾隆、嘉庆、光绪各朝分别予以编订或重修。民国时期出版了《淮盐纪要》《淮北盐务纪要》

---

① 王日根、吕小琴：《析明代两淮盐区未取晒盐法的体制因素》，《史学月刊》2008 年第 1 期，第 100-106 页。

② 朱霞：《云南诺邓井盐生产民俗研究》，北京师范大学 2004 年博士论文，第 1-20 页。

③ ［新］姜道章：《中国清朝盐的消费》（“Salt Consumption in Ch’ing China”，Nangyang university Journal v. 8&9（1974—1975），pp67-88.

④ ［新］姜道章：《论清代中国的盐业贸易》，张世福、张莉红译，《盐业史研究》1989 年第 2 期，第 73-80，40 页。

⑤ 陈国灿：《唐代的盐户》，《中国古代史论丛》1982 年第 3 辑，第 236-253 页；周祚绍：《略谈宋代盐户的身份问题》，《山东大学文科论文集刊》1980 年第 2 期，第 147-156 页；薛宗正：《明代灶户在盐业生产中的地位》，《中国历史博物馆馆刊》总第 5 期，1983 年，第 63-69 页。

⑥ 吴斌、支果、曾凡英：《中国盐业契约论——以四川近现代盐业契约为中心》，西南交通大学出版社 2007 年版，第 198-209 页。

《淮北盐法成案通录》等珍贵史料[①]。新中国成立后，中共江苏省盐业公司委员会、中共连云港市委党史工作委员会编的《革命战争中的淮北盐场》[②]收集了1945—1949年间有关淮北盐业的布告、电文、报告等资料，具有很高的参考价值。《华中抗日根据地和解放区工商税收史料选编》[③]收集了大量抗战时期华中地区工商税收史料，其中包括了一些盐税史料。

20世纪八九十年代，江苏省人民政府主持编纂了92卷本的《江苏省志》，其中第24卷为盐业志。《江苏省志·盐业志》[④]叙述的重点在新中国成立后至20世纪90年代，内容上略嫌粗糙。该书的专业性较强，书中用大量篇幅介绍了盐及其他衍生产品的生产技术。淮北盐场下属各场，除青口场外，其余分别编纂了场志。新中国成立后，各场的区域和场名经历了几次变化，至改革开放前后固定为青口、台北、台南、灌西、灌东、徐圩、新滩、射阳八场。由于射阳场是1965年划归淮北盐场范畴的，所以不在本书研究范围之内。其他各场的场志分别为《台北盐场志》《台南盐场志》《灌西盐场志》《江苏省灌东盐场志》《江苏省徐圩盐场志》《新滩盐场志》。这些志书除了《台北盐场志》2008年由中国矿业大学出版社出版外，其余均未公开出版。这些场志基本上依循《江苏省志·盐业志》的体例编纂而成，简略呈现了各场的历史与现状。张荣生编撰的《南通盐业志》[⑤]全面展现了淮南盐场的情况。

江苏人民出版社1988年出版了《江苏盐业史略》，叙述了自先秦至改革开放时期的两淮盐业发展历程。1992年对前书修订后出版了《江苏盐业史》，将两淮盐业史划分为以下几个时期：民国之前、北洋军阀和国民党政府时期、抗战时期、抗战胜利后、解放战争时期、经济建设时期、改革开放时期。该书对每个时期的盐业政策、机构组织、经营状况等都有所涉及，搭建了研究两淮盐业通史的一个框架。

目前学术界对两淮盐业的研究内容分为以下几个方面。

1. 明清时期以及民国时期的盐政变革

汪崇筼认为，明代盐政变革有两大特点：一方面，它将盐的国家专卖制，逐步演变为国家垄断下的商人经营，从而使朝廷由经营者转变为管理者，并通过这

---

① 林振翰编：《淮盐纪要》，商务印书馆1928年版；高元劼：《淮北盐务纪要》，1948年刊本；潘炎华编：《淮北盐法成案通录》，出版者与出版时间不详。

② 中共江苏省盐业公司委员会，中共连云港市委党史工作委员会编：《革命战争中的淮北盐场》，南京出版社1994年版。

③ 华中抗日根据地和解放区工商税收史编写组：《华中抗日根据地和解放区工商税收史料选编》（上、中、下册），安徽人民出版社1986年版。

④ 江苏省地方志编纂委员会：《江苏省志·盐业志》，江苏科学技术出版社1997年版。

⑤ 张荣生编撰：《南通盐业志》，凤凰出版社2012年版。

种管理获取专制性税收；另一方面则是开中法的实施[①]。香港学者卜永坚认为，开中法经过不断的演变，促使明朝两淮盐政制度不自觉地发展出以盐引为中心的公共资本市场制度[②]。此外，他对明朝后期"纲法"的研究表明，官府以里甲制对于盐商的人身控制，不仅没有因整个赋役制度的货币化而削弱，反而有所加强[③]。

日本学者佐伯富以两淮地区作为清代盐政的范例，重点阐述陶澍的盐政改革，旨在研究清代盐政走向衰败的过程和原因，同时说明盐商的性质，探讨盐商与专制国家的关系[④]。台湾学者徐泓从盐场的行政组织、灶户组织、生产形态、盐商、私盐、盐政改革等诸多方面进行分析，指出由于盐商垄断、官商勾结、因利害义、战乱阻碍票法推行，以及盐商因包税权利丧失而衰败等种种因素，造成了清代两淮盐政的崩溃以及盐业近代化的延误[⑤]。倪玉平比较了清代后期淮北和淮南在盐政改革上的异同，指出虽然票法制推行初期自有其积极作用，但是随着推行时间的加长，必然出现盐商垄断盐利的局面[⑥]。刘隽对清朝后期两淮盐区的改纲为票进行了研究，包括票引沿革、改票原因、推行经过、实施情形及其成效等[⑦]。李寅生详细叙述了道光年间陶澍从更改规章制度、裁撤行政机构入手，改革清朝盐政的过程，指出其目的是缓解清政府日益深重的财政危机，并借此适当调整国家、官僚以及盐商之间的利益分割比例[⑧]。美国学者罗威廉通过考察汉口这一淮南盐销区的盐业活动，指出从纲法向票法的转变，特别向太平天国运动后官文、胡林翼、曾国藩所设计的票法的转变，其实质是促使淮南盐销网络由公共部门向私人部门转化[⑨]。陈芳论述了曾国藩整顿两淮盐务的三项措施，即改革票制、规复引界、治理私盐[⑩]。

---

① 汪崇筼：《明清徽商经营淮盐考略》，巴蜀书社 2008 年版，第 17–85 页。

② 卜永坚：《盐引·公债·资本市场：以十五、十六世纪两淮盐政为中心》，《历史研究》2010 年第 4 期，第 87–98，190–191 页。

③ 卜永坚：《商业里甲制——探讨 1617 年两淮盐政之"纲法"》，《中国社会经济史研究》2002 年第 2 期，第 14–20 页。

④ ［日］佐伯富：《清代盐政之研究》，顾南、顾学稼译，《盐业史研究》1993 年第 2、3、4 期，第 14–27、10–24、37–53 页；1994 年第 2、4 期，第 13–23、16–21 页；1995 年第 1 期，第 46–53 页；1996 年第 1、3 期，第 64–72、45–54 页。

⑤ 徐泓：《清代两淮盐场的研究》，台北嘉新文化基金会 1972 年版，第 56–126 页。

⑥ 倪玉平：《博弈与均衡：清代两淮盐政改革》，福建人民出版社 2006 年版，第 91 页，第 265–269 页。

⑦ 刘隽：《道光朝两淮废引改票始末》，《中国近代经济史研究集刊》1933 年第 1 卷第 2 期，第 123–190 页。

⑧ 李寅生：《略论晚清盐政及陶澍的盐政改革措施》，《学海》1996 年第 1 期，第 87–90 页。

⑨ ［美］罗威廉：《汉口：一个中国城市的商业和社会（1796–1889）》，江溶、鲁西奇译，中国人民大学出版社 2005 年版。

⑩ 陈芳：《曾国藩对两淮盐务治理之研究》，华中师范大学 2008 年硕士论文，第 42–43 页。

民国时期的盐政，一方面沿袭了明清时期的专商引岸制度，一方面又为变革这一制度做出了不少努力，但是效果始终不理想。马俊亚对清朝和民国前期淮北地区的国家、盐商和生产者之间关系的研究表明，在专商制度下，与核心权力越接近的集团，分润的利益也就越多，从而导致了国家权力的腐败、盐商对政府权力的渗透以及生产者的被迫牺牲[①]。朱文镇对民国时期废灶兴垦政策的相关研究表明，淮南盐区的垦殖运动和随之兴起的移民大潮中，最核心的问题是对地权的争夺，张謇等人创造性地运用近代股份公司的形式解决了这一问题，盐垦公司的成立，为土地流转提供了一个平台[②]。

2. 私盐活动与政府缉私

吴海波指出，清中叶两淮私盐问题之所以愈演愈烈，归根结底还是与垄断行盐的专卖体制和划界行盐的行销体制密切相关，而吏治的腐败和利益的诱惑则更进一步加速了私盐的泛滥。私盐盛行会腐蚀封建官僚、瓦解封建政权，乃至扰乱经济秩序的正常运行，但对民众有一定的积极作用。只有进行体制改革，才能从根本上解决私盐问题[③]。方志远认为，官盐在湘鄂赣“淮界”的销量，仅占实际需求量的一半左右，其余均为私盐。私盐的生产成本、运输成本、销售成本（主要为国家税收）都明显低于官盐，故具有价廉、质优、获取方便的优势。私盐的盛行，导致了官盐的滞销，并迫使明清政府不断对盐政进行以降低盐价、促销官盐为目的的改革。由于未能建立合理的税收体系，湘鄂赣“淮界”官盐价格居高不下，私盐问题也就无法从根本上予以解决[④]。方裕谨介绍了当时的私盐种类，包括灶私、脚私、邻私、漕私、官私、生员带私等，并探讨了私盐盛行的危害，主要为严重影响清政府财政收入、漕船衍期、败坏社会风气、民间淡食、武装械斗等[⑤]。他还重点归纳出清政府的缉私对策，包括加强对管理盐务的官员兵丁的管理、实行新法、禁止私盐等[⑥]。

另外，私盐的流通与长江中下游地区的青帮活动有密切关系。日本学者渡边淳指出，清代末期水手素质下降，常由回空粮船夹带私货私盐，水手的反社会性暴动频发；在盐务方面，支撑清朝财政的两淮盐政在纲法（商业专卖制）上的矛盾激化，盐商开始衰退，私盐盛行。两淮的盐枭逐渐走上全盛时代，人数众

---

① 马俊亚：《被牺牲的“局部”：淮北社会生态变迁研究（1680—1949）》，北京大学出版社2011年版。

② 朱文镇：《苏北盐垦区的移民与土地流转研究》，南京师范大学2005年硕士论文，第13-39页。

③ 吴海波：《清中叶两淮私盐与地方社会——以湖广、江西为中心》，复旦大学2007年博士论文，第257-262页。

④ 方志远：《明清湘鄂赣地区的“淮界”与私盐》，《中国经济史研究》2006年第3期，第104-113页。

⑤ 方裕谨：《道光初年两淮私盐研究》，《历史档案》1998年第4期，第80-89页。

⑥ 方裕谨：《道光初年清政府遏制两淮私盐之对策》，《明清档案与历史研究论文选》（下），新华出版社2005年版，第1035-1068页。

多，活动范围主要在淮安到扬州一带以及安徽省的长江沿岸地区，从而使得官盐销量大减，还不到清代全盛时期的三分之一①。

3. 盐商问题

涉及面颇为广泛的盐商研究是盐业史研究中的重要问题。

范金民对明代两淮盐商的研究表明，明代经营淮盐的盐商主要由陕西商人、晋商和徽商三大主体构成，其中又以陕西商人和晋商（统称“西商”）为主，他不仅探讨了徽商盛于两淮的原因所在，而且还就盛行的时间问题作了一番考察②。冯尔康梳理了两淮盐商的历史，认为15世纪及16世纪上半叶，山西、陕西商人是两淮盐商的主角，而16世纪下半叶角色发生变化，徽商开始起主要作用，至17、18世纪，后者占据绝对主导地位。文章历数了扬州徽商的主要社会活动，包括兴办学校、开展学术文化活动、修建祠庙、资助建设慈善机构、个人义举、发展社会公益事业等③。朱宗庙指出，扬州盐商由陕西、山西、安徽徽州、湖广（湖南、湖北）、江西、浙江、江苏等地商人组成。扬州盐商地域结构的多样性，造就了扬州文化的多元性④。

美籍学者何炳棣的《扬州盐商：十八世纪中国商业资本的研究》是两淮盐商研究的力作。该文以英文写成，最早发表于1954年的《哈佛亚洲研究杂志》（*Harvard Journal of Asiatic Studies*），其中文译稿在《中国社会经济史研究》1999年第2期发表。作者探讨了食盐贸易的组织，估算了扬州盐商的数目及其财富的规模，描述了他们的生活形态、文化表现及社会流动，认为他们的奢侈性消费是当时未能发展出成熟的资本主义系统的原因⑤。萧国亮在考察两淮盐商奢侈性消费的基础上，探讨了盐商的这种消费形态对盐业生产以及扬州商业发展的影响⑥。徐泓认为，过去中外史家多将两淮盐商没落的原因归之于奢靡说、捐输宗族说、为善说、窖藏说等，并没有指涉其中关键因素。他提出，盐商的没落在于官盐的滞销，而官盐的滞销，原因在成本太高，以致盐价昂贵，无法与低价的私盐竞争。他进一步分析道：乾隆末期以后，盐价的增涨与银价变动密切相关，使得原有的盐务运销体系无法运转，官盐滞销；道光年间虽以废引改票的方式建立

① ［日］渡边淳：《清末时期长江下游的青帮、私盐集团活动——以与私盐流通的关系为中心》，钱保元译，《盐业史研究》1990年第2期，第60-77页。

② 范金民：《明代徽州盐商盛于两淮的时间与原因》，《安徽史学》2004年第3期，第5-11页。

③ 冯尔康：《明清时期扬州的徽商及其后裔述略》，《徽学》2000年第0期，第166-198页。

④ 朱宗庙：《扬州盐商的地域结构》，《盐业史研究》1996年第2、4期，第15-23、35-45页。

⑤ ［美］何炳棣：《扬州盐商：十八世纪中国商业资本的研究》，巫仁恕译，《中国社会经济史研究》1999年第2期，第59-72页。

⑥ 萧国亮：《清代两淮盐商的奢侈性消费及其经济影响》，《历史研究》1982年第4期，第135-144页。

新的盐务运销体系，降低盐商成本，但也无法解决银钱比价带来的亏损问题①。

汪士信分析了徽州盐商在两淮盐业经营中应得利润究竟有多少，实得利润究竟有多少，以及积累起来的资金最后流向何处，最终指出，盐商实得只及盐利总额的40%，但较之于生产者，即灶户所得，已不啻五倍②。对此，汪崇筼持有不同见解，他对盐商获利进行了重新估算，证明盐商实得利润仅为13.18%③。

两淮盐商对地方经济文化影响很大，对这方面的研究也比较成熟。王振忠研究了明清徽商的土著化过程，多角度考察了徽商对淮扬地区经济、社区文化、生活方式诸方面的影响④。王瑜、朱正海主要论证了两淮盐商与清代扬州兴衰之间的关系问题⑤。黄俶成叙述了两淮盐商通过建书院、筑园林、贮图书、行善举等方式支持士人读书，通过组戏班、开诗局、收字画、办文会等方式开辟文化市场；同时也以自己的才智、见解和价值取向影响士人的学术研究与文艺创作⑥。郑志良论述了扬州盐商以皇帝南巡为契机置办昆曲家班，推动了昆曲艺术发展⑦。陈琳研究了明清时期徽州盐商与新安籍画家群的相互促进关系⑧。

此外，还有学者就盐商资本、商籍、囤户、官商等问题进行了考察。

4. 其他问题

黄国信叙述了在食盐专卖制度下，两淮、两广等各盐区的分界变更，解释了“两淮定例”“淮粤之争”背后所交织着的朝廷、官员、商人、士绅等多方面的复杂关系，显示了经济理性与政治理性的冲突⑨。吕小琴认为，明中叶之后富豪灶民势力崛起，他们借助“总催”一职扩张自身影响⑩。何峰指出，明清时期淮南盐区盐场大使有督课、受理盐场词讼、管理盐场水利、赈济灾荒等职责，在行使司法、治安权时，常与所在州县地方官之间发生纠纷⑪。

---

① 徐泓：《清代两淮盐商没落原因的探讨》，《徽学》（第七卷），2011年，第17-32页。

② 汪士信：《乾隆时期徽商在两淮盐业经营中应得、实得利润与流向试析》，《中国经济史研究》1989年第3期，第95-111页。

③ 汪崇筼：《乾隆朝徽商在淮盐业经营中的获利估算》，《盐业史研究》2000年第1期，第13-22页。

④ 王振忠：《明清徽商与淮扬社会变迁》，三联书店1996年版。

⑤ 王瑜、朱正海编：《盐商与扬州》，江苏古籍出版社2001年版。

⑥ 黄俶成：《论两淮盐业经济对清代学术文化的影响》，《江海学刊》2001年第3期，第119-125页。

⑦ 郑志良：《论乾隆时期扬州盐商与昆曲的发展》，《北京大学学报》2003年第6期，第99-107页。

⑧ 陈琳：《明清时期徽州盐商与新安籍画家群关系研究》，中国艺术研究院2006年博士论文，第116-122页。

⑨ 黄国信：《区与界：清代湘粤赣界邻地区食盐专卖研究》，生活·读书·新知三联书店2006年版，第303-309页。

⑩ 吕小琴：《文献关于明代两淮盐场总催形象记录的透析》，《中国社会经济史研究》2011年第3期，第25-29页。

⑪ 何峰：《明清淮南盐区盐场大使的设置、职责及其与州县官的关系》，《盐业史研究》2006年第1期，第47-53页。

（三）当代盐业史研究综述

对当代盐业史的研究内容多集中于盐业运销体制的变迁。盐业资料除了上文提到的诸多盐业志外，相关的档案资料汇编中有不少盐业史内容，如《1949—1952 中华人民共和国经济档案资料选编：工业卷》《1953—1957 中华人民共和国经济档案资料选编：工业卷》《中国工运史料全书》等①。《人民日报》和《中国轻工业》杂志也对中国当代盐业政策作了相关报道，有一定的参考价值。《中国盐业史》（近代 当代编）② 分阶段论述了 1949—1990 年期间，全国盐业管理体制的变更、组织机构的设立以及所有制的变化。董志凯将新中国成立后全国盐业管理体制的变革分为以下六个阶段：1950—1953 年，产税统管，产销分管；1954—1957 年，产、销、运、税统一管理；1958—1962 年，产销企业全部下放，产税分管，产销统管；1963—1969 年，试办盐业托拉斯；1969—1979 年，产销企业再次全部下放，生产多头领导，产、供、销严重脱节；1980 年以后，恢复盐务总局建制，试办中国盐业公司③。程龙刚梳理了 1950 至 1980 年全国盐业运销机构的设立情况和运销管理权的收放④。

从上述研究综述可以看出，中国古代和近代盐业史研究取得了相当丰硕的成果，但是仍存在一些不足：一是研究内容过于集中，大多数学者将焦点放在历代盐政研究以及私盐问题上，对其他方面研究较少；二是研究视角的创新性不足，存在着大量的重复研究；三是研究的时段多为唐宋、明清及民国，对其他时段关注较少，例如，民国时期对沦陷区的盐业研究成果较少，而当时的两淮盐区正位于沦陷区；四是研究的区域以两淮、四川、两广、山东、河东等盐区为主，这在私盐研究中表现最为明显，现有成果多论述两淮私盐，对其他地区涉及较少。

目前学术界对解放战争后期以及新中国成立后淮北盐业的研究相对薄弱，本书旨在前人研究成果的基础上，推进对这一领域的探索。此外，在研究方法的改进方面，李晓龙、温春来指出，当下的中国盐业史研究，需要注重社会史的视角、区域历史的研究以及历史人类学的引入⑤。这对于以后的研究有一定的启发意义。

---

① 中国社会科学院、中央档案馆编：《1949—1952 中华人民共和国经济档案资料选编：工业卷》，中国物资出版社 1996 年版；中国社会科学院、中央档案馆编：《1953—1957 中华人民共和国经济档案资料选编：工业卷》，中国物资出版社 1998 年版；《中国工运史料全书》总编辑委员会编：《中国工运史料全书》，北京图书馆出版社 1998 年版。

② 丁长清、唐仁粤编：《中国盐业史》（近代 当代编），人民出版社 1997 年版。

③ 董志凯：《当代中国盐业产销的变迁》，《中国经济史研究》2006 年第 3 期，第 11-19 页。

④ 程龙刚：《试述新中国盐业运销管理的作用》，《晋阳学刊》2007 年第 5 期，第 104-107 页。

⑤ 李晓龙、温春来：《中国盐史研究的理论视野和研究取向》，《史学理论研究》2013 年第 2 期，第 21-30 页。

四、研究思路与方法

1948 年年底中共全面接管淮北盐场，标志着淮北盐场成为新民主主义性质的经济单位，但是完全成为国家资本、各种组织机构的重建、管理体制的重新确立以及对旧式盐民的改造都经历了一个过程，这也就是本书所提出的国有化进程。笔者尝试以国家政策、管理部门、盐场为具体考察对象，分析 1948 年至 1957 年间淮北盐业的发展状况、盐场的社会组织形态以及国家的经济发展模式。

（一）时段的选择

20 世纪 40 年代的淮北盐区是中共、国民党、日伪三方交错控制的地区。1940—1945 年，新四军在开辟、扩大和巩固华中革命根据地的同时，逐渐占领了淮北盐场所属的大部分盐场。1945—1948 年，国共双方围绕淮北盐场展开了激烈的争夺。至 1948 年 11 月 8 日，淮海战役刚刚拉开序幕时，淮北盐场已获得解放，中共对它进行了全面的接管。虽然本书的研究对象是当代的淮北盐业，但是由于淮北盐场的解放时间较新中国成立早了将近一年，因此将研究时段的起点确定为 1948 年。新中国成立后，盐业政策有很大变更，新的盐业体制至 1957 年基本稳定下来。1948—1957 年，淮北盐场经历了被接管改造、恢复与发展生产、实行“一五”计划的过程。对这段时间内的淮北盐场进行研究，可以典型地体现出淮北盐业国有化的进程。因此，研究时段止于 1957 年。

（二）基本内容

一是中共对淮北盐场的接管以及各种组织机构的建立。这期间，管理淮北盐务的行政、党团、军事、工会、产销、税务等组织变更频繁，并慢慢趋于稳定。

二是盐场的国有化与生产组织的集体化。盐场全面解放后，中共发还了部分垣商的盐滩。1949 至 1952 年，收购了部分产量较高的滩地。1951 年全国第二届盐务会议做出了“大盐田收归国有”的决定，对垣商的盐滩实行公私合营形式。1955 年，对所有垣商资本征购转入国营，彻底完成淮北盐场的社会主义改造。与此同时，在生产方式上也相应催生出了“集体生产组”，至 1952 年参加集体生产组的盐滩占总数的 94% 以上。

三是生产、运销与税收政策。生产方面的措施：其一，发展基础建设；其二，推广生产技术；其三，进行经济动员，包括树立典范、大力推广个人（如时宝玉、杨在柏）生产经验，开展增产节约运动和劳动竞赛。淮盐的运销不仅反映销区、盐价等市场状况，还包括入坨、放销和运输，这就涉及相应的附属设施如仓坨、运销站和航运公司，从而呈现出有序的运作过程。盐税在新中国成立初受到特别重视，为保证税源，1949 至 1952 年，在淮北盐场以及附近的农区、草区、山区，都展开了广泛的缉私工作和宣传教育，取得很大成效。新中国成立后至

1953年，由各级盐务管理部门负责征收，“一五”期间才划归税务部门管理。对生产、运销和税收的考察，都在一定程度上反映了淮北盐业的发展规模、经营模式以及与国家建设的密切关系。

四是经济效益分析。一方面考察经济恢复时期和“一五”期间，淮北盐场的经营和亏损情况，一方面分析淮北盐场的经济利润在国家、企业以及职工三者之间的分配方式。

（三）研究方法

一是充分利用档案资料。本书以大量而翔实的档案资料为基础，主要为江苏省档案馆藏江苏省盐务管理局档案和淮南盐务局档案，以及江苏省盐业公司档案室藏《淮北盐场统计资料》（1949—1957）。档案资料占全部参考文献的80%左右。同时综合利用国内外其他相关文献资料（已出版的档案汇编、研究专著、报刊等）。

二是紧扣淮北盐场国有化的命题。淮北盐场的国有化是一个复杂的过程。淮北盐场由多个散落的盐场转变为一个有组织的管理有序的国有企业，本身就包含了诸多方面的变革。例如所有制的变化、管理秩序的建立，以及从制盐工艺和盐民中所体现出来的盐文化的变迁。

三是社会史的研究视角。社会史是中国当代史学的一个重要流派，更是一种卓有成效的史学研究方法。它在很大程度上受到西方年鉴学派的影响，其研究对象包括了政治、经济、思想等社会各个方面。淮北盐业的发展状况与当时整个国家的政治经济形势和社会文化状态密切相关。

四是多学科交叉研究，以经济学、社会学的研究方法为最主要的辅助手段。

第一章 国家盐业政策的演变

第一节 中国古代盐区概述

许慎《说文解字》对盐的解释说："盐，卤也，天生曰卤，人生曰盐。"也就是说，盐和卤是同一种物质，自然形成的称为卤，经过后天加工的称为盐。我国古代居民对自然盐的发现可上溯至夏代，甚至夏代以前。南方的少数民族地区流传着"盐神"的传说。相传，四川盐源县纳西族的一个牧羊少女，因发现了盐水，被该族供奉为"盐神"。《后汉书·巴郡南郡蛮传》记载了有关古代巴蛮族的神话。巴蛮的始祖廪君沿盐水而下，在盐水北岸遇到一位女神。女神对廪君说："此地广大，鱼盐所出，愿与共居。"廪君没有同意，遭到女神的报复。廪君最终射死女神，率领部落独占了这片鱼盐之地。这里的盐水即指夷水（即长江支流清江，位于今湖北西部），女神即是盐神。《水经·夷水注》对这个神话也有完整的记载。相关研究也显示出，商周及其以前活跃在川东的巫、巴等部落，对早期川盐的发现有很大贡献。

池盐是古代华夏族最早发现并利用的自然盐之一，其产地在山西、陕西、甘肃等地区，最著名的是山西运城的池盐，即解池、河东盐。前人通过对甲骨文、金文的解读和考证，认为西周末和东周初，周天子直接统治下的渭水流域、黄河中游地区以食用自然盐为主，这些盐主要来自河东、关陇地区的池盐。另一种自然盐是矿盐，因秦汉时出产于匈奴居住的甘肃境内，所以当时又称"戎盐""胡盐"。

早期的人工盐主要是指海盐和井盐，其中又以海盐为主。中国古代典籍中最早关于海盐的记载出自《尚书·禹贡》，其中称"海岱惟青州""厥贡盐絺"。这里的"海"指的是渤海，"岱"指泰山，青州大体指泰山以东至渤海的一片区域。《尚书·禹贡》成书于周、秦之际，而山东地区的海盐活动最早始自夙沙氏。《说文解字》称："古者夙沙初鬻海盐"。鬻，即煮。历代各典籍对"夙沙"的解释不尽相同，但是可以肯定的是，这个在远古时期居住在今山东半岛上的夙沙部落，首创人工制作海盐的方法，并且大概在商周之际将这一技术在当地推广。春秋战国时期，煮海水为盐已经不限于山东半岛，向北已扩展到今辽东半岛，向南扩展到今天的江浙沿海地区。

春秋时期，山东、辽东出海盐，河东产池盐，关陇和西北有矿盐和池盐。其中以山东地区的海盐和河东池盐发展规模最大，齐国和河东都出现了大盐业主。战国时期，秦国管理四川地区的官员李冰在开凿都江堰的同时，在今四川省双流区境内华阳镇开凿了我国历史上第一口具有"官营"性质的盐井。

西汉时期，食盐业有了迅速发展，产盐区已遍布全国各地。西汉中叶以后及王莽时期在全国 27 个郡国内设置了 36 处盐官，其中沿海设置的盐官数量几乎占一半，说明海盐在当时已十分重要。河东池盐在西汉仍有重要地位，云南、四川地区的井盐得到了长足发展。东汉时期盐产区有所扩大，尤以井盐区更为显著。

隋唐五代时期以池盐、海盐、井盐为主要的食用盐。池盐在这一时期得到了迅速发展，这也是唐宋以前古代北方王朝最为重视的盐种。池盐主要分布在唐属河东、关内、陇右诸道，也就是今天的山西、陕西、内蒙古、宁夏、甘肃、青海、新疆等省区，在河南、河北等地，也有少量分布。其中，河东池盐主要分布在解县、安邑 2 县（今山西省运城市境内）。海盐主要分布在三个产区：一是北方海盐产区，主要包括渤海之滨的河北盐产区与黄海之滨的山东盐产区；二是江淮海盐产区，主要包括淮南、两浙及福建等在内的东南海盐产区；三是岭南海盐产区，指的是两广、海南地区。井盐主要分布在今四川大部、甘肃东南部、云贵及两湖的部分地区。

北宋时期的盐区分布与前代相类，并将一些大型的盐场纳入官有范畴。如陕西路（今陕西、山西、河南、甘肃等省的部分地区）解池，川峡四路（今四川大部、重庆全部，陕西、贵州、甘肃部分地区）较大的盐井，以及淮、浙、闽、广等滨海盐场。北宋灭亡后，今河北、陕西、山西、山东等省的大部分地区失陷于金政权，池盐产区也一并失去。南宋盐产区，主要剩下江、浙、闽、广海盐区，以及四川井盐区。

明代食盐仍以海盐、池盐、井盐为大宗。海盐的主要产区为两淮、两浙、长芦、山东、福建、广东、海北（今青海省境内）及辽东地区。池盐仍以河东盐为主，陕西灵州（今宁夏回族自治区境内）次之。井盐分布于四川、云南。

清代的盐产区，内地共划分为 11 区，包括奉天、长芦、山东、两淮、浙江、福建、广东、云南、四川、河东、陕甘。其中，四川、云南为井盐，河东、陕甘为池盐，其余均为海盐。此外，内蒙古、新疆等区也有产盐区。各产盐区有若干盐场。清代的产区不变，盐场时有合并更张。盐场裁并的原因：一是为了方便管理，二是有些盐场荒废。根据《清史稿·食货志·盐法》的记载，各区盐场的存废情况如下：长芦旧有20场，后裁并为8场；奉天旧有20场，后剩余8场；山东旧有19场，后裁为8场；两淮旧有30场，后裁为23场；浙江32场；福建16场；广东27场；四川较大的盐井24座；云南较大的盐井26座；河东盐池分东、中、西3场；陕甘盐区以灵州盐池产量最高。另有台湾5场，后被日本侵占。

第二节　明清以前的盐业政策

中国历代盐业政策变革频繁。商、周两代，听任百姓自由经营食盐的生产和运销，官府仅在产地设置管理官员。各封地以“贡”代税，将当地土产进贡朝廷。

春秋时期，齐桓公任用管仲变革盐法，实行食盐官营制度，官府直接介入食盐的产、运、销环节，即民产、官收、官运、官销。管仲的食盐官营政策寓盐税于专卖制度之中，他对全国食盐人口进行详细登记，由官府按时按册籍出售食盐，从而稳定了盐利，确保了国家的财政收入。管仲创制的盐法在中国盐业史上有着重要的地位，开启了历代食盐官营的风气之先河，管仲也因此被尊为中国三大“盐宗”之一①。春秋战国时期，东方诸国除齐国外，多对盐业政策采取放任态度，由民产、商销、官府收税。

战国时期，秦国的食盐官营政策较管仲盐法更进一步，由官府组织奴隶制盐。秦国统一六国后，在全国推行食盐官营，所获盐利甚重。

汉初，政府规定“弛山泽之禁”，盐官们不再承担食盐的产运销，只负责征收盐税。而地方诸侯、富商大贾却趁此饱获山泽之利，如吴王刘濞、齐国的私人大盐业主以及巴蜀的盐业主。汉武帝时期，由于对匈奴作战而导致财政匮乏，于元狩四年（前119）开始实行食盐官营政策，由官府管理山海资源，提供生产工具，招募农民制盐，实行官收、官运、官销。

至汉昭帝时，在外戚大将军霍光的鼓励下，各郡国所举贤良、文学等人与力主盐铁官营的御史大夫桑弘羊等官员发生了大辩论，反对桑弘羊的财政政策，这就是历史上著名的“盐铁会议”。西汉桓宽所著的《盐铁论》即是对这次会议的记录。辩论的结果是，昭帝下令取消酒的专卖和关内的铁官，其余大部分政策都

① 另外两位是首创煮海为盐的夙沙氏以及商周之际贩运卤盐的胶鬲。

不受影响。

东汉时期，中央皇权日趋衰落，放松了对盐铁的控制，实际上废弃了食盐官营政策，施行收税制。

三国、西晋时期，为了解决财政困难，基本上都推行过食盐官营政策。东晋中期以后和南朝宋、齐、梁时期，开放盐禁，官府似乎也不征收盐税，陈代开始征收盐赋。十六国、北朝时期，各政权盐政不一，总体上是强化对食盐的管理，以盐利补充财政。

隋代和唐代前期的盐业政策十分宽松。隋文帝提出“与民共之”政策，鼓励百姓开发盐业资源。隋代对盐业管理比较松弛，所设监盐官员较少。这些做法为唐初统治者所继承。与此同时，隋代和唐初强调不征盐税。但由于种种原因，唐代前期盐业资源已开始从非国有化向国有化转变。一方面，至武则天时开始在一些大的井盐产地征收盐税，食盐征税（出产税）成分日益增加；另一方面，唐开元前后，通过设置关内盐池使，将关内盐池收归官管，加强了管理和利用。

安史之乱的发生，使唐代盐政发生了重大变革。早在开元前期，左拾遗刘彤就提出了盐铁官营的主张，要求国家全面收回盐铁山泽的开采权和经营权。这一改革仅试行数月即告作废。安史之乱时期，为了缓解财政危机，盐铁使第五琦创建了榷盐法。《新唐书·食货志》指出，榷即“专略其利”。榷盐法要求在各产盐区由官府设置监院，负责收盐与销盐，形成民制、官收、官运、官销的直接专卖体制。但是第五琦的榷盐法存在着诸多不足，主要体现在销盐方面管理不力，导致大量走私以及税利流失。安史之乱后，刘晏主持东南财政，对榷盐法进行了变革。他承袭了在产盐地设置收放盐机构的做法，变革之处在于，他承认了商人在销盐中的作用，就场专卖给盐商，由盐商负责运销，形成了民制、官收、商运、商销的间接专卖制。就场专卖制的建立是汉代以来专卖制的又一创造。在变革盐法的同时，刘晏也利用盐利疏通东南漕运，既治理了漕运，也为专卖制提供了扩大的基础。

为了更好地实行专卖，唐代创立了“划界行盐”的食盐运销体制，即划定食盐的销区。这种制度为明清政府所效法，即“引岸制”。唐初实行销界制的目的首先是保证河东池盐的销售，免遭海盐冲击。唐代后期，河东池盐的销售范围已有了严格规定：东南销往中原，与井盐、海盐销区接壤；西方销往关陇地区；北方销往幽州、燕州。销区几乎覆盖了中国的北部，并不断扩大。唐代对于海盐的行销范围没有严格的规定，但大体上包括河北、河南、淮南、江南、山南东、岭南诸道。其中，以淮、浙盐行销范围最广，涵盖了大片东南地区。相比而言，井盐产量不高、价格较海盐和池盐高，基本上仅供应产区附近地区。

榷盐法实行后，盐政机构可分为两部分：一是度支、盐铁二使所在的中央机构；二是盐铁使派向地方的场、监、院等分支机构。其中，监设在产盐地，负责管理生产和就场售盐；场距产地不远，是盐的集散地，主要负责销盐，在三者之中级别最低；巡院设于都会要津，它的职能比监、场更为广泛，首要任务是缉私，也承担转运、销售的任务。

唐代后期，由于盐价高涨、私盐充斥、藩镇侵占盐铁权，盐铁使杜佑和李巽相继对食盐专卖制进行了调整和变革。至唐代晚期，榷盐法和就场专卖制的弊端日渐暴露，政府对盐价和私盐无法控制，专卖机构庞大腐败，盐专卖制最终趋于瓦解。

五代十国时期，北方政权实行了严苛的食盐专卖制度，以官府配售食盐和强征盐钱的措施代替了商销，南方各国也实行了极具地域特征的食盐专卖政策，盐业的发展受到很大束缚。

两宋三百年间的盐法变迁颇为芜杂，不同时期不同盐区的盐业政策有很大差异。

宋代官定的销盐区划限界，是在沿袭五代旧制的基础上略加发展而形成的。全国主要划分为三大食盐销区，即解盐销区、海盐销区、井盐销区。解盐是河东盐池所产之盐，因主要产盐地在解州（今山西省运城市境内），所以称为解盐。解盐销区主要在今陕西、山西、河北、山东、河南、内蒙古等省（自治区）境内，地理位置为六盘山以东、泰山以西，北跨黄河两岸，南抵汉水流域。井盐销区基本上限于四川一带。海盐销区，则在解盐、井盐销区以外的其余各地，即今四川、云贵以东，天津、易水以南的广袤地区。

北宋前期的盐法以官卖为主体，解盐销区，淮盐产区和销区，以及福建海盐销区多实行官收、官运、官卖的体制，仅少数地区放行局部“通商”。但是这一时期内，盐法也在慢慢发生变化，在西北和中心城市实行了“入中法”，使食盐贸易转向商运商销。

宋雍熙年间（984—987），曾在河北州郡与辽国数度作战，为补充军需，令河东、河北商人向沿边州郡输纳粮食，给商人一种有价文券，商人可持该券赴京师兑换现钱，或领取江淮地区的茶和盐作为抵偿，这种官方与民间的特殊贸易方式，称为“折中法”，又称“入中法”。中，即是交换的意思。这种文券被称为“交引”，专用来取盐的则叫作“盐交引”。入中法得以实施的内在动力是“虚估”。“虚估”即是商人输纳粮草等物后所得到的优惠价，远远高出输纳物品的市场价。这种商业利润是官府主动付给的。

宋代中期，入中法又进一步改革为钞盐法。宋仁宗庆历八年（1048），管理解盐的官员范祥为了革除商人折中粮食时估价过高、官吏交通舞弊等弊端，将商人输纳粮食改为入纳银钱。政府付给的文券由“交引”改称为“交抄（钞）”

"文钞"。盐钞即由盐交引改变而来。这种入钱买钞、得钞请盐的制度，时称"钞盐"法，或"钞引盐"法，也简称"钞法"。庆历年间，解盐区和淮盐区都推行了钞法。淮盐的销区包括当时的江南六路，即淮南、两浙、江南东、江南西、荆湖北、荆湖南路，其行政范围相当于今天的江苏、浙江、安徽、江西、湖北、湖南等省以及福建东部。

北宋中期，官卖食盐制度仍然大范围存在，如两广地区为官卖与商卖的反复交替和同时并行，但大部分时间和地区以官卖为主。并且在部分地区有加强的趋势，如陕边地区实行过民运官销法，或商盐官销法、钞盐官销法等。到了北宋后期，各盐区在放弃官卖和加强官卖之间反复变革。

北宋末期，为了解决财政问题，进一步推行钞盐法。宋徽宗崇宁元年（1102）以后，蔡京在东南地区大力推行钞盐制，将其作为增加国家财政收入的主要手段，军费、政府开支等多取自盐利。不仅如此，钞盐法对以后历代盐法的影响也颇为深远。

南宋时期，国家财政支出主要依靠钞盐制度下所得的钞盐钱来供给。前期的盐法，东南六路大致延续前一阶段的钞法；四川则改为引法；闽、广地区，钞法与官卖兼行或交错进行。后期，钞法与各种形式的官卖并举。

元代的行盐区域以行政区划为基础。各盐区所产的盐分别行销各该行政区内或附近。政府控制了盐的生产和收购，在不同的地区实行商运商销或官运官销的方式，或二者并行。

第三节　明清时期的盐业政策

明朝盐的行销以引盐制为主导。明代仿照宋代的入中法，实行"开中法"，令商人输送粮食到边防地区，给以盐引，准其赴盐场支取盐斤。初期开中的范围和规模都相当大，成为明朝解决边饷的重要措施。明朝实行开中并不仅仅限于边防卫所的军饷供给，此外还用来赈济灾荒或支付官吏军人月俸，还采用开中纳粮的方式征集粮草。明代开中法包含两种形式：第一种形式是朝廷召集商人转运各地官府所征收的税粮和军需物资，以食盐补偿其运价；第二种形式是商人收买当地粮食输送到官方指定地点，朝廷偿付商人的除了运价外，还包括物资价钱。至明中期，米价上涨、盐价下跌，导致了这种方式的中断。

依据前朝的习惯以及行盐路线，明代朝廷对开中引盐划定了销售范围，其疆界并不同于行政区划。由商人贩运到指定的府县，再由官配给民户，或由商人转销。长芦盐销往北直隶、河南；山东盐销往山东、河南、南直隶；两淮盐销往南直隶、江西、湖广、河南；浙江盐销往浙江、南直隶、江西；广东盐销往广东、广西、湖广；河东盐销往山西、陕西、河南；陕甘盐销陕西、甘肃；福建、四川、云南盐各销本省。

明代的开中制造成了盐商守支问题，这是明代盐政独有的一种现象。有学者认为，开中法的实施造就了我国封建时代最大的商业资本集团——盐商集团，但它并未改变朝廷垄断盐业资源的本质，商人只是在朝廷的垄断下从事经营①。盐商守支是指盐商响应政府开中赴边纳粮后，指定盐区的盐运司却无法提供现成官盐给盐商，盐商被迫困守盐场，长期待支。该现象曾长时间存在于两淮、两浙以及长芦等地区，尤以两淮严重，给当时的盐政带来极大困扰。守支问题的出现直接影响了盐商的经营收益，而政府遭受的损失更为巨大。由于守支问题的存在，以及纳粮、支盐在时间和地域上的脱节，因而开中商人群发生边商和内商的分化。边商专门在边防纳粮，将盐引卖给内商，内商在盐运司处守候支盐。为防止边商资本的无限扩大，朝廷对他们输纳的数量和时间都做出了限制。

延及明朝中后期，引盐制仍居主导地位，但两浙、山东、长芦、河东、福建以及四川、云南这些主要盐区又兼行票盐法。票盐出现的主要原因是传统引盐制度的式微，开中制渐渐暴露出诸多弊端，导致商盐不通、盐引壅积、私盐泛滥。此外，北方蒙古人入侵和东南沿海“倭患”给政府带来一定的财政压力，这是实行票盐制的直接原因。

实际上，票盐制是对引盐制的变通。明初以来，官府收买余盐（灶户缴纳正课后所余之盐），并按正引配给开中商人行销。票盐制则将上述做法改为由商人出资收买灶户余盐，同时又允许灶户纳税领票出售其余盐，可以防止余盐向私盐的转化。商人或灶户无须输纳粮草，只要交纳票盐税，即可行销食盐，从而降低了行盐成本。票盐的每票斤重相异，一般有大、中、小票之分，以致票价纳税亦有多寡轻重的区别，这对于财力有限的小商贩及灶户民人纳税贩盐更为有利。

引盐制下的盐引，既是运销食盐的凭证，也是一种计量单位，有定额盐的意味。明代实行户口盐配给制，由朝廷确定各府县食盐供给总额，这与划定行盐区域是相配合的。票盐如同引盐，也有官定行盐区域，但多为偏远、舟楫不通之处，说明票盐是对引盐行销不足的补充。朝廷让出一部分县份的销盐垄断权，以发放票盐的方式扩大税收。在实际的操作中，有些地区并非偏远之地，但为了解决财政问题，也一并“以引改票”。

关于明代引盐和票盐的不同作用，有学者指出：“由于票盐不同于引盐，因此，在明嘉靖以后的盐行销结构中，即出现引盐、票盐二种行销层面，从而构成

① 汪崇筼：《明清徽商经营淮盐考略》，巴蜀书社2008年版，第22页。

以大、中商人垄断的引盐贸易和以中下层商贩及灶户民人为主体的盐票贸易的网络，并进而导致社会人群和资金的不同流向。”①

明代两淮地区盐政败坏最为严重，最终于明末采取变革，实行纲法。万历四十五年（1617），两淮盐法疏理道袁世振以积引日多，着手改革两淮盐政，创行“纲法”。他将两淮历年未行的旧引，分年派销。每年将商人所领盐引编设纲册，分为十纲，一纲行积引，九纲行现引，按引派行。商人预缴盐税，取得卖盐的权利，进入政府的“纲册”之中。这种专卖证明，就是所谓的“根窝”，又称窝本、引窝。在纲法之下，食盐分区销售，各产区食盐皆划一定地区为其引地（即销区）。盐商只能在规定的盐场买盐，在相应的引地销盐，一旦越界，即为私盐。纲法是一种官府控制下的民制、商收、商运、商销的食盐专卖制度，导致了商人垄断淮盐运销的局面。这种制度一直延续到清代后期，影响深远。

清代的盐政承袭了明代纲法制度及其弊端，并在这一基础上有所变通。

清代的食盐运销，沿袭着前代的专商引岸制。其销区划分为：长芦盐行销直隶、河南2省；奉天盐行销奉天、吉林、黑龙江3省；山东盐行销山东、河南、江苏、安徽4省；两淮盐行销江苏、安徽、江西、湖北、湖南、河南6省；浙江盐行销浙江、江苏、安徽、江西4省；福建盐行销福建、浙江2省；广东盐行销广东、广西、福建、江西、湖南、云南、贵州7省；四川盐行销西藏、四川、湖南、湖北、贵州、云南、甘肃7省；云南盐行销本省；河东盐行销山西、河南、陕西3省；陕甘盐行销陕西、甘肃2省；台湾盐行销本府。

清代食盐运销形式有7种，以官督商销为主流。官运官销是国家直接经营食盐专卖的一种形式，大多是在无商认引的情况下，为弥补官督商销主流体制的不足而采取的变通形式，在云南、两广、两浙、福建等盐区实行。官运商销则是官府只经营食盐的采购、转运，销售则委之于商贩，在山东、长芦、福建、四川、两广等盐区试行。总体来说，清代中后期的官运商销取得了一定的成效。官运官销，盐利全部归于官，流弊很多；官督商销，盐利归于官与商，官商可以互相钳制。山东盐区实行民运民销形式。两淮实行商运民销、商运商销的运销形式。此外，还有官运商销、官督民销两种形式。

在清代，盐政与河工、漕运、兵饷一起被称为“四大政”，可见盐政的重要性。清代盐业改革次数较多，有全国性的也有区域性的，比较著名的是乾隆年间在河东地区实行“课归地丁”、道光年间陶澍在两淮盐区推行的“废引改票”（即改纲为票），以及清末的“川盐济楚”。其中又以废引改票影响最为深远。

乾隆五十七年（1792）河东盐区的“课归地丁”，是清代前期食盐运销制度方

---

① 刘淼：《明代的票盐行销》，《盐业史研究》1995年第1期，第27页。

面的一次重要改革。所谓“课归地丁”，就是裁革专商，由商民自由贩运食盐，盐课摊入地丁中征收。改革的主要原因是盐课不断增加、盐池连续歉收，导致盐商困乏、盐价提高。改革的主要内容是：课银摊入地丁征收，每年缴清，不许拖欠；裁革专商，由商民自由贩运；裁汰盐务官员；加强生产管理。经过改革，河东盐政顿时改观，废除了官督商销制，使商民盐业运销活动活跃起来，保证了盐税收入，同时也减轻了运销成本、降低了盐价。但是，这次改革也有其局限性：一是将繁重的课税转嫁到人民身上；二是由于河东盐区盐价下降和商民自由贩运，长芦盐的销区和淮盐的销区受到侵灌。为了维护长芦，特别是两淮盐区的盐税收入，嘉庆十一年（1806）又废除了河东的课归地丁，恢复了之前的运销制度。

两淮盐区是清代最重要的盐区，由于两淮引多课重，以及军需报效、照例捐输、河工经费等开支过多，盐政积弊日深。道光十一年（1831），两江总督陶澍于淮北盐区推行盐政改革，废除纲法，改行票法①。废引改票的主要做法是：裁革专商，由商民自由贩运；裁汰窝价、岸费、场费等浮费，减轻课税；改变运盐道路，减少运盐手续，以节省运盐成本。票盐法旨在打破商人的垄断，官府就场收税，无论何人，只要照章缴纳税课，即可领票运盐贩卖，凡无票及越境者，以私盐论处。票盐法的推行取得了显著成效，食盐运销畅通，盐税收入增加。于是道光十三年（1833）又在淮北盐的销区推行这一废引改票。道光二十九年（1849），陆建瀛踵行此法于淮南盐区，改革的重点仍是裁减浮费和减轻成本，并取得了一定的成效。有学者指出，由于淮南和淮北在种种方面的差异，两地的盐政改革呈现出不同的面貌，“淮南盐政改革是通过减轻成本、加大缉私、保留原有运商等方式，从实质上保持了原有的盐法框架，而淮北票盐改革是通过自由竞争方式，引入新的商人运销机制，从而对原有盐法体制做了颠覆性的改革”②。

淮南改行票盐法不久，太平军攻陷武昌、汉口，长江航路受阻，票贩星散，淮盐经济陷于停顿。同治三年（1864），清军攻克南京，肃清江路，两江总督曾国藩改定票章，定“保价整轮”之法，即在淮盐销区设置管理机构，规定食盐价格，按盐船到达的先后顺序依次发售，不得抢卖。同治五年（1866），两江总督李鸿章，在票法之中参以纲法，定为循环转运，票商可将盐引作为世业。第二年，两江总督马新贻亦将淮北改票为纲。改票复纲后，票商多不行盐，将所持引票自由租典，坐享其利，这就必然造成了票商的垄断，完全违背了改革的初衷。

① “运商引票，各地称谓不尽相同，有的称盐票，有的称引照。每引的重量，在各个时期各个地区也不尽相同，一般分为大票、小票，大票每票500引，每引8担，每票每年可运4000担；小票每票120引，每年可运960担。1920年淮北场商每百引（每引4担）售价180两，每年租价25两。”参见《江苏盐业史》编写组：《江苏盐业史》（修订本），江苏人民出版社1992年版，第50页。

② 倪玉平：《博弈与均衡：清代两淮盐政改革》，福建人民出版社2006年版，第91页。

除了两淮盐区，废引改票渐渐在全国主要盐区推行。太平天国起义之前，长芦盐区的部分行盐口岸也曾进行过废引改票。太平天国运动的高涨迫使废引改票暂时搁置。咸丰年间，河东盐区改行票盐。同治后，两浙、福建等盐区也开始实行票盐制。

“川盐济楚”就是打破传统的引岸疆界，运川盐入两湖地区行销。导致这一变革的原因就是太平天国运动的爆发。一方面，两淮盐商遭到太平军的重创；另一方面，长江航路梗阻，淮盐无法到达江西、湖北、湖南等销区。在这种情况下，川盐济楚成为解决两湖地区食盐需求的变通政策。咸丰三年（1853），清廷准许四川井盐行销湖南、湖北地区；同时规定，无论商民，都可以自行贩卖食盐，设关抽税。川盐济楚极大促进了四川井盐业的发展，使盐课额大幅度增加。太平天国运动失败后，随着长江航运的畅通以及两淮盐业的恢复，曾国藩开始筹划收回楚岸。先是对川盐抽取重税，试图将其排挤出两湖市场；之后又要求“划地分销”，将部分地区划归淮盐行销，其余地区划归川盐。直至光绪二年（1876），经清廷批准，楚岸全部恢复为淮盐销区。

第四节　民国时期的盐业政策

民国时期的盐业政策分为北洋政府时期、1927—1937 年的国民政府时期、抗战时期以及战后时期四个阶段。

民国时期，财政困绌，拟以盐税为担保，募借外债。当时盐法败坏，枭贩活跃，地方各自为政，盐政亟待整理。1912 年 9 月，财政部设立盐务筹备处。为了保证偿还债权，1913 年 1 月，财政部内又设立了保管盐税的机构——盐务稽核造报所，下设总办 1 人，由中国人担任；会办 1 人，由外国人担任。各省设立稽核造报分所，以中国人任经理，外国人任协理。自此，中国盐务机关分为行政与稽核两大系统。

1913 年 4 月 26 日，北洋政府与英、法、德、日、俄五国银行团签订了善后借款合同。根据这项合同，“各产盐地方盐斤，纳税后，须有该处稽核分所华洋经协理会同签字，方准将盐放行”，“所有征收之款项，应存于银行，归入中国盐务收入账内，账内之款，非有稽核总所总会办会同签字之凭据，则不能提用”①。

善后借款合同签订后，北洋政府将盐务机构加以调整。一是裁撤盐务筹备

① 左树珍：《民国盐务改革史略》，《中国盐政史》，上海书店 1984 年版，第 268 页。

处，改设盐务署，作为全国最高盐务行政机关。财政总长兼任盐务署督办，财政次长兼任署长。盐务署下设总务处、场产厅、运销厅。地方官制仍沿袭清政府旧制，在产盐区域设置盐运使司或运副，在销盐区域设榷运局。此外，设缉私营队，在产场各区增设场警，二者均归运使、运副或榷运局节制调遣。全国共设10个盐运使司、6个运副、9个榷运局。二是盐务稽核造报所改称盐务稽核所，由财政次长兼任稽核总所总办。在各产盐区设立稽核分所，分所下面设立稽核支所，委派华、洋助理员各一人负责；在各销盐区设立收税局。由于各榷运局也有收税职权，难免与稽核机关在权限上发生争执。因此，又在各销区设立了稽核处，由华总稽核员、洋副稽核员各一人负责，下设各岸榷运局稽核员。稽核处开始名义上归盐务署管辖，1919年归盐务稽核总所直接领导。全国共设13个稽核分所、7个稽核处、3个收税总局。各场设放盐处，直接监督淮盐的放销数量，以便核实税款金额，解送外国在华银行。

盐务稽核所成立后，在第一任会办英国人丁恩的强烈建议下，北洋政府以收税为目的，推行盐务改革。1914年2月9日，北洋政府财政部公布改订的稽核所章程，规定整理盐务办法如下：实行就场征税制，先缴税后放盐；将从前各项课税名目一律删除，改征统一税；划一斤重，将从前引斤废止，按担收税，每担司马秤100斤①。与此同时，北洋政府逐渐开放各盐区的自由贸易。

民国初年，盐税作为中国财政收入的重要来源之一，其地位仅次于关税。1913年12月24日，北洋政府财政部公布《盐税条例》，试图以渐进的方式统一全国盐税。上述条例基本上以淮河为界，将全国划分为南北两大区，北区自1914年1月1日至年底，暂定税率为每担2元，南区维持原状；1915年1月1日以后，全国通行税率为每担2.5元②。均税制推行后，各地盐税加价的情况十分普遍。1918年3月2日，北洋政府被迫对前项盐税条例予以修正，将盐税确定为每担3元③。以上是正税，此外还有附税。1916年袁世凯死后，地方割据现象愈演愈烈，各省因筹备军饷的缘故，往往于正税之外，任意增加附税。

随着北洋政府的逐渐瓦解，各省截留盐税的现象越来越普遍。这一现象始自1916年，最初由广东、云南、四川三省截留。此后，其他各省纷纷效仿。至

---

① 左树珍：《民国盐务改革史略》，《中国盐政史》，上海书店1984年版，第268–269页。司马秤100斤约为127市斤。

② 《盐税条例（盐税法草案之修正案）》（1913年12月24日公布），南开大学经济研究所经济史研究室编：《中国近代盐务史资料选辑》第一卷，南开大学出版社1985年版，第313页。

③ 《修正盐税条例》（1918年3月2日盐务署颁发），南开大学经济研究所经济史研究室编：《中国近代盐务史资料选辑》第一卷，南开大学出版社1985年版，第332页。

1928 年，各省共截留盐税 36481663 元[1]。对于上述种种行为，英、法、日三国（第一次世界大战后，五国银行团改为三国银行团）虽然屡次提出抗议，终究于事无补。

南京国民政府的盐务机关仿照北洋政府成例，以盐务署和盐务稽核所两大系统并行，并渐渐以稽核所为主。在运行操作中，完全以收税为核心，“稽核所之职掌，是专办收税，盐政署之职掌，名为行政，实是办理与收税有联带之事务”[2]。

1927 年 6 月，国民政府奠都南京，在财政部内设盐务处，并将淮南、两浙、松江、福建各产区以及鄂、湘、西、皖各销岸所有稽核机关，一律停止，暂由运使、运副或榷运局行使收税职权。

10 月，国民政府仿民初官制，裁撤盐务处，改设盐务署，并主张恢复盐务稽核所，于是另订稽核章程，在上海设立总所，在各省设立分支所；1928 年 1 月，又将上海稽核总所取消，同时对原有稽核机关加以改组，恢复其职权，并在盐务署内设稽核处，管理各稽核分所事宜。但是盐税的征收，仍归运使、运副或榷运局主管。

1929 年 1 月，国民政府改订稽核章程，将北平稽核总所迁往南京，加以改组，直隶财政部；同时裁撤稽核处。7 月，财政部令饬各运使、运副、各榷运局长，将收税职权移交各该区稽核机关接收。

1932 年 8 月，国民政府为统一事权，精简机构，将盐务署以及各盐区运使、运副、榷运局等行政机关，均由稽核人员兼任，裁撤其所属分支机关，其主要职位均改由稽核机关中的华员兼任。

国民政府为保证税收，一度将缉私机关独立出来，成为与行政、稽核机关平行的机构，但是由于效果不佳，遂将其归入稽核系统。1928 年，财政部设立缉私处，于各区设缉私局，场警仍由运使、运副节制；1929 年，复将缉私局改归运使、运副及榷运局管理。1931 年 4 月，国民政府为彻底整顿缉私机关，将各省缉私队及场警统归稽核所管辖。在稽核总所内设立税警科，将各区缉私局先后裁撤，分别改组为税警局或税警课，由各稽核分所或稽核处直接指挥。为了加强管理，国民政府在各场设场务所，就近督察，避免偷漏盐斤的情况发生。

1937 年 4 月 5 日，国民政府将盐务稽核总所改为盐务总局，直隶财政部，综理全国盐务，但是洋会办依然保留。此后，盐务机构愈加简化，各地原由稽核所的职权渐渐为盐务局或盐务处取代。至 1942 年，洋会办退出盐务总局，稽核所

---

① 《北洋军阀政府时期历年各省截留盐税情况表》，南开大学经济研究所经济史研究室编：《中国近代盐务史资料选辑》第一卷，南开大学出版社 1985 年版，第 375 页。

② 曾仰丰：《中国盐政史》，上海书店 1984 年版，第 139 页。

才名实皆亡。

南京国民政府的盐务政策仍以收税为主，但是相对于北洋政府，权力更加集中于中央，税率也更重。

1928 年至 1931 年，国民政府改变了以盐税为担保偿还外债的方法，而是将各稽核分所征收之盐税，存入中国银行，每月在支付金内保留一定数额，每年共为 1000 万元，交给稽核所偿还债务。

1931 年 5 月 30 日，国民政府公布《新盐法》，进行盐务改革。《新盐法》的主要内容包括三个方面：一是改革运销制度，实行就场征税，任人民自由买卖食盐；二是整理场产，裁并产少质劣成本过高或过于零散的盐场；三是统一税率，食盐税每百公斤 5 元，不得重征或附加，渔盐税每百公斤 0.3 元，工农业用盐一律免税①。

新盐法遭到了旧盐商的坚决反对，国民政府为了向盐商筹措内战经费，不得不作出让步。1928 年至 1930 年，国民政府请盐商出面，向上海等处的银行借款达 4100 万元之多，以盐商预交的税款偿还。这就使得专商引岸制度得以保留，并得到法律保障。直到抗战前夕，新盐法都未能付诸实践。尽管如此，新盐法的主张在国民政府的盐务政策上仍得到了不同程度的体现。

民初以来，废除专商引岸制度的呼声很高，北洋政府时期未能在全国推行自由贸易。据 1931 年盐务稽核所年报记载，当时中国盐运销制度大抵可分为 6 种：票商制、自由商制、专商制、包商制、官运民销制、官专卖制。国民政府迫于各方面的压力，在部分地区继续废除专商制，开放自由贸易区。1931 年，全国销盐县数 1972 个，实行自由贸易制的县 971 个，占 49.24%。1937 年，全国销盐县数 1968 个，其中，实行自由贸易制的县为 1179 个，占 59.91%②。

1933 年 6 月，国民政府对扬子四岸的轮档制度进行了改革，先从鄂岸试办有限制的自由贸易。在汉口设立淮盐售盐处，由售盐处销售之盐，不分档次，自由竞销。10 月，长沙、芜湖、南昌相继成立售盐处。

南京国民政府时期的盐税也分为正税和附税两种。1932 年至 1933 年间，南京国民政府致力于平衡各区税率，特别是税率相差悬殊的地区，以杜绝侵销。1934 年 1 月 1 日，南京国民政府改行新度量衡制，食盐每 100 市斤为 1 担，不再使用司马秤（西北地区除外），并将食盐税率每担原征 10 元以上者，一律减为 10 元（包括中央和地方的正、附税在内），连同外债镑亏费 0.3 元，整理费 0.1

① 《1931 年 3 月 21 日国民党二中全会通过之新盐法》，南开大学经济研究所经济史研究室编：《中国近代盐务史资料选辑》第二卷，南开大学出版社 1991 年版，第 94-99 页。

② 丁长清主编：《民国盐务史稿》，人民出版社 1990 年版，第 188 页。

元，共为10.4元。同年4月，南京国民政府财政部通令各盐区，所有以地方名义征收的各项附加，一律由中央统征。1935年至1936年，各地税率每担减少0.4元至1.8元不等。1937年4月，南京国民政府规定食盐税率每担最多征税5元，渔盐每担最多征税0.2元。同时又在盐税项下另征“建设事业专款”，用于国家经济建设事业。通过不断的整理，盐税成为南京国民政府仅次于关税的第二大税收来源，大致占每年税收总额的四分之一①。除此之外，官销数量的增加，也是盐税逐年递增的重要原因。仅就淮北近场五岸而言，这一区域从前都消费私盐，经过整顿后，官盐销数大增。

抗战爆发后，辽宁、长芦、山东、两淮、松江、两浙、福建、两广等广大海盐产区，以及山西盐区，先后落入日军手中，置于日伪政府的控制之下。国统区所属的盐区主要有四川、云南地区。

抗战时期，国统区的盐务管理机构基本沿袭战前的设置。中央设盐政司和盐务总局，分设在上海、武汉、重庆三地。各地产区设盐务管理局，销区设盐务办事处，管理盐的产运销事务。这期间，洋员退出盐务管理机构。同时，由于机构管辖的盐区与盐场大为缩小，管理机构重叠分散，人浮于事。

抗战时期，国统区的盐业运销制度发生了重大变化。一是1937—1941年举办官运。其目的是迅速把沿海大批存盐运至后方。官运首先从淮北和山东开始，随后，浙江、福建、江西、陕西、河南、湖南、广东、四川、云南、贵州等地区也开始有组织的官运。二是1942—1945年实行盐专卖，废除引岸制。由此实行了民制、官收、官运、官销的专卖政策，并且寓税于价。

沦陷区的盐务机构在不同地区有不同的设置。东北地区，在伪满洲国经济部下设专卖总署（后改称专卖总局），在各地设立数百个分支机构，推行盐官专卖制度。华北地区，基本上因袭原来的盐务管理机构的组织形式和规章制度。伪华北政务委员会财务总署下设长芦、山东、青岛、山西、河南等盐务管理局，其下又设办事处、场公署、场务所等。华中地区，于伪维新政府财政部内设立盐务处，嗣后改为盐务司，之后在各区成立局、处。1940年4月汪伪政权成立后，恢复盐务组织旧制，设立盐务署，下设苏浙皖盐税管理总局、武汉盐政管理总局、广东盐务管理处。苏浙皖盐税管理总局之下，于产区分别设立海州、松江、两浙、淮南区盐务管理局，管理产销、征税、放盐事务；在不产盐的重要省区，设立皖岸、南京、蚌埠盐务管理局。局、处之下，再设若干办事处、所、场等分支机构。

日伪在沦陷区建立了大大小小的盐业公司，以垄断食盐的运销，尤其是外销

① 董振平：《抗战时期国民政府盐务政策研究》，齐鲁书社2004年版，第65-70页。

日本、朝鲜的盐。其中比较大的4个盐业公司是：满洲盐业股份有限公司、华北盐业股份有限公司、山东盐业股份有限公司和华中盐业股份有限公司。与此同时，在独占对日输出食盐的权利下，对盐商作出了一些让步，华北、华中地区不同程度地允许盐商参与食盐运销。沦陷区内食盐销区的划分与战前基本相同：芦盐行销河北和河南部分地区，山东盐行销山东和河南部分地区，潞盐行销山西，淮盐行销江苏、浙江、湖北、江西、安徽等地。与此同时，沦陷区外销盐数量日益增大，造成沦陷区内食盐供应紧张，日军在华北和华中强制推行食盐配给制，损害了盐商和消费者的利益。

抗战胜利后，国民政府接收了日伪政权的盐务机关，予以重新组织。国民政府财政部盐务总局为全国盐务行政机关；产区设盐务管理局，下设分局及场署、场务所；销区设盐务办事处，下设分处。

抗战期间，国民政府废除了沿袭已久的专商引岸制度。1945年2月开始，又恢复了征税制，但盐专卖的原则并未废除，也未完全实行自由贸易，盐的生产与运销仍由国民政府进行管制。10月2日，财政部发出布告，重申废除专商引岸制度。1946年1月财政部拟定《盐政纲领》，第一条规定，“当前盐政，以民制民运民销为原则，并由政府管理之”；第六条规定，“各区旧有专商引岸，分场分岸，及其他类似独占办法，一律废除。盐之供销，由盐务机关统筹调节之”①。5月23日，国民政府国防最高委员会针对盐政纲领，拟定了4项盐政条例立法原则。其中第一项规定，“当前盐政暂以民制、民运、民销为原则，必要时得办官收官运”；第四项又规定，“旧有专商引岸制度应行废止，但食盐配销区域，仍应按照供需及交通情形统筹划定，以资调节。其区域之划分，由国民政府以命令行之”②。对于上述立法原则，财政部自然提出异议，认为政府不应该固定销区，否则违背了自由行销的精神。财政部同时提出，食盐配销的调节原则为“以销配运，以运配产”③。国防最高委员会接受了财政部的提议，于11月份修正盐政条例立法原则，规定“旧有专商引岸制度应行废止，但食盐配运地区应按供需及交通情形统筹规定，以资调节。其配运计划，由主管机关逐年提请国民政府核定之”④。1947年3月12日国民政府公布《盐政条例》，对于盐的采制、场价、集

① 《行政院为盐政纲领案致财政部指令》（1946年2月22日），南开大学经济研究所经济史研究室编：《中国近代盐务史资料选辑》第四卷，南开大学出版社1991年版，第95页。

② 《1946年行政院为抄发盐政条例立法原则致财政部调令》，南开大学经济研究所经济史研究室编：《中国近代盐务史资料选辑》第四卷，南开大学出版社1991年版，第101页。

③ 《财政部为盐业专商引岸废除后不宜再行划分配销区域呈行政院文》（1946年6月27日），南开大学经济研究所经济史研究室编：《中国近代盐务史资料选辑》第四卷，南开大学出版社1991年版，第102页。

④ 《财政部为转发盐政条例立法原则修正案给所属机关的训令》（1946年11月），南开大学经济研究所经济史研究室编：《中国近代盐务史资料选辑》第四卷，南开大学出版社1991年版，第103页。

散、存储、运输，实行全面管制。其中第二十七条规定，“盐之供销，由盐政机关依产运供需情形、人口分布及社会、经济、交通状况，统筹调节之。前项配运计划，由盐政机关逐年呈请财政部呈行政院核定之”；第四十五条规定，“关于专商引岸及其类似制度，一律废除之”①。

国民政府虽然名义上实行自由运销制度，但实际上，“大批盐斤之运销，仍操于专商之手，而大资力之专商，其运销活动之范围，且较前更大”②。1946 年主要成立了 8 家盐业公司和盐号，分支机构遍达国内的主要产区和各大城市，1947 年的资本总额约达法币 1055 亿元，每年运盐数量约为 1000 余万担，几乎占全国销盐量的四分之一③。中国盐业股份有限公司是抗战后最大的盐业企业。国民政府接收日伪在东北、长芦、山东、两淮、台湾及海南岛等处的盐田和制盐工厂后，于 1946 年 3 月 25 日成立中国盐业公司，1947 年 7 月招收商股，12 月改组为官商合办的中国盐业股份有限公司，官股占 46%，商股占 54%。而在商股股本中，中国银行、交通银行、中国农民银行及中央信托局所认购的股本超过四分之一。中国盐业股份有限公司的产量在全国居首位，1948 年实际产量为 1256.7 万担。所获利润相当可观，“1947 年 1 月至 11 月，获利 537.23 亿元（法币），达额定资本 700 亿元的 76.75%”，“按照该公司自己的估计，1947 年 12 月至 1948 年底的盈利可达法币 578.40 亿元，此时的资本总额为 1000 亿元，盈利为额定资本的 57.84%”④。

此外，盐政总局在各产区和销区设立官仓，经营常平盐，年配额近 400 万担，占全国运销额十分之一。“仅 1947 年常平盐的销盐收入为 14400 余亿元，利润达 5020 余亿元。”⑤ 时人贬其“无异保留部分专卖”，“与原盐法之精神大相背驰”⑥。

盐政纲领规定，盐税为国税，地方不得征收任何附税。其征税办法为：供销近场之盐，就场征税；供销较远销地之盐，于销区集散要点设仓，就仓征税。1946 年年底，国民政府收复区盐税为 4500 元至 7000 元。为了筹措经费，国民政

① 《盐政条例》（1947 年 3 月 12 日国民政府公布），江苏省中华民国工商税收史编写组、中国第二历史档案馆编：《中华民国工商税收史料选编》第二辑（上册），南京大学出版社 1995 年版，第 111、113 页。

② 《盐务积弊亟待清除》（《大公报》1948 年 10 月 19 日、21 日、22 日连载），江苏省中华民国工商税收史编写组、中国第二历史档案馆编：《中华民国工商税收史料选编》第二辑（下册），南京大学出版社 1995 年版，第 1725 页。

③ 南开大学经济研究所经济史研究室编：《中国近代盐务史资料选辑》第四卷，南开大学出版社 1991 年版，前言部分第 5 页。

④ 丁长清主编：《民国盐务史稿》，人民出版社 1990 年版，第 364 页。

⑤ 丁长清主编：《民国盐务史稿》，人民出版社 1990 年版，第 363 页。

⑥ 《盐务积弊亟待清除》（《大公报》1948 年 10 月 19 日、21 日、22 日连载），江苏省中华民国工商税收史编写组、中国第二历史档案馆编：《中华民国工商税收史料选编》第二辑（下册），南京大学出版社 1995 年版，第 1722 页。

府于1947年起征收附税，又由于通货膨胀，盐税税率成倍提高。至1948年下半年，每担食盐税率已加至金圆券5.6~8元（1948年8月，国民政府改法币为金圆券，金圆券1元等于法币300万元）①。

第五节　新中国成立初期的盐业政策

一、机构设置与调整

1. 产销体制的变迁

1950年至1957年，中国的盐业产销体制经历了由分管到统管的过程。1950年至1953年，实行产税统管、产销分管的政策。1954年至1957年，实行产、销、运、税统一管理的方针。盐业产销体制的变迁同当时的财政状况紧密相关。

新中国成立后，中央人民政府首先采取了扩大税源、统一全国财经的措施，以缓解中央的财政压力。作为政府重要财源的盐税，自然成为中央直接控制的税源之一。

1949年11月24日至12月10日，中央人民政府财政部在北京召开了首届全国税务会议，对税种、税率和征收方式做出了具体规定。会议决定在全国范围内征收包括盐税在内的14种税，“并确立以货物税、工商（业）税、盐税、关税为全国税收之重点”②。1950年1月27日，政务院通过了根据这次会议精神制定的《全国税政实施要则》，规定在中央及地方暂时征收以下14类税种：货物税、工商业税（包括座商、行商、摊贩之营业课税及所得课税）、盐税、关税、薪给报酬所得税、存款利息所得税、印花税、遗产税、交易税、屠宰税、房产税、地产税、特种消费行为税（筵席、娱乐、冷食、旅店）、使用牌照税③。

从1949年11月至1950年2月，中央人民政府政务院财政经济委员会（简称“中财委”）和所属各部，相继召开了包括盐务会议在内的20多个全国性的专业会议，全面调查了全国财政、金融、工商业状况，为统一全国财经工作做了准备。

---

① 《1945—1948年盐税税率比较表》，南开大学经济研究所经济史研究室编：《中国近代盐务史资料选辑》第四卷，南京大学出版社1991年版，第224-225页。

② 《第一次全国税务会议的总结报告》（1949年12月15日），财政部税务总局编：《中华人民共和国财政史料》第四册，中国财政经济出版社1987年版，第43页。

③ 《全国税政实施要则》，中央税务公报编辑部编：《中央税务法令汇集》，中央人民政府财政部税务总局出版1952年版，第3-4页。

1950 年 2 月 13 日至 25 日，中财委在北京召开了首届全国财政会议，会议决定全国的财政收支由中央财政部统一管理，做出“关于统一全国财政经济工作的决定”（1950 年 3 月 3 日政务院讨论通过）。这项决定规定：“全国各地所收公粮，除地方附加粮（5% ~15%——笔者按）外，全部归中央人民政府财政部统一调度使用”；“除批准征收的地方税收外，所有关税、盐税、货物税、工商税的一切收入，均归中央人民政府财政部统一调度使用”，自 1950 年 3 月份起，所有税款每日结算解缴国库①。

1949 年 12 月 5 日至 16 日，中财委在北京召开了首届全国盐务会议。会议由财政部副部长王绍鏊主持，华东、东北、西北、长芦、内蒙古等区盐务管理局及华中、华北区盐业公司等单位代表 21 人出席，中央财经委员会、食品工业部、贸易部等机关亦有代表参加。这次会议在新中国盐业史上具有重要意义，它对全国盐业的管理和经营作出了总体指导，并确定了经济恢复时期的盐业产销分开政策的基础。会议作出《关于全国盐务工作的决定》，于 1950 年 1 月 20 日由政务院颁布。

按照正常的机构划分，应该采取生产归工业、运输归贸易、税收归财政的大分工制，当时全国的盐务分工情况是：东北、华北地区的盐业生产、税收工作属财政部门管理，运销属贸易部门；华东、西北、内蒙古地区的盐业生产、运销、税收均属财政部门。上述决定“采取产税统一与运销分开的方针”，即“除西北、内蒙暂维现状，东北继续统销外，华北、华东、中南等区的运销工作，统由贸易部门指定其各级盐业公司负责，西南另定。生产、税收、缉私确定仍由财政部门的各级盐局负责”②。

1950 年 8 月 5 日至 25 日，财政部召开第二届全国盐务会议，草拟了 5 项决定，于同年 10 月 31 日由政务院颁布。这些决定对全国盐业的发展产生了深远影响。为了保证财政收入，会议将产销体制加以改进，拟定了“改进产销关系”的决定草案。这项决定补充道：“除西北、西南、东北、内蒙各盐区仍保持现行办法不变外，华北（包括运城）、华东、中南等三区，统由中国盐业公司全面包购、包销、包税。”③

1952 年 7 月，中央财政状况稳定后，将财政部盐务总局及其所属单位划归轻工业部领导，说明盐务管理的重点由税收转向生产，但是盐税继续由盐务总局征收。需要指出的是，在主要产盐区实行产销分管的政策，不利于统筹安排，盐局

① 《中央人民政府政务院关于统一国家财政经济工作的决定》，《人民日报》1950 年 3 月 4 日第 1 版。

② 《中央人民政府政务院发布全国盐务工作决定，令各级人民政府贯彻执行，统一盐政保证民食与国家收入》，《人民日报》1950 年 3 月 12 日第 1 版。

③ 《中央人民政府政务院批准：关于改进产销关系的决定》（1950 年 10 月 31 日），中央人民政府财政部编：《现行财政法规汇编》第一辑（下），新潮书店 1951 年版，第 679 页。

和盐业公司之间围绕购盐和销盐的问题产生了很多矛盾①。

1953年12月12日，中财委颁布了《关于盐业产销统一领导的决定》，规定除东北、内蒙古盐业运销业务仍由粮食部门负责外，自1954年1月1日起，中央商业部所属中国盐业公司系统并入中央轻工业部，所有食盐产销工作统一由中央轻工业部负责领导②。

12月31日，中央轻工业部和中央商业部又发出了《为明确盐业产销统一领导后的几个问题的联合通知》，规定在中央轻工业部内同时保留盐务总局与中国盐业公司的组织机构，并实行以下过渡办法："（1）西南、西北及两广区的产、运、销组织维持原状（东北、内蒙古盐业运销业务，仍由粮食部门负责领导不变），由盐务总局直接领导；（2）有销无产地区，保持盐业公司的组织不变；（3）有销有产的地区，公司、盐局采取联合行文办法进行领导。"③

1954年2月16日，中财委召开了产销统一后第一次盐务局长、盐业公司经理联席会议，着重研究了产销机构的调整措施。会后由轻工业部向中财委提出了《关于盐务总局、盐业公司局长、经理联席会议综合报告》，对产销机构的调整提出了如下意见：

（1）为了加强集体领导，统一工作步骤，盐务总局与盐业公司立即合并。（2）成立中南区盐务管理局（后因中央决定撤销大区一级行政机构，未成立）。（3）有产有销地区，包括华东区的浙江、福建、山东省和上海市，华北区的山西省、天津市，其产销机构合并。江苏省成立省盐务管理局，统一领导淮南、袁浦、青口等场生产和全省运销工作。（4）河北、河南、湖南、江西、安徽、北京等纯销区以及西南、西北、东北地区，原组织机构不变；但在设有盐务系统土盐管理机构的地方（如张家口），应与当地运销部门合并。（5）省级以下运销机构，主要应设在交通要道、经济枢纽、符合盐的流通规律的地点，同时要照顾到便于地方党政的领导，具体安排由各大区和省、市研究确定。（6）产销机构统一后，省级机构名称一般改为"××省（区、市）盐务管理局"，个别地区如河北、北京仍可保留公司名称④。

以上意见得到了中财委的批准。

经过调整合并后的轻工业部盐务总局，集全国盐业的管理与经营于一身，既有行政职责又是经济实体，实现了对盐业的统一领导。据统计，"总局直属国营

① 丁长清、唐仁粤主编：《中国盐业史》（近代 当代编），人民出版社1997年版，第437-438页。
② 丁长清、唐仁粤主编：《中国盐业史》（近代 当代编），人民出版社1997年版，第439页。
③ 丁长清、唐仁粤主编：《中国盐业史》（近代 当代编），人民出版社1997年版，第440-441页。
④ 丁长清、唐仁粤主编：《中国盐业史》（近代 当代编），人民出版社1997年版，第442页。

盐场24个，产量占全国产量的49.6%，直属运销企业22个，销盐量占全国总销量的90%”①。

1956年，国务院所属财经部门机构改组，盐务总局划归食品工业部领导。1958年2月，食品工业部并入轻工业部，盐务总局又归轻工业部领导。1958年，各级运销机构解体，盐的运销管理权被下放地方，运销业务并入商业、供销或粮食部门，又恢复了产销分管的体制，直至1964年才有所改变。

2. 机构组织系统

新中国成立后，对原有的盐务机构加以调整和改组，建立了新的盐务机构，分为盐务局和盐业公司两支系统。

1950年3月8日，盐务总局在北京正式成立，张道吾任局长。1950年4月6日，中财委批准了《中央人民政府财政部各级盐务机关组织规程》，规定全国盐务管理机构的设置实行五级制：（1）中央人民政府财政部盐务总局；（2）大区盐务管理局；（3）总局直属或区属省级盐务管理局；（4）盐场管理处；（5）分场、场务所。1952年盐务总局组织系统简图，如图1－1所示。

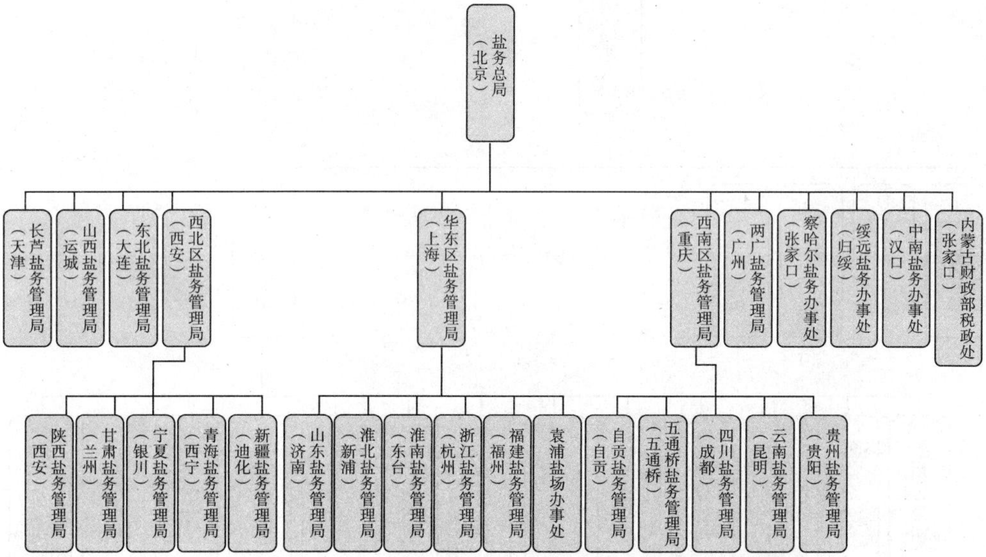

图1－1　1952年盐务总局组织系统简图

资料来源：据《1952年盐务总局组织系统表》制成，参见丁长清、唐仁粤主编：《中国盐业史》（近代 当代编），人民出版社1997年版，第372-376页。

1950年2月15日，中国盐业公司在北京正式成立，贸易部部长王文波兼经

① 程龙刚：《新中国盐业管理体制50年回眸》，《盐业史研究》2000年第1期。

理，李秋野为副经理。2月12日至27日召开的中国盐业公司成立会议上规定，中国盐业公司办理食盐运销的方针为：国内食盐采取以国营为主的公私兼运兼销政策，大力扶植合作社，领导与管理私商，统一计划，以保证民食和完成财政任务；此外组织大量出口。会议决定，为了保证财政任务的完成，各区卖盐所得款项应严格执行资金回笼办法，悉数交国家银行折实入账，所需资金另按预算核拨。会议闭会时，中央贸易部副部长姚依林作总结报告，他强调指出，中国盐业公司的基本任务就是把盐卖出去，把钱换回来，以减轻国家的财政困难①。

中国盐业公司机构设置采取四级制：（1）中国盐业公司；（2）区公司及直属公司；（3）省级分公司及直属分公司；（4）支公司及海滩办事处。各级公司可视业务需要设分销处或门市部，但没有独立的经济核算权利。至1950年年底，中国盐业公司下设2个区公司（辖13个分公司）、1个直属公司、2个直属分公司，共计有遍布在全国各地的支公司82个、办事处4个。1950年底中国盐业公司组织系统简图，如图1-2所示。

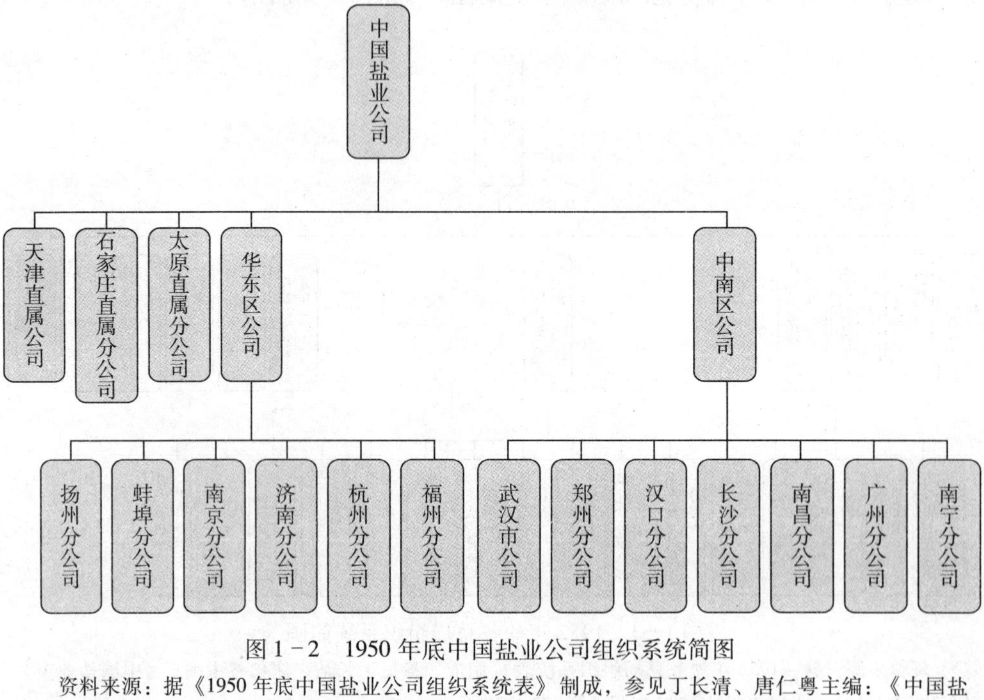

图1-2　1950年底中国盐业公司组织系统简图

资料来源：据《1950年底中国盐业公司组织系统表》制成，参见丁长清、唐仁粤主编：《中国盐业史》（近代 当代编），人民出版社1997年版，第380页。

① 《规定方针保证民食并完成财政任务》，《人民日报》1950年2月8日第2版。

1954 年年初产销合并后，各省盐务管理局设生产和运销两大系统：生产系统设分局、盐场管理处、支局、场务所；运销系统设分公司（批发站）、支公司（批发部）。此外，在生产较集中、运销量较大的港口，设立相当于分公司一级的产区运销站。1954 年 6 月，中央撤销了大区一级行政机构，合并了部分省市建制，各地的盐务管理机构也随之进行了合并调整。1954 年轻工业部盐务总局组织系统简图，如图 1 - 3 所示。

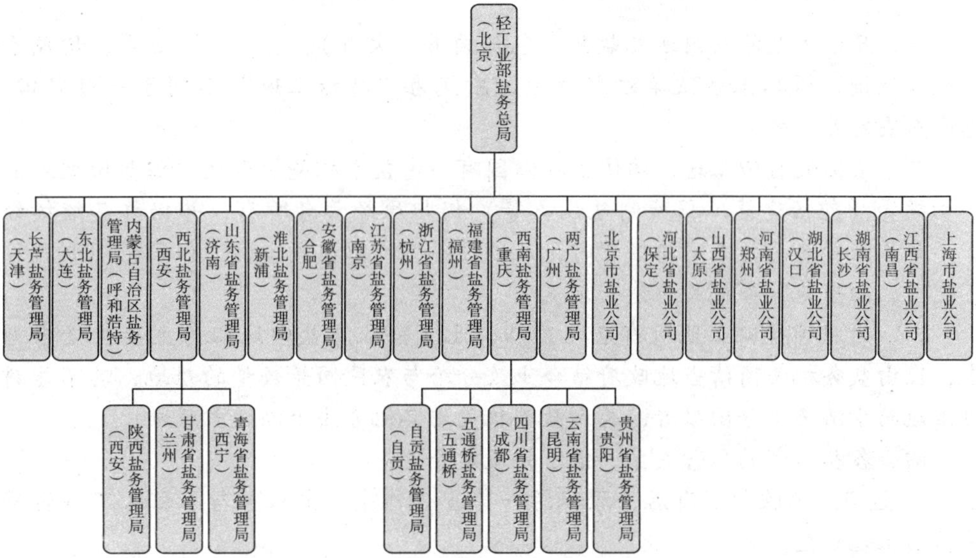

图 1 - 3　1954 年轻工业部盐务总局组织系统简图

资料来源：据《1954 年轻工业部盐务总局组织系统表》制成，参见丁长清、唐仁粤主编：《中国盐业史》（近代 当代编），人民出版社 1997 年版，第 444–447 页。

此外，地方盐务机构一直贯彻中央和地方双重领导原则，以中央领导为主。产销合并后，各地区机构除受轻工业部领导外，并由各地财委领导，但以轻工业部领导为主。

二、资产处置与资本国有化

解放战争后期，中共政权在接管旧有企业和资本的时候，实行了原职、原薪、原制度[①]的政策，予以全盘接收，以暂时保持企业内部稳定和尽快恢复生产。新中国成立后，中共在建立健全各级政权的同时，对旧有资产进行了清理和

① 《中央关于接收官僚资本企业的指示（1949 年 1 月 15 日）》，中央档案馆编：《中共中央文件选集》第 18 册（1949 年 1 月至 9 月），中共中央党校出版社 1992 年版，第 31 页。

整合，逐渐消除了私有成分，最大限度地实现了生产资料的“国有化”。

1. 盐业土地的国有化与整合

1950—1952年，中共在新接管的原国民党统治地区实行了“新区土改”，在这个过程中，对不同性质的盐田也进行了区分处理。根据1950年6月30日中央人民政府颁布的《中华人民共和国土地改革法》第18条关于“大盐田收归国有”的规定，第二次全国盐务会议拟定了《关于大盐田收归国有的决定》的草案。这项决定于1950年10月31日由政务院批准施行，它规定：

一、凡沿海盐滩及内地之盐井（包括卤井、火井）、盐矿、盐池等，均属于大盐田范围，根据土地改革法之规定，应视为“特殊土地”不同于一般农田，悉依本决定处理之。

二、全国大盐田土地，均依法收归国有、由盐务机关管理之。但盐田之地面一切投资（包括建筑工程及制盐设备等）仍归原经营者所有，并仍许其继续经营。如原经营者无力或不愿经营时，此项设备可以出租或出卖，但须依照制盐许可规则，向当地盐务机关申请登记。

三、为照顾盐田土地所有者之生活，凡完全依靠盐田地租为主要生活来源者，应由盐务机关商请当地政府结合土改分给与农民同等数量的耕地，其不能耕种土地而生活又十分困难者，再由盐务机关用其他办法予以适当照顾。

四、各盐田新的租营关系，依下列规定处理：

1. 盐田土地收归国有后，原租约一律宣告作废，出租人与承租人不得再授受盐田土地租金。

2. 盐田地面投资，应由出租人承租人重订租约，授受合理租金。

五、盐田土地所有权人，应于本决定公布后，依照当地政府所定限期，将所有权状向当地盐务机关呈缴核销，其须在原土地经营产制者，由盐务机关另发许可证，准其依法继续使用土地。

六、凡已荒废之盐田及未经开辟之荒滩，概归国有，非经盐务机关批准，任何人不得产制盐斤①。

根据上述规定，全国盐田的土地所有权依法收归国有，地租上缴国库，但盐田上的生产设施归原经营者所有，原经营者或其他盐民仍享有对盐田的经营权。

与大盐田收归国有的举措同时进行的是裁废劣等盐滩的办法，这也是在土改的背景下对盐滩进行重新整合的过程。

首届全国盐务会议针对良莠不齐的盐滩提出了不同的发展规划，即：“凡产

① 《中央人民政府政务院批准：关于执行大盐田收归国有的决定》（1950年10月31日），中央人民政府财政部编：《现行财政法规汇编》第一辑（下），新潮书店1951年版，第684页。

盐集中、便于管理、成本低质量高、运输便利的盐场，应增加投资，改进设备，加以恢复与发展。凡无发展前途、但为当地民食所需要、而盐工又不易立即转业的盐场，均暂维持现状。凡条件很差、对民食无大关系、盐工又易于转业的盐场，应逐渐减产以至最后裁废。”①

随后召开的第二次全国盐务会议专门拟定了《关于稳步进行部分盐场废场转业的决定》，提出了废滩转业的具体措施和步骤：

第一期：首先废除私滩、野灶。凡盐场分散、产量少、转业易、并在目前已经具有转业条件者，应立即着手裁废。

第二期：废除半农半盐地区的滩灶。为照顾盐民生活，此种盐场，首先采取减产、限产的办法，除帮助其扩大农业部分的收入外，再按生活情况，许其产制一定数量的盐斤，俟能完全转业时，再予以裁废。

第三期：对某些产盐历史悠久，当地群众全赖产盐为生，转业条件很差的盐场，只能暂维持现状。在一定时期内，可在经营范围、税收政策及具体工作等方面，加强管理；首先不使其再行发展。然后逐渐创造转业的条件②。

盐民转业工作主要由地方政府负责，盐务、农业、水利等部门配合，做到“尽可能的结合土改、帮助盐民废场转业，在土改中，使盐民能获得与农民同等数量的耕地、帮助其解决耕牛种籽的困难，并帮助发展其他副业”；“在盐场转业地区，必须供应当地群众价廉质好的食盐，使盐民不仅有业可转，而且感觉继续制盐无利可图；同时废场必须与兴垦结合，如废场以后，不能继之以兴修水利，改良土壤，则已废之盐场，尚可恢复产制，仍难达到彻底裁废的目的”；由中央发给一定数量的专款，作为收购或救济费用③。

废场转业实施后，出现了盐业歉产、盐民生活无着等严重问题。中央也很快意识到了这一决策的错误，到了1953年6月份，华南局“对因裁废盐田生活困难的盐民准予恢复生产，复晒户约占转业盐民总产数80%左右”④。同年8月18日至9月8日召开的第五次全国盐务会议严厉指出：“某些地区，特别是两广，没有从实际情况出发，盲目冒进，过早地裁废了一些落后盐场，以致很多盐民转

① 《中央人民政府政务院发布全国盐务工作决定，令各级人民政府贯彻执行，统一盐政保证民食与国家收入》，《人民日报》1950年3月12日第1版。

② 《中央人民政府政务院批准：关于稳步进行部分盐场废场转业的决定》（1950年10月31日），中央人民政府财政部编：《现行财政法规汇编》第一辑（下），新潮书店1951年版，第682-683页。

③ 《中央人民政府政务院批准：关于稳步进行部分盐场废场转业的决定》（1950年10月31日），中央人民政府财政部编：《现行财政法规汇编》第一辑（下），新潮书店1951年版，第683页。

④ 丁长清、唐仁粤主编：《中国盐业史》（近代 当代编），人民出版社1997年版，第393页。

业后生产发生困难，严重脱离群众，给党和人民政府造成了政治上和经济上的巨大损失。”① 1957 年 7 月 23 日，国务院发出《关于恢复与发展民营盐滩的指示》，指出在“集中主要力量新建、扩建和恢复一些大、中型盐场”的同时，“对沿海地区的民营盐滩亦应积极而又有计划地加以恢复与发展”②。

2. 对私营盐业的社会主义改造

新中国成立初期的盐业生产有三种经营形式，分为：（1）公营盐滩，东北有 4265 副，长芦有 189 副，淮北有 2232 副，山西运城解池有 13 副，共有 6699 副；（2）合作经营盐滩，长芦有 26 副，山西运城解池有 8 副，共有 34 副；（3）私营盐滩，东北有 1411 副，长芦有 436 副，淮北有 635 副，山东有 10275 副，上海有 11200 副，淮南有 39820 副，浙江有 1174650 副，福建有 397560 副，山西运城解池有 29 副，共计有 1636016 副。从这些数字可以看出，私营盐滩最多，公营次之，合营更次之③。

从产量上看，1950 年国营盐场产量占全国总产量的 42.4%，私营盐场占 57.6%；1952 年国营盐场产量占 49.1%，私营占 50.9%，比重变化并不明显④。从销量上看，1952 年，在中国盐业公司经营的华北、华东、中南三大区范围内，国营运销企业的批发销量占总销量的 62.36%，供销社占 23.26%，运商占 14.38%⑤，以国营成分为主。

私营盐业分为个体制盐和企业制盐，其中以个体盐民的盐产量占有比例较高，1950 年占全国总产盐量的 35.37%，1952 年占 30.03%⑥。因此，从 1951 年至 1956 年，通过互助组和合作化的途径，对盐业生产进行重组，个体盐民的生产资料渐渐转变为集体所有制性质。

1951 年 9 月 21 日，中共中央通过开展农业生产互助合作的决议后不久，第三次全国盐务会议在北京召开，提出“对个体经营的盐滩、盐灶，可倡导组织合作经营”⑦。山东、浙江、福建、广东等省均参照农业互助合作的基本原则，组织起盐业生产互助组。1953 年过渡时期总路线公布后，中共中央要求发展农业生产合作社，各地（特别是东部海盐区）的盐业生产合作社在这一时期普遍发展起来，主要是以生产资料（包括盐滩和生产设施）入股为主要特征的初级生

① 《记第五次全国盐务会议》，《中国轻工业》1953 年第 9 期，第 40 页。

② 《国务院关于恢复与发展民营盐滩的指示》，《中华人民共和国国务院公报》1957 年第 37 期，第 768 页。

③ 姜时彦：《解放区的盐业生产工作》，《人民日报》1950 年 1 月 12 日第 5 版。

④ 丁长清、唐仁粤主编：《中国盐业史》（近代 当代编），人民出版社 1997 年版，第 387 页。

⑤ 丁长清、唐仁粤主编：《中国盐业史》（近代 当代编），人民出版社 1997 年版，第 454 页。

⑥ 丁长清、唐仁粤主编：《中国盐业史》（近代 当代编），人民出版社 1997 年版，第 465 页。

⑦ 丁长清、唐仁粤主编：《中国盐业史》（近代 当代编），人民出版社 1997 年版，第 467 页。

产合作社。1955 年 8 月以后，全国合作社运动迅猛发展。1956 年 1 月，轻工业部党组向中央提出了《对于个体民营盐场合作化运动的规划意见》，要求各地入社盐民达到总户数的 80% 以上，虽然内陆盐区较海盐区发展慢，但也要在 1956 年内完成[①]。这一政策极大地推动了各地合作社的升级发展，生产资料完全归合作社集体所有的高级社普遍出现。到 1956 年年底，全国共组织起盐业生产合作社 1767 个，其中包括高级社 682 个、初级社 1085 个；入社盐民 98504 户，占当时盐民总户数 96. 86%[②]。

对私营制盐企业，采取了公私合营的方式予以改造。1954 年 1 月，中财委提出了《关于有步骤地将有十个工人以上的资本主义工业基本上改造为公私合营企业的意见》，提出对资本主义工业改造的重点是有计划地扩展公私合营[③]。1954 年 12 月，中央提出"统筹兼顾、归口安排、按行业改造"的方针，以照顾到对中小企业的公私合营。在这一形势下，盐业的公私合营在各地开展，至 1956 年 3 月匆匆完成，主要做法有以下几种：

（一）生产规模较大，资本、人员及生产设备较多的私人资本主义制盐企业，资方提出要求后，经政府批准，加入公股，实现公私合营。

（二）生产规模较小，滩田分散的盐场，先联营，创造条件，再实行公私合营。

（三）先对规模较大的私营企业参入公股，组成公私合营企业，再逐步扩大合营范围。

（四）以国营盐厂为基础，逐步把要求合营的盐厂吸收进来，实行公私合营[④]。

全行业公私合营后，根据中财委决定，一律实行"定息"。1956 年 7 月，按照国务院指示，一律按年息 5% 执行，连续领 10 年。

此外，还对食盐运商（批发商）以及食盐零售贩进行了社会主义改造。食盐运商拥有一定的势力，主要活跃在城镇，是改造的重点；零售贩则是在农村地区流动销盐。

国民经济恢复时期，食盐运商的发展受到政策限制，并在"三反""五反"运动中遭受打击，与此同时，国营商业和合作社商业的覆盖面日渐扩大，这些都

---

① 丁长清、唐仁粤主编：《中国盐业史》（近代 当代编），人民出版社 1997 年版，第 469 页。

② 丁长清、唐仁粤主编：《中国盐业史》（近代 当代编），人民出版社 1997 年版，第 469 页。

③ 《中央批准〈中财委（资）关于有步骤地将有十个工人以上的资本主义工业基本上改造为公私合营企业的意见〉》，《党内通讯》1954 年第 162 期，第 4-9 页。

④ 丁长清、唐仁粤主编：《中国盐业史》（近代 当代编），人民出版社 1997 年版，第 458-459 页。

导致食盐运商势力急剧衰落。1950—1953 年，运商经营量占市场供应总量的比重分别为 42.18%、31.61%、14.38%、10.12%①。1954 年开始对盐商进行社会主义改造，鼓励他们转业，但在这个过程中，仍保留其在指定地点行销食盐的权利。至 1955 年年底，运商经营比重仅占市场供应总量的 0.26%②。对食盐零售贩的改造相对简单，他们中的大部分在 1955 前后被纳入基层供销社的下属单位。

3. 民主改革与生产资料的集体化

1951 年 11 月至 1952 年年底，全国各企业部门在中央的号召下广泛开展了民主改革运动，这次运动的主旨在于打破原有生产组织、建立新的生产制度。各盐区通过施行民主改革，取消了盐民对卤水、盐滩这些重要生产资料的所有权和使用权，代之以集体管理制度。

1951 年 11 月 5 日，镇压反革命运动刚刚结束，中共中央发出了《关于清理厂矿交通等企业中的反革命分子和在这些企业中开展民主改革的指示》，要求各地“争取于 1952 年年底以前对工厂、矿山和交通等企业部门，首先对国营工矿交通等企业内的残余反革命势力，加以系统的清理，并对于国营企业内所遗留的旧制度，进行或者进一步地完成必要的和适当的民主改革”。其具体做法是：(1) 指派骨干领导和培植积极分子，在群众中开展思想动员；(2) 以“封建把头”和“首恶分子”为打击目标，发动工人自下而上地进行控诉；(3) 限制工人对“流氓工人、职员”斗争的程度，以轻微、适当为准，对技术工人进行保护；(4) 要害企业以及普通企业中的要害部门是改革重点，“不得留有任何反革命及嫌疑分子”③。

关键是，经过这一系列的整治后，在各企业中建立新的生产和管理制度，也就是做到：“改善领导与群众、职员与工人及工人相互间的关系，加强工人阶级内部的团结，从而建立一些适合于生产需要的可能的新的制度，改选工厂管理委员会和治安保卫（或保安）委员会及工会委员会，以建立工厂、矿山及其他企业中的群众领导骨干，并进行劳保登记或加以复查。然后依靠整顿后的工人队伍及民主管理的基础去组织与开展生产运动。”④ 可以说，民主改革的一个重要作

---

① 丁长清、唐仁粤主编：《中国盐业史》（近代 当代编），人民出版社 1997 年版，第 472 页。

② 丁长清、唐仁粤主编：《中国盐业史》（近代 当代编），人民出版社 1997 年版，第 473 页。

③《中共中央关于清理厂矿交通等企业中的反革命分子和在这些企业中开展民主改革的指示》（1951 年 11 月 5 日），中共中央文献研究室编：《建国以来重要文献选编》第二册，中央文献出版社 1992 年版，第 400-402 页。

④《中共中央关于清理厂矿交通等企业中的反革命分子和在这些企业中开展民主改革的指示》（1951 年 11 月 5 日），中共中央文献研究室编：《建国以来重要文献选编》第二册，中央文献出版社 1992 年版，第 403-404 页。

用就是以新的利益认同来打破旧工人原有的组织关系①。

各盐区按照中央指示，发动盐民施行了民主改革。一方面，废除了旧社会遗留下来的直接管理盐民的“把头”“掌管”“帮廪”制度，同时由盐场（厂）的行政、党团干部以及有威信的工人组成盐场（厂）管理委员会，作为民主管理盐场（厂）的组织形式。另一方面，废除了丁份制、滩窝权等私有制度。丁份制流行于云南井盐地区，始自清朝中后期，丁份是政府按照出资多寡向投资者分配的矿卤（即制盐原料）份额，丁份权即私人享有的制盐权，可以继承、出租、赠予、典当或变卖。滩窝权流行于淮北盐场，指的是盐民对滩地（包括卤水和其他生产设备）的使用权，这里的盐民沿袭着一滩一晒的单独制盐传统。消灭这些制度也就是取消了盐民对生产资料的占有，从而将盐业资本最大限度地纳入集体化的框架内。

三、生产政策

1949—1957 年间，中央对盐业市场的总体估计是“愁销不愁产”，在盐业生产政策上表现为重点投资大、中型盐场，以提高技术（而非增加盐田面积）、政治动员的方式达到增产的目的。1951 年 4 月 11 日至 24 日，盐务总局在北京召开的全国盐业生产会议明确规定：“国营盐场与集中的民营盐场的生产方针，应该是增加产量，保证质量，减低成本，积累资金，并有计划有步骤地扩大再生产。……对有发展条件的民营盐滩、井、灶，应鼓励私人投资，并帮助他们改善经营方法”②。1953 年召开的第五次全国盐务会议仍基本坚持这一方针。

1. 划分产区

新中国成立初期，中央政府按照行政区域对全国盐产区进行了重新划分，打破了民国时期产区和销区分管的格局，力求做到产区与销区相统一，中央领导与地方政府领导相结合。

重划之前全国包括以下 14 个盐产区：

1. 东北区有锦西、绥丰、兴绥、营盖、复县、庄河、金州、盘山、孤山、皮口、普兰店、五岛等盐场。

2. 长芦区有汉沽、塘沽、大沽、大清河、黄骅等盐场。

3. 山东区有胶澳、王官、金口、石岛、莱州、咸宁、永利等盐场。

4. 淮北区有板浦、中正、济南、青口、灌东、灌西、新滩、台南、台北、

---

① 林超超：《新国家与旧工人：1952 年上海私营工厂的民主改革运动》，《社会学研究》2010 年第 2 期，第 84 页。

② 《财政部盐务总局召开全国盐业生产会议》，《人民日报》1951 年 5 月 7 日第 2 版。

方洋等盐场。

5. 淮南区有通东、台南、台北、盐东、阜东、新吾、草安、掘余等盐场。

6. 两浙区有余姚、钱清、玉泉、定岱、黄湾、鲍郎、芦历、清泉、黄岩、长林、北监、南监、双穗、宁属、温属等盐场。

7. 福建区有莆田、前下、山腰、莲浔、东诏、涵江等盐场。

8. 台湾区有布袋、北门、台南、鹿港、七股、乌树林等盐场。

9. 两广区有潮桥、海陆丰、惠阳、双恩、电博、雷州、白石、琼崖等盐场。

10. 云南区有滇中、迤西、迤南、白井、王家坪、盐井坝等盐场。

11. 川康区有自流井、贡井、资中、大足、盐源、犍为、乐山、井仁、彭水、云阳、大宁、开县、奉节等盐场。

12. 川北区有南闫、射洪、三台、乐至、蓬溪、绵阳、河边、西充、盐亭、简阳等盐场。

13. 西北区有茶卡、擦汗池、雅布赖池、吉兰太池、花马池、临夏池、甘盐池、哈家嘴、八盘、喇牌、漳县、盐关、小红沟、苏武山等盐场。

14. 山西运城有解池盐场①。

1950年，全国盐场除华东区所属台湾盐场未解放外，其余均已先后解放，遂按六大行政区与内蒙古自治区加以划分，具体为：

1. 东北区所辖盐场与过去同。

2. 华北区现辖有长芦所属各盐场，将来山西运城解池亦为其所属。

3. 华东区辖有山东、淮北、淮南、两浙、福建、台湾等地所属盐场。

4. 华中区辖有广东所属盐场。

5. 西南区辖有云南、川康、川北等地所属盐场。

6. 西北辖有陕、甘、宁、青、新等地所属盐场。山西运城解池暂归西北领导，将来再划给华北。

7. 内蒙自治区现辖有达布苏诺尔盐池②。

2. 投入基本建设

新中国成立前后，全国主要盐区由于长期经受战争破坏，导致滩田荒芜、设备破损，严重影响生产。相关数据显示，在制盐工具方面，东北盐场现有动力扬水机449台，等于3370匹马力，驴车246台、风车11台、脚踏水车785台，产盐机器生产占70%，人力生产占30%；长芦盐场有马力机232台、风车560架、

① 姜时彦：《解放区的盐业生产工作》，《人民日报》1950年1月12日第5版。
② 姜时彦：《解放区的盐业生产工作》，《人民日报》1950年1月12日第5版。

水车220架，机器生产占31%，人力占69%；其余各地盐场，均用原始生产工具，完全由人力来操作，生产极为落后①。

在这种情况下，各盐业机构采取发放救济粮、以工代赈以及收购盐户存盐的办法，尽快恢复了生产。经过这一短暂的过渡后，中央拨出专款修复必要的盐业生产设施，如拨出工程投资粮食150万公斤修复淮北盐区海堤。据统计，1950—1952年，国家共投资900万元用于盐业基本建设②。

“一五”计划期间，国家集中主要力量发展重工业，对盐业生产建设采取的方针是“加强管理，改进技术，平衡设备，充分利用原有盐场，积极挖掘生产潜力”③。这一时期，国家投资了20个盐业基本建设项目，共8000万元。投资的重点是海盐区，主要项目包括：“1. 防潮海堤的修建与加固；2. 疏浚纳潮沟道，增加动力扬水设备；3. 扩大贮水池，调整或扩大蒸发面积，使蒸发与结晶面积比例趋向合理；充裕卤源，充分利用有效蒸发时间；4. 调整结晶池布局，便于产品集运；5. 加强滩内扬水能力，增加部分电动机、柴油机、水泵及风车等提水设备；6. 增加保卤储卤设施，便于雨天集中保卤，雨后及时灌池产盐；7. 疏浚滩内排淡及运盐沟道，便于及时排淡和产盐及时集运；8. 适当增加盐区职工生活福利设施等。”④ 此外，在井矿盐区，适当建设个别盐厂和化工厂。

3. 制定管理规则

为了规范盐业生产、保证盐质、管理制盐户，1950年，财政部颁发了几项重要规则，现分述如下：

1950年6月2日财政部核准颁布了《检定食盐规则》。这项规则对各种食盐质量标准作出了初步规定：

再制盐之氯化钠含量应在百分之九十五以上。水分含量应在百分之三以下。不溶物含量应在百分之〇·四以下。

洗涤盐之氯化钠含量应在百分之九十二以上。水分含量应在百分之五以下。不溶物含量应在百分之〇·八以下。

粗盐之氯化钠含量应在百分之八十五以上。水分含量应在百分之八以下。不溶物之含量应在百分之一·五以下。

食盐含有氯化钡成分者，应予提净。其最高含钡量不得超过万分之五。

---

① 姜时彦：《解放区的盐业生产工作》，《人民日报》1950年1月12日第5版。
② 丁长清、唐仁粤主编：《中国盐业史》（近代 当代编），人民出版社1997年版，第384页。
③ 丁长清、唐仁粤主编：《中国盐业史》（近代 当代编），人民出版社1997年版，第474页。
④ 丁长清、唐仁粤主编：《中国盐业史》（近代 当代编），人民出版社1997年版，第475页。

食盐内不得掺杂泥、沙、硝、卤、石灰，或其他妨害卫生之杂质①。

同时，规则还规定："不合规定标准之食盐，盐场管理处应令改制。改制后仍不合标准者，应酌令改作农工业用盐或渔盐，'或迳令销毁'"；由盐务管理局遴派有化学知识的检定员赴场检定盐质，无化验设备的盐场，由生产技术人员根据经验目力检定。

1952 年第四届全国盐务会议细化了对粗盐盐质标准的划分，共分为三等，一等盐含氯化钠 90% 以上，二等盐含 85% 以上，三等盐含 80% 以上②。这个规定一直执行到 1958 年。

1950 年 8 月 14 日，财政部核准颁发《储盐仓坨管理规则》。这项规则就公私储盐仓坨的安全防护、检查措施、保管堆存以及收放计量等作了详细规定，主要有：

第一条　储盐仓坨应冠以所在地名称，……公营滩所产之盐，应单独堆存，另立专账。

第五条　仓坨收放盐斤之衡器，应会同有关各方负责人当场较（校）验准确，以免争执。

第六条　私人仓坨收放盐斤，须报由该管盐务机关，派员监督办理，并应依照规定登记备查。

第七条　制盐户于盐入仓坨存储前一日，……填具进盐申请书，送交该管盐务机关，请领进盐凭单。

第十一条　仓坨于收放盐斤后应迅即封盖，并一律加锁，粘贴封条，锁匙交给专人负责掌理。

第十三条　存盐发放时，应按转运或发售凭证所载数量，核实发放……

第十四条　已经缴清税价之盐，应于规定限期内运出仓坨，逾期应按规定征收逾期仓坨租……③

1950 年 10 月 14 日，财政部核准公布《制盐申请许可规则》。这项规则十分重要，它对制盐户及其制盐权限作了详细规定，主要内容包括：

制盐户分为五种：制盐者、采汲供制盐用之卤水者、采掘供制盐用之盐矿者、再制盐或洗涤盐者、为上列各项业务之试制者；

① 《中央人民政府财政部核准：检定食盐规则》，中央人民政府财政部编：《现行财政法规汇编》第一辑（下），新潮书店 1951 年版，第 662 页。

② 丁长清、唐仁粤主编：《中国盐业史》（近代 当代编），人民出版社 1997 年版，第 385 页。

③ 《中央人民政府财政部核准：储盐仓坨管理规则》，中央人民政府财政部编：《现行财政法规汇编》第一辑（下），新潮书店 1951 年版，第 660-661 页。

制盐户须提交申请书、契约证件、许可证费，向当地盐务管理局申请制盐许可证；

有下列情形之一者，其申请不被批准：采制技术不合者、采制原料不适用者、采制地点在管理上或运输上认为有不适合经营条件或有妨害交通情事者、产权有纠纷未清者、当地原有制盐户之生产量已足规定之产额者、申请书填载事项与事实不符者；

前四种制盐户的制盐许可证有效期最多不超过 10 年，第五种制盐户最多不超过 2 年，但是可以在期满前三个月内重新申请，如遇政府决定废场转业时，无论已否届满，应立即停止制盐活动；

制盐户领到许可证后，应于 3 个月内开始制盐业务，延不开办者，除撤销许可证外，并于 2 年内不准再申请；

制盐许可证不得抵押、租借或转与，违者撤销其许可证，制盐户产权转移时，须向盐务管理局办理过户手续①。

1950 年 10 月 16 日，财政部批准公布《全国盐场管理规则》。这项规则较为全面，包含了对上述规则的简短认同，此外还规定：

第四条　为改进技术，提高质量，减低成本，各盐场设生产设计委员会，由盐场管理处、工会、制盐户、劳工代表组成之。

第七条　为实行计划生产，各盐场每年产额，由当地盐务管理局根据总的生产任务，分场拟定，层报中央盐务总局核准后施行，各盐场不得自行增减。

第八条　制盐户应将生产数量，定期报告盐场管理处，盐场管理处得随时检查督促，协助改进生产。

第十二条　盐场的公路、桥梁、房屋、水井、仓坨及其他设备，盐场管理处，应随时检查，并督促修整之。

第十四条　产盐地区之气象，应逐日测候登记公告之②。

4. 推广生产经验

新中国成立以后，特别是“一五”计划实行以后，全国各盐区为完成生产配额，总结并推广了不少改进工艺和设备的经验和建议，其中以海盐区最有代表性。

1951 年 9 月，第三届全国盐务会议在增产海盐措施上，要求总结推广先进经

---

① 《中央人民政府财政部核准：制盐申请许可规则》，中央人民政府财政部编：《现行财政法规汇编》第一辑（下），新潮书店 1951 年版，第 665-666 页。

② 《中央人民政府财政部公布：全国盐场管理规则》，中央人民政府财政部编：《现行财政法规汇编》第一辑（下），新潮书店 1951 年版，第 663-664 页。

验，结合气候变化，做到“四早”（早准备、早灌池、早扒盐、早入坨）“三快”（快灌、快打、快担）“两防”（防雨、防潮），抓紧旺季生产。

1952 年，由于单纯追求产量，因而部分海盐产区的盐质降低，严重影响了销售；同时由于全国性的劳动竞赛在各盐场如火如荼地开展起来，这两方面的因素就促成了对个别高产盐区生产经验的重视和推广。

1953 年 1 月 26 日至 2 月 5 日，盐务总局与全国总工会盐业工会工作委员会在北京联合召开了“全国海盐生产先进经验技术交流座谈会”，讨论如何在海盐区普遍推广先进经验，提高产品质量的问题。东北、华东（淮北、山东、浙江、福建）、两广和长芦等海盐产区的盐业干部，工会干部和劳动模范等 31 人参加了会议。

会议内容分为两部分。第一部分，各地劳动模范分别介绍了他们在生产操作技术上的先进经验。如东北区柳国喜的先进操作法，长芦区刘文才的“横赶卤水法”，山东郝金德和孙志湛的“曲线倒转走水法”以及淮北时宝玉的“合用储水池”“夹滩走水法”。经过讨论决定，柳国喜的操作方法较为全面、带有普遍性，以此为基础，将其他劳模的经验补充进去，形成一个相对完备的生产经验，定名为“柳国喜先进经验”，向全国海盐区推广①。

1953 年 3 月 7 日，盐务总局与盐业工会联合发出了《关于在海盐区推广柳国喜先进经验的决定》，规定了推广工作的步骤和方式：

（一）……不但在东北、长芦、山东、淮北能够全部推广，即其他沿海晒盐区域，亦大部可以运用。除东北区应在原来推广的基础上提高一步继续推广外，长芦、山东、淮北的国营盐场，应在一九五三年予以推广，其他沿海私营盐场，可视条件成熟程度，逐渐推广。

（二）推广工作是一极其细致的、深入的组织工作，推广前应有充分的准备，如召开技术交流会，传播柳国喜的先进经验；负责干部亲自领导，组织职工学习，掀起热潮，……在学习中注意培养大批推广先进经验的干部。……先搞典型试验，由点及面，动员积极分子带头，作出成绩，然后组织表演参观，利用新旧对比，以教育群众，启发群众。

（三）……各级领导对此必须有足够的认识，注意纠正各种的保守思想，……

① 方纲：《大力推广先进经验　提高盐品质量——记全国海盐生产先进经验技术交流座谈会》，《中国轻工业》1953 年第 2 期，第 16 页。

（四）……在党的统一领导下，行政、工会、青年团密切配合，……①

第二部分，讨论了关于提高盐质的问题，盐务总局根据与会者的意见作出了《关于提高盐质的决定》。这个决定也于3月7日发出，内容包括：建立产品质量责任制；推广先进经验；奖励发明创造、技术改进与合理化建议；制定或修订技术操作规程；规定质量检查制度；严格执行分等堆存分等核价②。

从1953年到1956年，盐务总局共召开了三次海盐生产技术经验交流会议。在此基础上，制定了我国第一个《海盐滩晒操作技术规程》，对海盐生产从纳潮、制卤、扒盐、集运到设备维修等各个工序、不同季节的操作要求和注意事项，均作了具体规定，使海盐生产操作渐趋规范化。

1956年5月，盐务总局在长芦盐区塘沽地区设立了制盐工业科学研究室，计划在未来两年内“着重研究海盐生产过程中制卤、晒盐、改良盐地土壤等方面的问题，并且对各海盐产区的各种先进经验进行科学鉴定、提高到科学水平”③。

四、运销政策

1. 划分销区

同划分产区一样，新中国成立初期，销区的划分也是按照大行政区的范围，将原来的8个销区重新划分为7个，具体包括：

（一）东北：供销本区，余盐输出国外。

（二）华北：以长芦盐为主，供销河北、平原两省，晋中太原一带，察南、张家口、大同、绥东各一部，余盐接济华中区及输出国外。潞盐行销晋南陕东豫西一带。

（三）华东：供销本区，余盐接济中南及输出国外。

（四）西北：供销本区及绥西。

（五）西南：供销本区。川盐行销鄂西、湘西、陕南各一部。

（六）中南：粤盐供销广东、广西，余盐行销湘南、赣南各一部。

（七）内蒙古：供销本自治区，外销察北八县，热北七县一旗。

再：豫西芦潞盐并销，豫东芦淮鲁盐并销，豫南、豫北、赣北、湘北、鄂东、鄂北芦淮盐并销，鄂西、湘西川淮盐并销，湘南淮粤盐并销，赣南行销粤盐

① 《中央轻工业部盐务总局、中华全国总工会盐业工会工作委员会关于在海盐区推广柳国喜先进经验的决定》，《中国轻工业》1953年第2期，第15页。

② 《中央轻工业部盐务总局关于提高盐质的决定》，《中国轻工业》1953年第2期，第8-10页。

③ 《成立制盐工业科学研究室》，《人民日报》1956年5月10日第3版。

一部，赣东行销浙盐一部①。

不久，中国盐业公司对产销分开的区域实行包购、包销政策。由于湖北、湖南、江西在大部分历史时期是川淮盐并销或者淮粤盐并销的地区，各地盐争夺市场的现象很严重，为解决这一矛盾，重新划定湘西、鄂西为川盐专销区，湘南、赣南为粤盐专销区。此外还将绥远划为西北的吉兰泰盐销区。

2. 调整公私关系

新中国成立初期，食盐流通领域中有国营公司（包括盐业公司、兼营食盐的粮食公司及其他贸易公司）、供销合作社（县、区、基层社）、盐商（包括运商、销商）及个体商贩。其中供销合作社同国营公司密切配合，个体商贩势力单薄，而华北、华东、中南三大行政区（即产销分开地区）的盐商，势力较大，在运销量上占有很大份额，同国营公司的关系很难协调。

首届全国盐务会议确定的运销方针为："东北继续统销，关内各地采取公私兼运兼销的方针，凡是产销分开的地区，由盐业公司负担，资金除国家增拨200万担盐作为投资外，仍须注意吸收私资扩大运销。"②

此后半年内，盐业市场出现了滞销现象，盐商认为是"盐税太重"以及"盐业公司的存在"，导致了他们的食盐销量下降③。为协调公私关系，1950年6月12日至20日，中央贸易部召开了盐业运销会议，出席者有华北、华东、中南三区公私双方代表共35人。

在这次会议上，盐商们的意见很明确，就是要求更广阔的市场，例如：中盐公司只应做批发，不应做零售；中盐公司应在物价上涨时大量抛售，在滞销时要停止出售；（武汉代表要求）武汉附近各县公营盐业今后不要增设机构，将售盐机构设置在边远地区；公司平时应提高牌价，使私商在高牌价下面有自由活动的余地④。

这些提议都没有被接纳，会议最后的讨论结果是：一、为保证盐价平稳，应调整零售店和代销店的设立情况，在设置过多的地方取消一部分，没有设置地方适当设置；二、改变私商的经营方式，鼓励他们开拓农村市场，并有计划地组织他们运盐下乡⑤。

---

① 《中央人民政府政务院发布全国盐务工作决定，令各级人民政府贯彻执行，统一盐政保证民食与国家收入》，《人民日报》1950年3月12日第1版。

② 《中央人民政府政务院发布全国盐务工作决定，令各级人民政府贯彻执行，统一盐政保证民食与国家收入》，《人民日报》1950年3月12日第1版。

③ 康伟中：《统筹兼顾、各得其所——记盐业运销会议》，《人民日报》1950年7月5日第2版。

④ 康伟中：《统筹兼顾、各得其所——记盐业运销会议》，《人民日报》1950年7月5日第2版。

⑤ 康伟中：《统筹兼顾、各得其所——记盐业运销会议》，《人民日报》1950年7月5日第2版。

盐业运销会议分配了公私双方的销盐权利，接下来召开的第二次全国盐务会议，顺势分配了购盐权利。第二届全国盐务会议决定在华北（包括运城）、华东、中南三区，由中国盐业公司负责全面包购、包销、包税。首先，规定了包购包销的盐场为：

1. 华北区之塘沽、汉沽、大沽、大清河、黄骅五场及山西运城盐池。

2. 华东区山东之胶澳、莱州、羊口三场，江苏之袁浦、淮南、淮北三场，浙江之全部盐场。其中浙江有些盐场，如治安问题未解决，盐局工作不能深入滩地，公司即不负包购、包销之责。

3. 两广各盐场，在华南盐业公司机构未健全前，维持现状。所需收购资金，经两广盐务局提请华南财经委员会核转中南区财经委员会批准，由中国盐业公司拨款，委托两广盐局代购①。

上述范围包括了华北、华东、中南三区的大部分盐场，特别是完全包括了长芦、淮北这两个重要盐场。

其次，规定了包购包销的办法主要是：

1. 公司按月向盐局订购盐斤，每月按收购计划分两期付款，每季终了，按入坨数字结算；由当地盐局与公司按具体情况，订立合同，经当地财经委员会批准后，双方保证执行。

3. 华东地区公司购盐，应由盐局代购，其收购盐民之盐斤入坨办法，按盐局原规定办理；所有盐坨管理与盐斤保管，均由盐局负责，放销盐商及盐坨保管与合理盐耗，均由公司负责，但对于分散盐场，如公司不设机构，亦得委托盐局就场代放。

4. 场放牌价，公司可在不影响民食与财政任务的原则下，商得盐局同意，随时作适当调整②。

再次，盐局向盐业公司作出保证：

在各包销盐场，盐局本身不经营运销，非经公司委托，不放商盐③。

1952年11月15日，中共中央发出了《关于调整商业的指示》，指出由于国营商业与合作社的迅速发展、对私商的打压，以及批零差价不正确地缩小，在一

---

① 《中央人民政府政务院批准：关于改进产销关系的决定》（1950年10月31日），中央人民政府财政部编：《现行财政法规汇编》第一辑（下），新潮书店1951年版，第680页。

② 《中央人民政府政务院批准：关于改进产销关系的决定》（1950年10月31日），中央人民政府财政部编：《现行财政法规汇编》第一辑（下），新潮书店1951年版，第680-681页。

③ 《中央人民政府政务院批准：关于改进产销关系的决定》（1950年10月31日），中央人民政府财政部编：《现行财政法规汇编》第一辑（下），新潮书店1951年版，第681页。

定程度上导致了私商营业额的下降，从而决定“我们调整公私商业的方案，应该是保持目前私营商业的一般营业额，不使其下降”；为此，将要采取的措施是扩大批零差价，适当收缩国营商业的零售业务，以及取消对私商的不适当的限制①。盐务总局接到这一指示后，于1953年提出了“维持盐商现有经营额水平，不使其下降”的要求。下级单位在执行中，有的不准私商申请歇业，有的在盐商报运资金不足时由国营商业担保向银行贷款，个别的甚至把已经占领的市场阵地让给私商。

中央二届财经会议后，上述鼓励私营商业发展的政策很快被扭转。1954年7月，中国盐业公司发出通知，要求所属单位“扩大商品流通，充实合理库存”，“扩大推销，巩固与发展国营商业批发阵地”②，国营商业和合作社经过了短暂的收缩之后又蓬勃发展起来。

3. 管理运商

华北、华东、中南三区解放后，各区盐业运销秩序紊乱，对食盐运商缺乏统一的管理。同时，在食盐营业上存在着五大矛盾，即公私之间、商人与商人之间（大小商、专营与兼营商）、产区与销区之间（公司与商人均有）、合作社机关生产等与公司之间以及公司与公司之间的矛盾。

为了解决这些问题，1950年3月28日至4月4日，中央人民政府贸易部在北京召开了食盐运商管理会议，各区及省级盐业公司负责人和盐商公会的代表参加了会议。会议决定对食盐运商的管理方针为：

在主要交通干线上的食盐大集散点，在当地盐业公司力量足以保证民需的条件下，对运商不是发展，以便配合公司经营之开展，逐渐发展国营力量。

由海滩直接运到中小城市与公司力量很弱地区的运商，以及从各大点转运到中小城市及农村的运商销商，不应限制，并需大力组织，很好使用之，使其成为帮助公司完成计划之助手。

对兼营各业的运商，采用取缔办法，以便使其变为专业，但作为城乡交换的兼营盐贩不在此列。

对大运商与小运商采用适当的规定办运起码点，以便使其全有经营的可能的办法，使今后便利掌握。

禁止机关部队贩运食盐，合作社根据社员需要作出计划（此计划为国营计划之一部），可到海滩购盐唯需按运商管理条例统一管理之。

---

① 《中共中央关于调整商业的指示》（1952年11月12日），中共中央文献研究室编：《建国以来重要文献选编》第三册，中央文献出版社1992年版，第413-420页。标题后日期“1952年11月12日”为中共中央通过这项指示的日期。

② 丁长清、唐仁粤主编：《中国盐业史》（近代 当代编），人民出版社1997年版，第447页。

为了统一管理与掌握，凡运商之登记，计划之审查及核定运地与盐额，统由产区公司掌握，销区公司只负责检查与监督。

在执行中，一方面须要反对“一切都管，大小都管”的思想，这种思想发展之下，会形成取消运商、取消公私兼运兼销政策；另一方面也要反对不扩大国营力量，不改善经营方法的保守思想，这思想发展下去会成为让出销盐阵地，使国营力量得不到发展。管理运商的基本目的，是在如何使用运商力量，大量完成销盐任务，并不断地扩大国营阵地①。

会议决定，运商从事运销业务之前，须向中国盐业公司申请登记，登记地点为天津、济南、上海、杭州、福州、广州六地的盐业公司。

对于大中城市的销商，会议要求原有销商管理办法的地区仍照以往情形办理；原无销商管理办法的地区，应由盐业公司联合当地工商局组织，并加入各地盐商公会，以了解情况，更好地领导盐商。

1950 年 4 月 5 日，贸易部根据食盐运商管理会议的精神，颁布了《食盐运商暂行管理规则》。

这项规则首先明确了运商这一概念，即“迳至食盐产场或产场附近之大集散点（如济南、猴嘴）一次购盐量在二九七担（即半车皮）以上，运至各地销售之批发盐商”。又根据运销范围，分为区内运商与区际运商。以上述销区为准，凡运销范围在本区以内者，为区内运商；在两区以上者，为区际运商。

按规定，运商申请登记时，区内运商由地方盐业公司审核，区际运商必须由中国盐业公司核准。批准后，运商向所在地工商管理部门请发营业证，并由原申请登记的盐业公司检验后，才能办理运销。

运商购盐时，先照当地盐业公司牌价填呈购运单，经公司核准后，领取缴款通知书，当日向指定人民银行缴款，取得凭证，再向盐务局换领盐税凭证，最终领到盐斤。盐出坨后，运商需保管好盐税凭证，否则以私盐论处。

运商的报运销区也受到一定限制。一方面，“原审核批准之盐业公司得按当时需要情况，征得运商同意，变更其原定运销地点”；另一方面，盐商需要改运销区时，需要呈报原审核批准的盐业公司再次批准，并经盐务局改注税证后，方能起运。不仅如此，盐斤运达销地时，运商还要向当地盐业公司报告情况②。

需要指出的是，这项规则对运商资力的限制过高（盐商直接到产地购盐，需要一次性购买 297 担以上），引起了一些盐商的不满，这就使资金短少的盐商只

---

① 中盐淮北场办事处：《食盐运商管理会议决定（初稿）》（1950 年 4 月 3 日），江苏省档案馆藏档，全宗号 4119，永久，案卷号 27。

② 《中央人民政府贸易部颁布食盐运商暂行管理规则》，《人民日报》1950 年 4 月 7 日第 4 版。

能从运商手中购盐，增加了销售成本。针对这一矛盾，1950 年 6 月的盐业运销会议上，制定了《食盐销商联合报运暂行办法》（同年 8 月份经贸易部和财政部批准）。这项决议规定，在天津、济南、蚌埠、南京、上海、杭州、南昌、汉口、长沙、广州等 10 个城市的食盐销商，可以自由联合，经省盐业公司批准组成报运小组，以小组的名义到产区购盐①。

1951 年 4 月，中国盐业公司召开了第二届盐业运销会议，并举办了第二届运商登记。会议强调运商必须按投入资金力量提出报运计划，一经核定，应保证完成；无故不按计划报运的运商，需要先按欠运额的 80% 预缴盐税，下一季度补运。会议取缔了一部分从事投机或完成报运计划太差的运商，如果季度报运计划完成比例不足 40%，又没有资金预交盐税，即取消其运商资格②。

4. 大力扶植供销

供销合作社（简称“供销社”）是国营公司向农村地区推销食盐的重要机构，它同国营公司既有分工又有合作，在国营公司的扶植下，不断发展壮大。

1950 年 1 月 12 日至 27 日，贸易部召开中国盐业公司成立会议，华北、华中各地盐业公司经理及华东运销局局长等出席了会议。会议规定中国盐业公司办理食盐运销的方针为：国内食盐采取以国营为主的公私兼运兼销政策，大力扶植合作社，领导与管理私商，统一计划，以保证民食和完成财政任务③。为了贯彻这一方针，各级盐业公司于 1950 年上半年集中力量组建了各级批发销盐网点，并在组建的同时开展购销活动，作为主要销盐渠道。同时大力扶植供销合作社，对合作社经营食盐一律按批发牌价给予 4% 的优待；对代销食盐给予 1.5% ~2% 的手续费；对其他国营零售公司及机关组织的服务社，亦比照上述规定给予优待④。

为进一步调动合作社经营食盐零售业务的积极性，1950 年 12 月，中央财政部决定向供销合作社社员配售食盐时，给予减征食盐税 7% 的优待。1951 年 1 月，中央贸易部与全国供销合作总社又发出了《关于对合作社社员实行配售的联合决定》，规定 1951 年第 1 季度在若干城市和农村重点试办对合作社社员的定量配售制，国营贸易负责依照全国合作社联合总社提出的第 1 季度的配售计划，优先保证供应，并按当地批发牌价予以优待折扣，配售品及折扣比例为：布匹

① 《贸易部和财政部批准盐业运销会议决议，即将在华北华东中南实行》，《人民日报》1950 年 8 月 5 日第 2 版；丁长清、唐仁粤主编：《中国盐业史》（近代 当代编），人民出版社 1997 年版，第 416 页。

② 丁长清、唐仁粤主编：《中国盐业史》（近代 当代编），人民出版社 1997 年版，第 417 页。

③ 《中国盐业公司成立会议规定方针保证民食并完成财政任务》，《人民日报》1950 年 2 月 8 日第 2 版。

④ 丁长清、唐仁粤主编：《中国盐业史》（近代 当代编），人民出版社 1997 年版，第 412-413 页。

6%，大米、面粉、粗粮、食盐均为7%，白糖、煤均为8%，碱面10%，煤油12%[①]。同月，中国盐业公司与供销合作总社共同制定了供销社经营食盐的优待办法：（1）供销社直接到产区海滩报运的，由产区按出场价供货；（2）由当地盐业公司就近供货的，一律按批发牌价给予5%的优待，配售的仍按7%折扣，由各省供销社任选一种[②]。上述政策进一步加强了供销社对广大城乡市场的食盐零售业务，以及转批发给零售商贩的业务。

1954年7月24日，中财委发布《关于国营商业与合作社城乡初步分工的决定》，指出由国营商业负责管理城市市场，合作社负责管理农村市场（粮食采购除外）[③]。1955年4月12日，中共中央又发出《关于进一步加强市场领导、改造私营商业、改进农村购销工作的指示》，要求国营商业和供销合作社把侧重点放在批发业务上，对私营零售业务作出必要的退让，同时对城市和农村的零售私商进行社会主义改造[④]。盐业运销部门认真贯彻了上述两项政策，密切与供销社联系，对供销社转批给零售商贩的盐，给予按批发牌价倒扣3%～5%的优待，与此同时，明确规定批发环节脱销由国营盐业批发单位负责，零售环节脱销由供销社负责[⑤]。

随着供销社网点的扩大，各地盐业运销单位较广泛地推行了以下两项措施，进一步密切了与供销社的联系。

一是“三联五助”与“专人专线负责推销”。“三联五助”是要求盐业运销单位加强与供销社的联系，帮助他们开展各项业务，具体包括：联系县社、联系区社、联系分销社；帮助编制要盐计划、帮助制定社区库存、帮助改进调拨路线、帮助开展直达业务、帮助改善经营管理[⑥]。“专人专线负责推销”是运销单位将辖区食盐市场分成若干条专线，从各专线的供销社中挑选社员，深入农村了解食盐市场，积极推销食盐、保证市场供应。这两项经验的推广，极大地提高了食盐的销售量。据统计，1950年，华北、华东、中南三大区有运销机构359个，职工8115人，人均销盐144.6吨/年；1955年，五大区（加上西南、西北）有

---

① 《中央人民政府贸易部、全国合作社联合总社关于对合作社社员实行配售的联合决定（合贸字第十七号）》，《人民日报》1951年1月19日第2版。

② 丁长清、唐仁粤主编：《中国盐业史》（近代 当代编），人民出版社1997年版，第413页。

③ 《中财委关于国营商业与合作社城乡初步分工的决定》（1954年7月24日），全国供销合作总社：《中国供销合作社史料选编》第一辑（上册），中国财政经济出版社1986年版，第103页。

④ 《中共中央关于进一步加强市场领导、改造私营商业、改进农村购销工作的指示》（1955年4月12日），全国供销合作总社：《中国供销合作社史料选编》第一辑（下册），中国财政经济出版社1986年版，第160页。

⑤ 丁长清、唐仁粤主编：《中国盐业史》（近代 当代编），人民出版社1997年版，第448页。

⑥ 贵州省地方志编纂委员会编：《贵州省志·商业志》，贵州人民出版社1990年版，第289页。

运销机构1185个，职工12581人，人均销盐256.2吨/年，为1950年的177%①。

二是推广合同制经营，扩大直达业务。合同制经营由运销企业与供销社签订食盐购销合同，把批零计划衔接起来，实行按合同送货。在此基础上，又把一些要盐量较大的县、区社的进盐计划，根据运输条件，实行由产区到销盐点的直达送货，或由运销单位派人到中转枢纽实行就车船分拨，从而减少了环节、节省了费用②。

这些措施极大地提高了供销社的销售量，至1957年，供销社经营食盐比重已占全部销量的80%，成为食盐销往农村的主要渠道③。

五、税收政策

1. 盐税

新中国成立之初，食盐税额先按各地区的主粮核定，再按市场粮价折成货币征收，从而保证盐税收入不受货币贬值影响。首届全国盐务会议将大部分地区的食盐税率，由每担盐征粮30斤，一下提高到100斤。按照1950年1月20日政务院颁布的《关于全国盐务工作的决定》，全国盐税政策采取“提高税额”与“税不重征”的方针；征收方式上为从量核定、就场征收。这项决定指出，各地税额分别为：东北每担征高粱175斤，西北土盐每担征小米80斤，潞盐每担征小麦90斤，华东淮南盐每担征大米80斤，除内蒙古税额另定外，其他各地盐税每担一律征小米（或大米）100斤；为了鼓励生产和出口，工农业用盐及出口盐全部免税，渔业用盐按食盐税率30%征收④。

上述办法未能收到良好效果，“由于各地实物标准和粮价高低不同，以致盐价纷歧，盐产互相冲销，私商钻空投机。据报，近来土盐冲销海盐，芦盐冲销淮盐，东北冲销关内，影响今年产销计划和国家收入很大”⑤。

针对这种情况，1950年3月14日，财政部发出《关于统一盐税税额办法的决定》，规定当日起，先在华北（包括运城）、华东、中南（广东）三个地区实行统一盐税税额办法。具体税额的计算办法如下：

第一步，以天津（北河小米30%、东北小米70%）、济南（小米）、徐州（花小麦）、上海（中白粳）、杭州（中白粳）、广州（雪米）等六地标准食粮的

---

① 丁长清、唐仁粤主编：《中国盐业史》（近代 当代编），人民出版社1997年版，第493-494页。

② 丁长清、唐仁粤主编：《中国盐业史》（近代 当代编），人民出版社1997年版，第494页。

③ 贵州省地方志编纂委员会编：《贵州省志·商业志》，贵州人民出版社1990年版，第290页。

④《中央人民政府政务院发布全国盐务工作决定，令各级人民政府贯彻执行，统一盐政保证民食与国家收入》，《人民日报》1950年3月12日第1版。

⑤《中央人民政府财政部决定实行统一盐税税额办法，盐税税率以粮价为标准分区计算征收》，《人民日报》1950年3月15日第1版。

零售平均价为计算标准，用首届全国盐务会议确定的1950运销计划2620万担为基数，求出各项米价的百分比，计算结果为：天津米价占总额31%，山东米价10%，徐州麦价占15%，上海米价占15%，杭州米价占12%，广东米价占17%；

第二步，以米价百分比分别乘以各地标准食粮的零售平均价，将结果相加求和，即为统一的税额标准实物价。

此外，运城、淮南等成本过高的地区按统一税额的90%征收。盐税税额原则上每星期调整一次①。

按照上述方法计算，三大区的盐税统一税额为每担16.2元（为方便阅读，本节统一按新人民币②计算），4月26日又调整为13.5元③。

1950年1月至5月间的盐税政策旨在增加财政收入，但是由于盐税较以前提高了一倍，各地盐商和消费者减少或停止购买官盐，反而导致私盐大盛、官盐滞销、土盐发展，增加了缉私和裁废盐滩的困难，严重影响了盐税收入。

为扭转这一局面，1950年6月1日，中财委公布施行了《关于减半征收盐税的决定》。这同当时中央调整全国税收政策的方向是一致的。1950年6月6日，陈云在七届三中全会上作了《调整公私关系和整顿税收》的发言，提出要精简税目、调整税率、制定收税办法。税目方面，"大宗的货物，如纱布、烟草等要收税，鸡毛蒜皮就不一定要收"；税率方面，"在三五年内，一般的不提高，一部分还可能略为降低一点"④。

《关于减半征收盐税的决定》规定，根据各地产盐与运销成本的不同情况，将今后全国各区食盐税额，重新核定为：华北、华东每担7元（原文使用旧币表示，为7万元——笔者按），山西、西南5元，两广6元，西北3元（东北、内蒙古另定）；渔盐按食盐税额30%计征（广东减按10%计征）；土盐、膏盐按食盐税额60%计征⑤。

---

① 《中央人民政府财政部决定实行统一盐税税额办法，盐税税率以粮价为标准分区计算征收》，《人民日报》1950年3月15日第1版。

② 1948年12月1日，中国人民银行成立并发行第一套人民币（简称"旧币"）。受当时通货膨胀、经济萧条等条件的限制，旧币面额过大，不利于商品交易和货币核算。随着国民经济的恢复和发展，1955年2月21日，国务院发布《关于发行新的人民币和收回现行的人民币的命令》，责成中国人民银行从1955年3月1日起发行新的人民币（简称"新币"），即第二套人民币，并收回旧币。新币和旧币的折合比率为1:10000。本节为方便读者阅读起见，将1955年3月以前的币值统一换算成新币表示。

③ 丁长清、唐仁粤主编：《中国盐业史》（近代 当代编），人民出版社1997年版，第422页。

④ 《调整公私关系和整顿税收》，《陈云文选》（1949—1956），人民出版社1984年版，第95页。

⑤ 《财政院财政经济委员会为规定自六月一日起将现行食盐税额减半征收电》，中央人民政府财政部编：《现行财政法规汇编》第一辑（下），新潮书店1951年版，第656页。

除此之外，由于1950年1月至3月10日，为防止盐商囤积居奇，临时征收了盐商过分利得税，此次盐税减半征收，必然再次导致盐商利润受损，因此，中财委专门制定了对盐商存盐的补偿办法，具体内容为：对于盐商已缴纳过份利得税的现存盐斤，每担缴纳主粮30斤者，补偿10斤；缴纳35斤者，补偿15斤；缴纳40斤者，补偿20斤；缴纳45斤者，补偿25斤。对于重税购进的存盐，每担补偿主粮50斤；对于过去已进行登记而尚未缴纳过份利得税的存盐，应立即停止征收；补偿盐商的粮数，不发现款，由各地盐务局发给凭证，盐商日后购运盐斤时在税款中扣除①。

盐税减半征收政策实施后，各地盐业公司和盐商的销售量迅速回升，食盐市场顿显活跃。据统计，截至6月中旬，中国盐业公司所属各级公司共销出食盐1168729担，完成该公司6月份销盐计划的112.7%。其中，华北区完成月计划91.7%，华东区完成月计划94.5%，中南区完成月计划百分之151.7%，共计超过5月份全月销量68.82%。盐商销量也有明显增长，以天津盐商为例，6月上旬即售出5864.16担，超过5月份全月销量6.24%②。销量增加后，不但盐税收入逐月超额完成任务，而且全年盐税收入为国家计划的142%。

1956年年初，国务院要求提高盐税，调整盐价，增加财政收入。1957年1月1日起，国务院要求各地盐务部门执行提税方案，总的提税幅度为23%，具体为：长芦、山东、淮北、江苏、浙江、福建、山西等产区食盐每吨增加盐税32元，东北产区食盐每吨增税34元，广东、广西产区食盐每吨增税30元，西南、西北地区食盐每吨增税10~30元，内蒙古、新疆由自治区自定；渔盐不增税③。

1950年至1957年的盐税在国家财政收入中占有重要地位，特别是国民经济恢复时期，每年的盐税收入占国家税收总额的4%~5%，此后逐渐下降。1950—1957年历年盐税额统计，见表1-1所列。

表1-1　1950—1957年历年盐税额统计　　单位：亿元

年　份	盐　税	国家税收合计	盐税占国家税收比重（%）
1950	2.69	48.98	5.49
1951	3.39	81.13	4.17

① 《财政院财政经济委员会为规定食盐税额减低后盐商存盐因减税所受损失补偿办法电》，中央人民政府财政部编：《现行财政法规汇编》第一辑（下），新潮书店1951年版，第657页。

② 祁瑞生：《盐税减低销盐数量激增，盐业公司提前完成销盐计划，今后力谋改善经营，照顾产、运、销三者合理利润》，《人民日报》1950年7月5日第2版。

③ 丁长清、唐仁粤主编：《中国盐业史》（近代 当代编），人民出版社1997年版，第501页。

（续表）

年　份	盐　税	国家税收合计	盐税占国家税收比重（%）
1952	4.05	97.69	4.14
1953	4.61	119.67	3.85
1954	5.21	132.18	3.94
1955	4.81	127.45	3.77
1956	4.83	140.88	3.42
1957	6.31	154.89	4.07

资料来源：根据《1950—1985 盐税占国家税收的比重表》，董志凯：《当代中国盐业产销的变迁》，《中国经济史研究》2006 年第 3 期，第 14 页。

2. 盐价

新中国成立前后，全国物价上涨，市场极为混乱，盐的价格亦随之上涨。为稳定盐价，各地盐业公司一方面大量调运存盐，解决供应需求；另一方面大量抛售，以平抑盐价，取得了一定的效果。这期间盐价政策的主旨是：在提高盐税的情况下尽量不提高盐价。这就要求各地盐务机构从整顿运输、降低运费，以及适当减少盐商的利润这两方面着手①。

按照食盐流通过程，盐价分为生产领域和运销领域的价格。在产销分管的体制下，生产领域价格包括公收价及出场价（场放价），由盐务总局核定；运销环节的价格，包括海滩办事处的供应价（每部调拨作价）、批发价、零售价（包括批零差价、地区差价等），由中国盐业公司核定。

1950 年 7 月的盐业运销会议规定了盐价的成本和牌价，以确保生产和运销领域都有适当利润。成本的组合包括直接成本（盐税和盐价）、包装运储成本（包括包装费、灌包过秤费、装车船费、封车工料费等费）和间接成本（包括途仓折耗、经营费、汇水、垫本利息、商业利润、营业税和印花税六项）。国营公司牌价除成本之外，具体规定：途仓损耗率定为 2.5%；商业利润为实支成本的 3%～7%；经营费为实支成本的 2%～4%，以及其他费用。会议规定地区间存在适当的差价，但综合利润最高不得超过 7%，还规定了国营贸易的批发与零售之间的差价②。

1950 年 8 月，中国盐业公司制定了《各级盐价部门的工作任务、组织机构及其职责范围方案》和《盐价工作报告制度》，在运销系统执行。这两个政策规

① 贺笠：《论盐税与盐价》，《人民日报》1950 年 1 月 19 日第 5 版。
② 康伟中：《统筹兼顾、各得其所——记盐业运销会议》，《人民日报》1950 年 7 月 5 日第 2 版。

定，盐价部门的工作任务是指出盐价调整意见方案，掌握市场盐价变化，贯彻国家价格政策；精确运销成本核算；合理核定各种差价率。盐价部门的管理权限在中国盐业公司经营的三大行政区内。其中，北京、天津、石门、新乡、太原、张家口、上海、济南、蚌埠、汉口、郑州等11个主要城市的盐价变动，听从中央贸易部的命令；其他重要城市，由区公司、分公司选择主要集散市场，听从大区贸易部的命令①。

盐业产销统一后，各级盐业管理部门普遍成立了盐价专管机构，统一管理从生产到流通各个环节的盐价。有关市场盐价的方针、政策和牌价的掌握，仍受商业部指导。

1955年11月，中央商业部下达了《国营商业牌价掌握分工制度》，规定各专业公司（盐务总局在内）在商业部授权下负责“掌握本公司系统所经营商品的价格总水平”，“制定和调整商业部掌握以外的其他主要商品的标准规格品在主要市场上的收购和批发销售牌价”，“确定商业部、总公司掌握市场上的地区差率”②。

根据上述制度，盐务总局又结合盐价工作实际，制定了《盐价工作制度实施细则》，对各项定价作了详细规定。首先，属于生产领域的包括：（1）出场（厂）价，即国营、公私合营盐场（厂）产品拨交公收部门或直接出售的价格，由总成本加税款（不含盐税）和利润组成；（2）公收价，即国家收购集体盐场（厂）及私营盐场（厂）产盐的价格，由生产成本、企业经费、非生产费用和利润组成；（3）场放价，即国营及公私合营盐场（厂）产盐和公收单位存盐放销时的价格，由出场（厂）价或者公收价，加上运输费用、储存保管费、损耗、平衡差价以及其他费用等；（4）供应价，即产销统一后，产区运销站向销区批发单位供应盐的价格，由场放价、盐税、口绳费、调车费、产区筑装杂费、装车（船）费、经营手续费、利息等组成。这4种价格中，出场（厂）价，长芦、山西两产区的公收价，场放价，长芦、淮北、青岛及广东销省外盐的供应价，均由盐务总局统一掌握，其余由省盐局核定

其次，流通区域的价格指的是各地主要盐种的批发牌价。盐务总局在商业部授权下，负责掌握全国盐价水平，制定和调整商业部所辖大部分市场的再制盐牌价，以及其他盐价相关事项。各地盐务管理局亦在地方商业厅（局）授权下，负责管理本地区的盐价事宜③。

---

① 丁长清、唐仁粤主编：《中国盐业史》（近代 当代编），人民出版社1997年版，第434页。

② 《第五次全国物价工作会议文件——国营商业牌价掌握分工制度（摘录）》，商业部物价局编印：《物价文件汇编（综合部分）》下册（未公开出版），1961年，第1037页。

③ 丁长清、唐仁粤主编：《中国盐业史》（近代 当代编），人民出版社1997年版，第504-505页。

1950年至1957年期间的盐价趋于稳定。1950年年初实行“斤盐斤米”的盐税标准，促使盐价大幅度上涨，例如，“天津盐价提高了二倍半，冀南、邯郸、衡水一带，亦将近提高一倍”[①]。1950年6月，国家实行减半征收盐税的同时，相应地调整了各地批零价格，稳定了盐的市场价格，此后盐价略有降低。1950年全国平均批发价为每吨297.6元，零售价为每市斤0.176元；1951年分别降为253元和0.1418元；1952年分别为257.4元和0.1441元[②]。至1957年1月1日，中央为增加财政收入而提高了盐税，全国盐价总水平也相应地提高了11%[③]。盐价的变动具体表现在盐与主要农副产品交换比价中。以小麦为例，100公斤小麦在1952年换70公斤盐，在1957年换62公斤盐。再以稻谷为例，100公斤稻谷在1952年换43公斤盐，在1957年换40公斤盐[④]。

这期间，盐价的另一个特征是地区差异较大。1952年1月份，全国主要盐场的公收价每吨从十几元（新人民币，下同）到几百元不等，最低的是长芦盐场内的汉沽场，为9.62元；最高的是四川的绵阳场，为252元。场价也是如此。1952年1月，以长芦盐场的大清河场场价最低，为17.1元；绵阳场最高，为252元[⑤]。另据统计，1956年各地区的盐价水平是：河北省和江苏省较低，平均分别为204元和216元；东北地区统销价为每吨186元；湖南省平均为250元；陕西省和贵州省最高，平均分别为350元和362元[⑥]。

此外，对各地区公收价和场放价进行比较得知，公收价普遍低于场价。第五次全国盐务会议上也提出了这个问题，指出“在公收核价方面，从财政方面考虑多，从盐民生活方面考虑少，以致在价格上，有时核得较低，减少了盐民的收入，增加了他们生活的困难”[⑦]。

3. 缉私

新中国成立初期，各地私盐盛行，缉私工作有待加强。据估计，华东区私盐曾占到产量一半以上，浙江温台地区则占到产量80%以上，两广地区的洋私由香港进入内地，西北、华北地区土盐充斥市场[⑧]。据1950年广东省盐务局报告，2月份盐税收款仅完成规定任务的34%，3月份收款只及规定任务的20%；广州市所销售的盐，原占粤盐总销额的2/5到3/5，但3月26日至31日的税款仅及

---

① 贺笠：《论盐税与盐价》，《人民日报》1950年1月19日第5版。
② 丁长清、唐仁粤主编：《中国盐业史》（近代　当代编），人民出版社1997年版，第434页。
③ 丁长清、唐仁粤主编：《中国盐业史》（近代　当代编），人民出版社1997年版，第501页。
④ 丁长清、唐仁粤主编：《中国盐业史》（近代　当代编），人民出版社1997年版，第502页。
⑤ 丁长清、唐仁粤主编：《中国盐业史》（近代　当代编），人民出版社1997年版，第402-403页。
⑥ 丁长清、唐仁粤主编：《中国盐业史》（近代　当代编），人民出版社1997年版，第500页。
⑦ 《记第五次全国盐务会议》，《中国轻工业》1953年第9期，第40页。
⑧ 丁长清、唐仁粤主编：《中国盐业史》（近代　当代编），人民出版社1997年版，第431页。

正常情况下的1/60。造成这种现象的原因，一是由于严重的走私问题；二是销区划分不清；三是对缉私部队和机关管理不力①。因此，如何有效地缉私护税成为盐务会议讨论的重要问题。

首届全国盐务会议指出，缉私方面要"基本上要依靠组织群众缉私，但亦应适当地扩大缉私武装，使产区与销区缉私相结合，并配合其他缉私，以收互助之效"；此外，还要"有重点地设置机构，加强土盐管理，适当规定税率，以便限制其生产"，以及积极开展废场转业。

第二届全国盐务会议确定的缉私方针为："一般的应取消销区缉私、集中力量、搞好产区缉私，并加强土盐管理。对防止走私应以说服教育为主，处罚为辅；各地缉私工作，必须依靠群众，反对滥用武力，脱离群众的现象。"同时着眼于整顿缉私部队，针对当时的缉私部队分布广、流动性大、任务重、领导关系及编制不一致等情况，制定了《关于人民盐务缉私部队领导关系和编制的决定》，于1950年10月31日经政务院批准施行。该项决定规定：

第一，各地盐务缉私部队应统一受盐局领导，在一般军事、政治、教育工作及地方治安工作上，由各地军事和公安部门协助指导。其中，华东盐区辽阔，盐务缉私部队特别分散，其盐务缉私部队应受盐局及地方军事或公安部门的双重领导，除军事、政治、教育及地方治安工作属军区或公安部门领导外，其余归盐局领导。各省盐务缉私部队受各省盐务管理局或产区直属局调配，向省外或大行政区以外调配时，须由盐务总局或大行政区盐务管理局呈请中央财政部或大行政区财政部批准。

第二，盐务总局设盐务缉私管理处，大行政区盐务管理局及盐务总局直属局设盐务缉私处，省盐务管理局视所辖盐务缉私部队多寡，设盐务缉私处或盐务缉私科。各地盐务缉私处，在缉私业务、人员配备、防地调动、卫生工作上，受盐局直接领导；但在军事、政治、管理教育上，受上级盐务缉私部门纵向领导②。

到1950年年底，缉私部队共有干警12255名，成为查缉私盐的一支重要力量③。由于一些新解放的边远地区，走私情况严重，斗争也很尖锐，1950年上半年缉私中即发生武装冲突11次。于是，盐务总局在缉私武装之外确定了依靠群众缉私的方针。各地普遍建立起护盐缉私小组，如华东区1951—1952年间的群众缉私小组发展到1962个，参加人数达20648人；两广盐区建立了417个缉私

---

① 萧航：《走私漏税问题未获解决，广东盐税收入骤降，已引起华南财经委员会注意》，《人民日报》1950年5月19日第2版。

② 《中央人民政府政务院批准：关于人民盐务缉私部队领导关系和编制的决定》（1950年10月31日），中央人民政府财政部编：《现行财政法规汇编》第一辑（下），新潮书店1951年版，第685-686页。

③ 丁长清、唐仁粤主编：《中国盐业史》（近代 当代编），人民出版社1997年版，第432页。

小组，7618 人参加①。

1951 年 1 月 25 日，中财委颁布了《私盐查缉处理暂行办法》。该办法规定，“凡未经盐务机关允许，私制、私运、私销或运销情况与所持盐票不符者，为私盐”；工、农、渔业用盐充作食盐或出售者，以及未经贸易部许可，由国外输入或对外输出者，均以私盐论处；由盐务机关及盐务缉私部队负责查缉私盐，当地公安机关，公安部队及海关从旁协助；盐场附近地区，应由盐务机关商同当地人民政府及人民团体，发动群众，组织缉私小组。

该办法规定了对贩运、售卖私盐者的处罚措施：一般情况下，除照章补税外，按照私盐数量多少缴纳相应的罚金；对于连续或有组织的运售私盐者，除加倍处罚外，没收盐与运盐工具，以暴力抗税者，送人民法院处理；制盐人私运或私售其自制盐者，处于上述处罚，情节重大者，撤销其自制盐许可证，没收其制盐工具；未经盐务机关许可制盐或再制盐者，没收其盐及制盐工具；工、农、渔业用盐充作食盐售卖者，除处以罚金、没收盐和运盐工具外，并可以撤销其购盐权利。

该办法还规定了盐务机关对于罚款、物品以及售盐款的处理办法：30% 归公，其余 70%，部分作为奖金，奖励对缉私有贡献的个人、团体或机关、部队，部分作为缉私费用②。

通过上述几项措施的严厉整治，全国盐业缉私工作取得了很大成绩，私盐总量逐年锐减。据统计，1950 年全国共缉获私盐 17343 吨，1951 年为 5830 吨，1952 年为 1820 吨，1953 年仅 821 吨③。随着私盐的消除，各地陆续裁撤缉私机构。从 1951 年开始，长芦、东北、西南、华东等地陆续撤销缉私部队及缉私管理处，缉私部队官兵被移交公安部门或另行分配工作。到了 1953 年，盐务总局缉私管理处也被撤销。

---

① 丁长清、唐仁粤主编：《中国盐业史》（近代 当代编），人民出版社 1997 年版，第 432 页。

② 《政务院财政经济委员会公布：私盐查缉处理暂行办法》（1951 年 1 月 25 日），中央人民政府财政部编：《现行财政法规汇编》第一辑（下），新潮书店 1951 年版，第 676-677 页。

③ 丁长清、唐仁粤主编：《中国盐业史》（近代 当代编），人民出版社 1997 年版，第 432 页。

第二章 两淮盐区概述

第一节 江苏境内的传统盐区

两淮盐业的历史，可以追溯到两千多年前。《史记·货殖列传》记载：“彭城以东，东海、吴、广陵，此东楚地也。……夫吴自阖闾、春申、王濞三人招致天下之喜游子弟，东有海盐之饶，章山之铜，三江、五湖之利，亦江东一都会也。”这里的东海，指的是古海州地区，包括今连云港市区、灌云县板浦和东海县一带。广陵指的是今天的扬州。西汉初年，吴王刘濞都广陵，在淮南盐区从事煎盐活动。《史记·吴王濞列传》载：“濞则招致天下亡命者，盗铸钱，煮海水为盐，以故无赋，国用富饶。”此外，《盐铁论》中提到“朐卤之盐”，为当时海州一带出产的海盐。

自汉至隋，历朝以西北盐务为重点。唐代开始重视东南盐务，其中尤重两淮，两淮盐业由此兴盛。安史之乱后，淮浙海盐区成为中央政府所控制和依赖的主要食盐产区。唐代在全国产盐区设 4 个盐场、10 个监院，主要设在两淮及两浙盐区，这是官府设场的开端。其中，两淮设涟水场（以销售为主要任务）以及海陵、盐城二监。之后又增设如皋场。

宋代产盐机构分为监、场、务三级。宋末，两淮共有 25 个盐场，其中通州丰利监辖 7 个盐场；泰州海陵监辖 8 个盐场；楚州盐城监辖 7 个盐场；海州设两场，涟水设海口场。

元末，两淮地区计有吕四、余东、余中、余西、西亭、金沙、石港、掘港、丰利、马塘、栟茶、角斜、富安、安丰、梁垛、东台、何垛、丁溪、小海、草堰、白驹、刘庄、伍佑、新兴、庙湾、莞渎、板浦、临洪、徐渎等 29 个盐场。

明代新增兴庄场，共计 30 场，由南向北分为上、中、下各 10 场，属通州、泰州、淮安三个分司管辖。其中，通州分司下辖丰利、马塘、掘港、石港、西亭、金沙、余西、余中、余东、吕四10场；泰州分司下辖富安、安丰、梁垛、栟茶、角斜、东台、何垛、丁溪、草堰、小海10场；淮安分司下辖白驹、刘庄、伍佑、新兴、庙湾、莞渎、板浦、徐渎、临洪、兴庄10场。

清代，经过裁并，两淮盐区计有盐场23处。其中，淮南20场，属通州、泰州分司；通州分司下辖丰利、掘港、石港（马塘场并入）、金沙（西亭场并入）、吕四、余西（余中场并入）、余东、角斜、栟茶9场，泰州分司下辖富安、安丰、梁垛、东台、何垛、丁溪（小海场并入）、草堰（白驹场并入）、刘庄、伍佑、新兴、庙湾11场。淮北3场，属海州分司（乾隆年间，淮安分司改称海州分司，迁灌云县板浦镇），下辖板浦（徐渎场并入）、临兴（临洪、兴庄场合并而成）两场，以及新设的中正场（莞渎场并入）。清末，为接济淮南销盐，两江总督兼盐政大臣端方奏准在淮北铺滩晒盐，海州县丞汪鲁门、南通实业家张謇、淮南盐商等多方面集资，始建济南场。

汉代以来，历代朝廷都在两淮设置盐务管理机构，其驻地都在扬州。汉武帝时期，国家设大农官，大农之下设两丞，一掌盐务，一掌铁事。在淮南广陵设均输官、监卖盐官、司盐校尉、总监、副监丞等机构，主要责任是管理盐务和销盐。唐、宋、元时期，在两淮先后设有转运院、盐监司节、巡院、两淮榷监院、两淮转运使司等机构，隶属朝廷户部管理，职责是管理场灶、缉私和榷办盐务事宜。明清时期，两淮设盐运司、巡盐御史院、都转运盐使司，负责缉私和督榷盐课。道光十年（1830），清廷加强了对淮盐的管理，各省盐政，向来由御史巡视，唯独两淮盐政改由两江总督①兼管，总督府设在扬州。道光十七年（1837），两淮盐政由两江总督兼理改为两江总督专管。陶澍、林则徐、曾国藩、李鸿章、左宗棠、曾国荃等都曾兼任过这一职务。

古代淮盐运输有水运、陆运两种，以水运为主，水运又有河运、海运之分，以河运居多。西汉吴王刘濞开凿了西起扬州茱萸湾（今湾头）、东通海陵仓（今泰州）的盐运河。隋文帝开挖了山阳渎（即江淮之间的运河），隋炀帝开通济渠河、淮运河，都成为运盐河道。武则天时期在泗州涟水县（今江苏淮安境内）兴修新漕渠，北接海、沂、密诸州（今天的江苏连云港至山东诸城一线），南接淮河，并沟通大运河，是一条重要的运盐河。清代康熙年间重新疏浚河道，开挖由淮阴杨庄经板浦镇直通淮北各盐场的运盐河。

淮盐借助了东南地区优良的水运条件，行销范围涵盖了大片东南地区。唐代，从扬州出发的运输路线中，以扬楚—淮汴水路最为重要。此路经高邮至楚州（今江苏淮安境内），然后溯淮河经淮阴、盱眙，沿通济渠北上；复经今安徽境

---

① 两江即指江西、江南两省，康熙后，虽已分为江苏、安徽、江西三省总督，但仍称两江总督。

内各县，直达浚仪（汴州，今河南开封）。淮盐南运比北运更便利。淮浙盐除行销浙东一带外，还可溯江而至江州（今江西九江），下鄱阳湖，销往江西、湖南等地；或者至长江中游销向湖北地区。杜甫诗《客居》有“蜀麻久不来，吴盐拥荆门”语，是淮浙盐向江陵府（今湖北江陵）附近云集的证明。

宋代，淮盐行销范围很广，大体包括江淮之间和长江中游以南的广大地区，也就是今天的河南、湖北、湖南、江西、安徽和江苏的全部或部分。较为常用的一种运输方法是通过运粮船运盐。淮盐自真州（今江苏仪征）沿长江西运于江浙和湖广地区。此类盐运，通常与漕运配合进行。东南各地的运粮船沿长江而下，至真州或泗州（今江苏盱眙、泗洪一带，为汴水入淮口，南北交通要冲）卸下，这些空船返航时“回脚”运盐，贩运到江浙和湖广地区。

清代，淮盐销售仍按引地配给。淮南盐的集散，由于扬州城东的七濠口江岸崩塌，于同治十二年间（1873）移址十二圩（今江苏仪征境内），然后再分销四岸。十二圩南临长江，北接运河，为两淮场盐运销扬子四岸及淮南盐行销外江食岸①的总枢纽，故被命名为扬子总栈。“据后来的《民国日报》载：该地繁盛时有居民三千余户，以盐为生。其中分场商、运商、船主、工人四种，总计水陆人口不下十万余人；有盐船1400只，驳船、屯船、拖船、小划子尚不在数。”② 运往豫、皖岸的淮北盐斤多在西坝（今江苏淮阴境内）集散，运至各地。西坝临洪泽湖，清代淮北实行票盐法后，成为板浦、中正、临兴三场食盐外销的转运地。淮北各场接济淮南销区的盐斤，由十二圩转运。

道光年间，淮北海州分司在板浦设督销局，管理票盐的放销事宜，板浦成为淮北盐课的要区。与此同时，板浦凭借淮北盐场的兴盛成为盐商辐辏之地，商业十分繁盛，曾被誉为江北各镇之冠。以板浦盐关为中心，北至大浦，东达海边，驳盐河和纳潮河交错纵横，驳盐船往来频繁。运盐盛期，板浦盐关每天出关盐船达80余艘，日运盐量达500余吨③。板浦榷关每年征收的盐税居海州地区之首，直接支持了淮安、扬州的经济。

盐运的兴盛带动了城市的繁荣。自唐代开始，扬州就成为淮盐集散地。唐代的扬州，南临长江，北接黄淮，河网交错纵横，与盐产地海陵监之间，也有河网沟通，成为控扼南北要道、货物云集的江南第一大都会与水陆交通枢纽。从《太平广记·吕用之》和《新唐书·高骈传》中可知，唐末以前，扬州已是“富商之贾，动逾数百”的“歌钟之地”。

---

① 外江食岸，即江宁、句容、溧水、高淳、仪征、六合、江浦各县。
② 《江苏盐业史》编写组：《江苏盐业史》（修订本），江苏人民出版社1992年版，第35页。
③ 《台北盐场志》编纂委员会：《台北盐场志》，中国矿业大学出版社2008年版，第411页。

清代乾隆时期，淮盐生产和运销进入了黄金时代，畅销江淮平原和长江流域。从乾隆十一年（1746）起，淮盐运销便开始提引，也就是本年度提前销售下一年度的引盐。到乾隆三十二年（1767），21 年间，大约共提 500 万引。这时期，两淮盐区出现了一批富可敌国的大盐商，并迅速促成了扬州的空前繁荣。在盐业生产方面有场商（大商人）、垣商（小商人）；运销方面，有朝廷盐务机关派来的总商（大商人）、散商（小商人），通称运商。其中以运商势力最大。两淮运商多数来自山西、陕西和皖南的徽州，少数来自江南的镇江等地。运销淮北盐的盐商居于淮安，经营淮南盐的居于扬州。扬州是淮盐最大的集散市场，自明朝嘉靖至清朝乾隆年间，移居扬州的秦、晋、徽客籍运商有 80 名，其中拥有资本一千万两以上的为大贾，有数百万两者为中贾，百万两以下的只能算小盐商。扬州淮盐运商中最为著名的是徽商江、汪、许、程、洪、黄、方、郑 8 家。当时的盐商在扬州建筑了大大小小的精美园林，其中最为著名的是个园，由大盐商黄至筠修建。总商江春是 18 世纪前半叶最富有传奇色彩的盐商。史书中形容他："春雅爱交游，四方词人墨客，必招致馆其家，家有厅事，容百人坐，坐常满暇。"① 乾隆 6 次南巡扬州，两次东巡天津，都是江春一手张罗的。江春等盐商为协助政府的军费，镇压台湾起义，救灾、水利、皇帝南巡、皇太后寿诞等，共捐银 1120 余万两之巨。

清代后期，由于盐税过重，各级管理盘剥，捐输报效频繁以及行盐中的贪污舞弊，淮盐逐渐走向衰落。道光初年，淮盐丧失了大部分的运销市场，食盐大量积压。两淮运商向朝廷大量报效，加之自身奢侈腐化，资金逐步销蚀，至道光十年（1830），有实际经营能力的运商只剩 30 余家，且多借资营运。

第二节　淮北盐区的崛起

清末以前，淮北盐场包括临兴、板浦、中正三场。据《江苏省志·盐业志》记载：

临兴场设于北宋天圣元年（1023），场名洛要，在赣榆县设洛要镇。南宋绍熙五年（1194），由于海岸线东移，兴建临洪场，废除洛要场。明正德七年（1512）增设兴庄场。清雍正六年（1728）上述两场合并为临兴场。

板浦场设于北宋天圣元年（1023），池滩在板浦北太平埝一带，辖西临、东

---

① 嘉庆《两淮盐法志》卷四六，转引自［美］何炳棣：《扬州盐商：十八世纪中国商业资本的研究》，巫仁恕译，《中国社会经济史研究》1999 年第 2 期，第 70 页。

临、西三、新坛4疃。清康熙十七年（1678）设徐渎场，并入板浦场，辖于公、北献、大义3疃，产区在东陬山与朐山之间，原有官、私盐滩330份。清中叶，盐商在云台山滨海新建池滩，共有垣商331家。

中正场设于清代中叶。元代元贞元年（1295）开设莞渎场，场署在新安镇南（今灌南县城南）。清雍正年间，因海势东移，莞渎场裁废，原有池滩变为灶池草荡。为接管场域和草荡，清乾隆元年（1736），淮安分司将板浦场的中正、小浦、东大和东辛4疃划出成立中正场。场署设在灌云县中正镇，场区范围在灌云县东。自道光三十三年（1850），池滩逐渐东移至东陬山、蒿子头一带铺建，其中有垣商108家。光绪年间，旧滩相继裁废，在靠近沿海滩涂上陆续铺设新滩，场区范围南至灌云县，北至云台山，西临板浦，东至大海。有垣商41户①。

从18世纪开始，淮北盐业兴盛，淮南日衰。清道光以后，常以淮北盐补充淮南盐的差额，淮北盐区的地位渐渐超过淮南。

制盐技术的改进推动了淮北盐业的发展。明代以前，淮南、淮北盐区的生产方式基本一样，都是煮海为盐，后来又叫煎盐。明清时期，淮盐生产技术有了突破性的进展，那就是出现了滩晒技术。淮北全部由煎盐改为滩晒，淮南由于土质原因，除吕四场开始生产一部分板晒中籽盐外，其余各场一直沿用旧法。煎煮法生产出来的是小籽盐，工艺落后，煎煮条件差，劳动负荷重，还需要大面积的草场以提供燃料。相形之下，淮北滩晒的大籽盐可以大规模生产，不论在盐质上还是成本上都占优势。

票盐制的推行使淮北盐业的地位得到重视。陶澍在淮北推行票盐法，收效显著，十余年的积盐一下子销售净尽，销路日益畅通，盐课也超额完成。道光十二年（1832），淮北销售24万余引；十三年（1833）销32万余引；十四年（1834）达59万余引，为淮北额引的两倍。后来不得不规定以46万引为限制，以防止侵销其他盐区②。销量的提高自然带来了盐课的增长。据《淮盐纪要》载："淮北大畅，不但正课复归原额，每年销盐至四十六万余引，除奏销淮北正杂课银三十二万两外，更协贴淮南银三十六万两，嗣又带销淮南悬引二十万，纳课银三十一万两，是淮北之课，较定额又增两倍矣。"③

淮南一直是两淮盐区的主体。到了清代，两淮每年共销售纲盐169万引，其中淮北仅30余万引；两淮销区包括江苏、安徽、湖南、湖北、江西、河南6省的250个州县，淮北盐仅行销江苏、安徽、河南的41个州县。那么，为什么在

① 江苏省地方志编纂委员会：《江苏省志·盐业志》，江苏科学技术出版社1997年版，第35，41–43页。
② 倪玉平：《博弈与均衡：清代两淮盐政改革》，福建人民出版社2006年版，第75页。
③ 林振翰编：《淮盐纪要》第一篇，商务印书馆1928年版，第2页。

淮北而不是在淮南推行票法改革？大致说来，有以下三个原因。其一，将淮北作为试点。“淮南之利弊，视淮北为盛衰。其弊也，淮北最甚；其效也，淮北最速”①。而如果先在淮南推行，一旦失败，则造成淮南的巨额积欠归款无着，严重影响国家财政。其二，淮北销区就在产区附近，贩运方便，风险不大，可以吸引商人，保证税收。而淮南销区分布较广、较远，贩运成本高，风险大，不能保证销量和税收。其三，淮南盐商和官府长期依仗盐利，并形成了牢固的关系纽带，改革阻力巨大。

虽然淮北比淮南提早20年实行改革，但是受产区规模和盐政的影响，直至清末，淮北盐的产销和税收数额，较之于淮南尚存在差距。真正确立淮北在两淮盐区主体地位的因素，是济南场的兴建。

受地理环境的影响，淮北海岸线逐渐东移、滩涂不断淤现，而淮南离海日远。据《中国历代地图册》展示，三四千年前江苏的海岸线大约在赣榆口、九里七、海州城、板浦、伊庐山、杨集、响水口、盐城、海安一线。从夏朝到今天，赣榆岚山头到盐城这一段海岸线，整整向前推进了60公里。当年海边煮盐的区域，现已大都变为良田②。

南宋建炎二年（1128），黄河夺淮入海，滩涂东涨。元代，随着新滩的不断淤现，淮北盐区不断扩建、新建盐场。从明到清500余年间，两淮盐区滩涂变化最为剧烈，盐场逐潮水东移，所留旧场荒滩，有的变为农田，有的仍继续产盐。清末，淮南盐区终因海岸日远，卤淡产薄，盐不敷销。清光绪三十三年（1907），两江总督兼盐政大臣端方集资在海州丰乐镇西（今灌云县洋桥镇）增铺池滩40份，接济销区，故称济南场，并设场址于板浦。从1908年至1914年，海州县丞汪鲁门、实业家张謇以及两淮盐商叶瀚甫、徐静仁等人，先后在灌河两岸筹建济南场所属的大德、大阜、公济、大有晋、大源、裕通、庆日新7个公司，两淮盐业由此步入了新的阶段。

光绪三十四年（1908），海州县丞汪鲁门、淮南盐商叶瀚甫，在淮北埒子口苇荡左营以东地区建圩21条，铺滩168份，成立同德昌制盐公司，后改名为济南场大德制盐公司。宣统元年（1909），南通张謇集资，委托淮南盐商徐静仁，在淮北埒子河口南建圩10条，铺滩80份，成立大阜公司。宣统二年（1910），徐静仁在灌河西建圩5条，铺滩40份，开始筹办大有晋公司。民国元年（1912），淮南盐商陆费颂、周扶九、萧云浦等人，在燕尾港建圩24条，铺滩192份，成立公济公司。1913年，海州盐商黄伯雨、李梅隐集资，于灌河西建滩

① ［清］魏源：《淮北票盐记》，《魏源全集》第20册，岳麓书社2004年版，第297页。

② 《江苏盐业史》编写组：《江苏盐业史》（修订本），江苏人民出版社1992年版，第12页。

32份，后于灌河东陈家港镇建圩32条，铺滩256份，组建大源公司。1914年，扬州盐商吴沛生集资，于大源公司东建圩20条，铺滩160份，成立裕通公司。是年，安徽盐商朱幼鸿集资，于淮河入海港套子口之西建圩20条，铺滩160份，成立庆日新公司。至此，7个公司共建圩145条，铺滩1160份，成为著名的济南七公司[①]。

济南场的铺设，使淮北盐产量大大超过淮南。宣统三年（1911），淮北盐产量占两淮总产量的22.2%[②]。到了20世纪20年代中期，两淮每年盐产量，“淮南各场仅占18%弱，淮北以添设济南一场，反占82%强，济南场占两淮全额46%强，中正、板浦、临兴三场，产数略等，各约占12%”[③]。

第三节　民国时期的淮北盐业

民国初年，淮南废灶兴垦，先后建立76个盐垦公司，盐场陆续裁并，剩余丰掘、栟角、余中、东何、安梁、草堰、吕四、庙湾、新兴、丁溪、伍佑11场。至1933年，淮南包括余中（南通县属）、丰掘（如皋县属）、安梁（东台县属）、草堰（东台兴化县属）、新兴（盐城阜宁县属）、伍佑（盐城县属）6场。相比而言，淮北场发展势头良好。1933年，山东涛雒场划归两淮管辖，与临兴场合并，改称涛青场，也称青口场。淮北包括济南（涟水、灌云县属）、板浦（灌云县属）、中正（灌云县属）、青口（东海、赣榆、日照三县属）4场[④]。

1913年，两淮设盐运使司，驻扬州；淮北设运副，驻板浦。同时在扬州设立两淮稽核分所。1914年，两淮稽核分所分解为两套机构，在灌云县板浦镇另立海州稽核分所（后改称淮北稽核分所），专管淮北盐税征收及盐斤秤放。海州稽核分所下设青口支所，以及若干收税处、放盐处和稽查处。扬州成立扬州稽核分所，专管淮南稽核事宜。另外，在汉口、长沙、南昌、芜湖4处先后设有盐务稽核处。

民国初年，淮北食盐销区分属三种运销制度：豫、皖岸实行商运；近场五岸

① 江苏省地方志编纂委员会：《江苏省志·盐业志》，江苏科学技术出版社1997年版，第45-47页。
② 江苏省地方志编纂委员会：《江苏省志·盐业志》，江苏科学技术出版社1997年版，第94-95页。
③ 林振翰编：《淮盐纪要》第二篇，商务印书馆1928年版，第1页。
④ 曾仰丰：《中国盐政史》，上海书店1984年版，第59页。

实行官督商办，为无税区；淮徐六岸实行官运，但受近场五岸私盐侵销，几于无税可收①。1914 年，淮北议定取消票权，开放引地。1916 至 1917 年之交，近场五岸和徐淮六岸先后开放为自由贸易区域。至 1921 年 2 月，豫、皖岸也克服重重障碍，明令废止票权，实行自由贸易。

北洋政府期间，淮北盐销区日广，除原销区外，还济销属于淮南销区的鄂、湘、西、皖四岸（即湖北、湖南、江西、安徽四省，又称扬子四岸）以及山东部分县，共计行销湖北、湖南、江西、安徽、江苏、河南、山东 7 省 283 县，区域十分广泛②。

淮北盐税也在不断调整，税率因地而异。按规定，1914 年淮北盐税为每担 2 元，1915 年为 2.5 元，但实际收税较高。1918 年盐税涨为每担 3 元，但北洋政府为增加盐税收入，一直将扬子四岸税率定为每担 4.5 元，包括场税 1.5 元、岸税 3 元。1919 年 11 月起，将场税增为 3 元，岸税减为 1.5 元，从而增加了扬州和淮北两稽核分所的税收。至 1927 年 1 月，淮北区域税率分别为：皖豫岸 3 元，近场五岸 2 元，徐淮六岸 2 元，山东六县 2 元，扬子四岸 3 元，滁来全 3 元，建昌 3 元，鄂西 3.5 元③。以上是正税，此外还有附税。淮盐区域处在吴佩孚和孙传芳的控制下，从 1921 年至 1928 年，他们以脚力费、附加税、盐斤加价、公债加价、教育费等各种名义搜刮盐利，最低每担 0.2 元，最高 2 元④。

从 1913 年至 1927 年，全国盐税正税收入为 13 亿多元⑤。其中，两淮盐区税收所占比重最大，一般年份都占到三分之一强。据盐务稽核所会办英国人裴立克在上宋子文书中所说，从 1913 年至 1927 年，稽核所在中国共收盐税 10.21 亿元，其中偿还外债者约为 1.73 亿元，占 16.94%，交还中国政府者约 8.48 亿元，占 83.6%⑥。又据《淮盐纪要》中提供的相关数据计算得知，从 1914 年至 1924

---

① 豫、皖岸，即安徽北部泗县、盱眙、五河、灵璧、凤阳、定远、怀远、寿县、凤台、蒙城、亳县、太和、阜阳、颍上、六安、霍山、英山、霍邱、涡阳 19 县，以及河南汝光、罗山、光山、潢川、上蔡、固始、新蔡、息县、正阳、商城、正平、遂平、确山、信阳 14 县；近场五岸，即江苏东海、灌云、涟水、赣榆、沭阳 5 县；淮徐六岸，即江苏淮阴、淮安、邳县、睢宁、宿迁、泗阳 6 县。

② 林振翰编：《淮盐纪要》第三篇，商务印书馆 1928 年版，第 175 页。

③ 林振翰编：《淮盐纪要》第三篇，商务印书馆 1928 年版，第 69–70 页。山东六县，即日照、莒县、兰山、郯城、沂水、费县；滁来全专岸，即安徽滁县、来安、全椒 3 县；建昌岸，即江西南城、南丰、资溪、黎川、广昌 5 县；鄂西，即襄阳、枣阳、光化、谷城、宜城、南漳、钟祥、潜江、监利、荆门、江陵、当阳、远安、宜昌、石首、公安、松滋、枝江、宜都、长阳、巴东、秭归、兴山、郧县、郧西、均县、房县、竹山、竹溪、保康 30 县。

④ 《北洋军阀政府时期各省食盐附加税捐情况表》，南开大学经济研究所经济史研究室编：《中国近代盐务史资料选辑》第一卷，南开大学出版社 1985 年版，第 343–347 页。

⑤ 丁长清主编：《民国盐务史稿》，人民出版社 1990 年版，第 104 页。

⑥ 丁长清主编：《民国盐务史稿》，人民出版社 1990 年版，第 257 页。

年，两淮盐产区共销盐74409741担，其中淮北盐斤为52514571担，占70.57%。但是由于淮北盐经十二圩转运的盐斤全部在扬州稽核所交税，所以上述时期的两淮盐产区征税157021146.79元，其中淮北产区征税61134487.71元，只占38.93%。

1914年至1924年淮北盐销量及税收统计，见表2－1所列。

表2－1　1914年至1924年淮北盐销量及税收统计　　单位：担、元

年　份	淮北稽核所发放数量	十二圩发放数量	淮北产区征税数目
1914	1052111	—	1940612.57
1915	1462406	—	3312771.61
1916	2952759	2327546	6523149.16
1917	1770069	1517215	4520752.65
1918	3116198	2007361	5597440.88
1919	4026830	2688392	7588329.51
1920	2828563	2308363	7595169.97
1921	2472540	3669766	6547575.50
1922	2759484	4084259	6718503.54
1923	2327510	3792100	5954167.28
1924	1799877	3551222	4836015.04
合计	26568347	25946224	61134487.71

资料来源：根据《淮南北产区放运盐斤之比较表》《十二圩发放各岸盐斤担数表》《淮南北产区征税数目及其支出经费之比较表》制成，参见林振翰编：《淮盐纪要》第三篇，商务印书馆1928年版，第28-35、70-72页。

南京国民政府时期，淮北盐区的地位更加凸显出来，两淮盐务机构重心发生转移。1931年，两淮盐运使由扬州移驻板浦，板浦原设的淮北运副改为淮南运副，移驻扬州。1936年5月，将淮南运副裁撤，并入两淮盐运使司，并将扬州稽核分所改为支所，淮北稽核分所改称两淮稽核分所。

这时期，国民政府的盐场修缮以淮北场为重点。1929年，淮北建坨委员会组织成立，以淮北运副及淮北稽核分所经理、协理三人为委员，会同办理，积极推行建坨计划。到1932年，盐坨、房屋、码头、卤沟、架槽、堤岸、水闸、河道、公路、铁丝栅栏、电话等都先后完成。

从全国范围来看，淮北盐行销区域税率偏高，是南京国民政府的重要财源。随着济南场的兴盛，以及淮南盐区不断废灶兴垦，淮北盐完全抢占了淮南盐在扬

子四岸的销售市场，而扬子四岸由于当地不产盐，历来以销售淮盐为主，税率居高不下。

1936 年 7 月淮北盐各销区税率情况，见表 2－2 所列。

表 2－2　1936 年 7 月淮北盐各销区税率情况　　单位：元

销　区	正　税	附加税	共　计
皖北	3.7	2.4	6.1
河南汝光（按不同地区分行三种税率）	6.0	2.1	8.1
	5.2	2.4	7.6
	4.77	2.4	7.17
鄂岸	4.5	4.6～5.9	9.1～10.4
鄂西	3.5	5.6～6.9	5.6～6.9
湘岸	4.5	2.5～5.9	7～10.4
皖岸	3.7～4.5	2.4～5.6	6.1～10.1
西岸	4.5	5.9	10.4
江西建昌	4.5	5.9	10.4
江苏六岸	2.7	2.4	5.1
江苏五岸	2.7	2.4	5.1
山东六县	3.2	1.4	4.6
南京市	3.25	3.85	7.1

资料来源：根据《淮北销地及税率表》制成，参见曾仰丰：《中国盐政史》上海书店出版社 1984 年版，第 224-226 页。

据 1931—1935 年的统计数据，淮北年均盐产量颇丰，仅次于山东盐区，居全国第二位。全国 15 个盐产区平均每年共产盐 46302000 担，其中淮北产盐 8495000 担，占 18.35%。全国年平均销盐共计 41054000 担，淮北为 2675000 担，占 6.52%；扬子四岸为 6978000 担，占 17%。全国年平均盐税收入总计 160040000 元，淮北为 17501000 元，占 10.94%；扬子四岸为 40127000 元，占 25.07%①。

抗战爆发前夕，国民政府在长芦、两淮盐区首先实行官运，由政府按市场价向场商收购，将大批存盐运往内地，运销地点不受引岸限制。至 1937 年年底，

① 《全国盐务近五年平均产盐放盐及税收表》，曾仰丰：《中国盐政史》，上海书店 1984 年版，第 207-209 页。

从淮北区运往湖北、江苏、安徽及河南各省的盐斤大约为300万担（约15万吨）[①]。由于长江航运阻断，扬子四岸的食盐由四川、浙江、福建、广东各盐区多方供应。此外，国民党政府降低了淮北盐税率，加紧销售存盐。1938年1月，因两淮战事逼近，国民党两淮盐务管理局西撤河南，在信阳设立办事处，2月又移至汉口，同时在场区留设驻板浦办事处，继续办理抢运及疏散工作。另据统计，从1937年10月至1938年12月，国民党从两淮区共运出盐斤1166797担[②]。

1939年3月，华北日军攻陷连云港，接管淮北旧有的盐务机关和盐场。5月，伪维新政府成立海州盐务管理局。同月，在日本的控制下，由盐商周吉甫出面组织成立通源盐业公司，负责销盐，在江苏、浙江、安徽3省实行食盐专卖。8月，华中敌伪政权接管淮北地区后，中日共同投资成立了华中盐业股份有限公司，总部设于上海，这个公司实际上仍由日方主导，负责运盐，将淮北盐转售给各销商。

1940年4月汪伪国民政府成立后，盐务管理完全恢复旧制，于财政部内设立盐务署，辖皖、浙两省区及苏南、武汉的盐务。在海州区、松江区、两浙区、淮南区4个产盐区设立盐务管理局，在蚌埠、南京、皖岸、广东4地设立盐务管理处，并单独设立江苏、浙江、安徽盐税管理总局，另设武汉盐政管理总局。但是，汪伪政府的盐务机构一直无法染指淮北盐区，也没有销盐权利。

为改变通源盐业公司的垄断局面，汪伪政府财政部1940年10月15日发出通告，召集两浙、淮南、松江各区旧盐商登记复业。但是由于盐商或星散四处或持观望态度，至1941年12月底才组织成立了裕华盐业公司。裕华盐业公司接收了通源盐业公司，1942年1月1日开始营业。1943年年底至1944年年初，日本将华中盐业股份有限公司高价卖给汪伪财政部，改名成立中华盐业公司，汪伪政府又实现了对淮北盐区的直接管理。

国民党从江苏撤退后，淮北制盐业已全部陷入停顿，基础设施受到严重破坏，职工人员残存半数，其他税警、盐警、商团亦全部逃亡。1939年8月30日，淮北遭到了特大海潮的袭击，各场受灾严重，存盐流失30余万吨，盐民死亡甚多。“据当时伪海州盐务局给汪伪财政部的呈文称：陈港地区，尽成泽国，受灾户达1292户，溺毙灶民315户，倒塌民房5994间，受灾难民达6178人”[③]。

为恢复盐业生产，1939年6月，日本曾向海州盐务管理局贷款32万日元。

① 《日本驻徐州领事中野高一致外务大臣有田八郎函》（1940年3月9日），南开大学经济研究所经济史研究室编：《中国近代盐务史资料选辑》第三卷，南开大学出版社1991年版，第225页。

② 董振平：《抗战时期国民政府盐务政策研究》，齐鲁书社2004年版，第128页。

③ 中共江苏省盐业公司委员会、中共连云港市委党史工作委员会编：《革命战争中的淮北盐场·概述》，南京出版社1994年版，第6页。

华中盐业股份有限公司成立后，继续向各场商贷款，截至 1943 年 8 月 31 日，共对淮北四场借款 2510995.98 日元[①]。但是收效甚微。特别是由于日本压低盐价，场商、灶户长期亏本经营，濒于破产（表 2-3）。济南场七公司因入不敷出，至 1941 年已负债 150 万日元。汪伪财政部出资，将这 7 家公司改为官督商办。但由于运输较困难，有 6 家先后停晒。到 1945 年，仅余大源公司勉强维持。

表 2-3　1940—1944 年日本从淮北盐场压低盐价侵略所得统计

货币单位：日元

年份	实际场价（每吨）	输日价格（每吨）	输日数量（吨）	日本少付中国盐价额	备注
1940	16	16	19981		1941—1943 年日本无偿占有中国盐价值总计：1983055 日元
1941	26	24	58030	116060	
1942	38	24	73464	1028495	
1943	54	24	27950	838500	
1944	178	24			

资料来源：丁长清主编：《民国盐务史稿》，人民出版社 1990 年版，第 330-331 页。

根据《淮北盐务纪要》的两组统计数据，淮北 4 场抗战前 10 年（1927—1936）的总产量为 75775 千担，年均产量为 7577.5 千担；沦陷期间（1939—1945）的总产量为 26362 千担，年均产量为 3766 千担，相比于抗战前下降了 50.3%[②]。

抗战时期，华中的盐价和盐税都高于华北，特别是后期。这和沦陷区整个物价上涨形势是一致的。1938—1945 年淮北盐税率情况，见表 2-4 所列。

① 《1939 年 6 月 15 日盐务管理局呈财政部》《1941 年 6 月 25 日华中盐业公司与大阜、大有晋订立之盐斤买卖契约书》，南开大学经济研究所经济史研究室编：《中国近代盐务史资料选辑》第三卷，南开大学出版社 1991 年版，第 231、235 页。

② 《江苏盐业史》编写组：《江苏盐业史》（修订本），江苏人民出版社 1992 年版，第 79 页。

表 2-4　1938—1945 年淮北盐税率情况　　单位：日元/担

销地	1938—1940 年	1941 年	1942—1943 年	1944 年 1—8 月	1944 年 8 月后	1945 年 1—6 月
南京、上海	5.8	7.1		11.7	24.3	117
皖北	5.1	7.1		11.7	24.2	117
芜湖、安庆		7.1		11.7	24.3	117
江苏五岸及徐淮六岸	4.4	5.6	同前年度	9.18	19.26	-
山东六县	4.1	5.6				
灵璧、泗县、亳县、汉口	5.1	7.1 4.1		11.7 7.02	24.3 14.94	117

资料来源：根据《中国沦陷区历年盐税率综合对照简表（1938—1945 年）》制成，参见丁长清主编：《民国盐务史稿》，人民出版社 1990 年版，第 321 页。

据统计，从 1939 年 3 月日本接收淮北盐场，至 1940 年 1 月，淮北盐运往日本、上海、汉口、附近各地共计 76399.2 吨，收税 4708492.31 日元①。从 1940 年 10 月至 1943 年 3 月，华中盐业股份有限公司共获利 2393210.92 日元②。

盐是日本从中国掠夺的四大主要原料品（原棉、煤、盐、生铁及铁矿石）之一。1937—1944 年，沦陷区每年输出日本盐占沦陷区盐产总量的一半以上，最高年份甚至超过 70%，共计输出 9902024 吨③。为限制沦陷区的食盐消费，日本自 1940 年开始，在华中、华北占领区的中小城镇实行食盐统制和配给政策。1940 年，江苏五、六岸配销 2 万吨，尚不敷用，至 1941 年，仅配销 8500 吨④。江苏、浙江、安徽 3 省 1941 年只配销 9 万吨，折合每月仅 15 万担。当时 3 省人数据调查为 3630 余万人，以每人每月食盐 1 斤半计算，每月约需盐 54.5 万担。⑤

① 《1940 年 3 月 9 日日本驻徐州领事中野高一致外务大臣有田八郎函》，南开大学经济研究所经济史研究室编：《中国近代盐务史资料选辑》第三卷，南开大学出版社 1991 年版，第 229 页。

② 《1940 年至 1943 年华中盐业公司利润表》，南开大学经济研究所经济史研究室编：《中国近代盐务史资料选辑》第三卷，南开大学出版社 1991 年版，第 202 页。

③ 丁长清主编：《民国盐务史稿》，人民出版社 1990 年版，第 328 页。

④ 《周佛海致日本大使馆函》（1941 年 9 月 29 日），南开大学经济研究所经济史研究室编：《中国近代盐务史资料选辑》第三卷，南开大学出版社 1991 年版，第 297 页。

⑤ 《盐务署所编"盐政调查表"：关于食盐分配标准、办法及每月消费量》（1941 年 12 月 25 日），南开大学经济研究所经济史研究室编：《中国近代盐务史资料选辑》第三卷，南开大学出版社 1991 年版，第 298 页。

1940 年 10 月 1 日至 1943 年 3 月 31 日，华中盐业公司共配销盐 497811 吨，其中淮北盐 441185 吨，占 88.63%。华中盐业公司配销淮北盐统计，见表 2－5 所列。

表 2－5　华中盐业公司配销淮北盐统计　　单位：吨

配给地点	分配数量					总计
	1940.10—1941.3	1941.4-9	1941.10—1942.3	1942.4-9	1942.10—1943.3	
苏、浙、皖（江苏五、六岸除外）	25610	15121	31005	25939	49962	147637
河南	1854	6650	18746	7306		34556
汉口（湖北、湖南、江西三省）	8422	18928	9072	2152	26453	65027
江苏五、六岸	550	4547	2278	6899	18148	32422
日本工业用	14836	21913	34085	24784	48680	144298
日本食用			2032			2032
中国工业用	4401	2660	1365	682	1130	10238
其他			4516	100	359	4975
总计	55673	69819	103099	67862	144732	441185

资料来源：根据《1940 年 10 月 1 日至 1943 年 3 月 31 日华中盐业公司各期盐斤配给实况表》制成，参见南开大学经济研究所经济史研究室编：《中国近代盐务史资料选辑》第三卷，南开大学出版社 1991 年版，第 197 页。

运盐路线分水运（轮船）和陆运（火车）两种方式。水运出连云港至上海，再溯长江而上至十二圩，陆运从徐州到蚌埠。但是由于战时运输紧张，船只调度困难，淮北盐的运输受到很大影响。淮北盐价、盐税的不断提高，配销定额的限制，以及运输难济，都导致了淮北盐销量甚为有限，盐荒触目即是。

国民政府迁都重庆后，虽然失去了两淮盐区，但是仍设置两淮盐务管理机关。抗战胜利后，国民政府接收了日伪政权的盐务机关，予以重新组织。两淮盐区设立苏南、苏北盐务管理局。苏南局后来改称淮南盐务管理局，驻扬州；苏北局驻新浦。由于时局不稳，为了便于指挥，两淮盐务机关变动频繁。1946 年 2 月，苏北局改称两淮盐务管理局，5 月由新浦迁驻连云港孙家山。7 月，淮南归并两淮，改设淮南分局。1947 年 9 月，恢复淮南盐务管理局，两淮局改称淮北盐务管理局。1948 年 11 月，淮南局仍归并淮北，改称两淮盐务管理局。

战后的两淮盐区由国民党和中国共产党政权分占。国民党政府占据板浦场和中正场的一部分，青口场、济南场以及中正场的另一部分以及淮南盐区的绝大部分，由中共领导下的抗日民主政府接收。国民政府管辖下的两淮盐区产销数量统计数据颇为零散，仅淮北盐区 1945—1948 年的产量为 147000、1493000、4427000、5086000 担，销量为 665000（苏北）、1256000、2696000（淮北）、2248000（淮北）担。①

淮北区的销盐区域分为本销及区际外销两种：

本销区域：近场五县有灌云、赣榆、沭阳、东海、涟水；淮阴分局辖区有宿迁、睢宁、邳县、淮阴、淮安、泗阳；徐州分局辖区有徐州市、丰县、凤县、萧县、砀山、钢山；蚌埠分局辖区有蚌埠市、怀远、宿县、凤阳、定远、泗阳、五河、灵璧、盱眙、嘉山、蒙城、涡阳、亳县、阜阳、林泉、太和、颍上、凤台、寿县、霍邱、六安、霍安、立煌；鲁省有郯城、费县、临沂、沂水、莒县、日照。

外销区域：湖南、湖北、安徽、江西、河南、南京、上海各省市②。

可见，专商引岸制度完全废除后，淮北盐的行销区域仍循旧例。

据统计，1946 年，两淮区盐税收入为 20448332000 元，占国民政府盐税总额的 9.74%；1947 年两淮和淮北区共收盐税 66400450000 元，占盐税总额的 3.63%；1948 年上半年淮北区盐税为 653331773000 元，占 7.58%；1948 年下半年两淮和淮北区共收盐税金圆券 5487000 元，占 5.88%③。

第四节　中共对淮北盐区的控制

一、中共华中部队夺取淮北盐场的过程

1940 年至 1948 年，中共华中部队在华中地区开辟革命根据地的同时，逐渐实现了对两淮盐场的全面控制。皖南事变后，新四军从国民党手中夺取了淮南盐

① 《历年各区产盐数量统计表（1910—1948 年）》《历年各区销盐数量统计表（1914—1948 年）》，南开大学经济研究所经济史研究室编：《中国近代盐务史资料选辑》第四卷，南开大学出版社 1991 年版，第 253、259 页。

② “财政部盐务总局”“中国盐政实录编纂委员会”编：《中国盐政实录》第五辑第 17 章第 29 页，“财政部盐务总局” 1954 年出版发行。

③ 《历年全国盐税收入分区统计表（1914—1948 年）》，南开大学经济研究所经济史研究室编：《中国近代盐务史资料选辑》第四卷，南开大学出版社 1991 年版，第 271-272 页。

场，并伺机向北扩张，至抗战胜利已控制了两淮盐场的绝大部分。解放战争开始后，两淮盐区的中共武装力量同国民党军展开了争夺盐场的持续战斗。

本节所指的华中革命根据地是对华中抗日根据地和华中解放区的统称。抗战时期，新四军按照中共中央的指示，在华中地区开辟了苏中、苏北、淮南、淮北、鄂豫边、苏南、皖江、浙东8个相互联系而又相对独立的根据地，统称华中抗日根据地。华中抗日根据地东濒大海，西至汉水及武当山脉，南迄浙赣线，北抵陇海铁路，包括了江苏省的绝大部分，安徽、湖北的大部分以及河南、浙江的一部分，有着举足轻重的战略地位。解放战争时期，华中抗日根据地改称华中解放区，亦称苏皖解放区，主要是指原苏中、苏北、淮南、淮北4个抗日根据地的范围，还包括苏南、皖南、浙东、苏浙皖、闽浙赣等几个游击区。

1939年以前，新四军主要活动在长江以南的苏皖地区。1939年年底，中共中央中原局（后改称华中局）在刘少奇的主持下，确立了大力发展苏北的战略方针。1940年7月，陈毅率领苏南新四军主力北渡长江，联合南下支援的八路军第五纵队（黄克诚率领），共同开辟了苏中、苏北、淮南、淮北抗日根据地。皖南事变后，中共中央重建新四军军部，将活动于华中的新四军、八路军，统编为7个师和1个独立旅，全军9万人。3月，中原局将苏北地区划分为苏北、苏中两个战略区[①]。八路军第五纵队改编为新四军第三师（师长黄克诚），活动在苏北区，包括盐城、淮安以北到陇海一线。新四军一师（师长粟裕），活动于苏中区，包括从东台、宝应县境内以南到长江边的区域。

新四军一师进入苏中地区后，逐渐占领了淮南盐区。先在南通、如皋、海安、启东4地设盐务处，占领了余中、丰掘两个盐场。1941年2月，新四军连同东台县地方武装，共同接管了国民党的两淮盐务管理局，将其归为苏中行署财委领导。当时，新四军和抗日民主政府为了扩大盐业生产规模，恢复了部分原已撤并的盐场，将盐场数目增加到9个，包括栟茶、角斜、富安、安梁、东台、何垛、丁溪、小海、草堰场，全部在东台县境内[②]。

新四军三师和抗日民主政府在阜东县（今阜宁县东部）建起了新的盐场。1939年的海啸给济南场带来巨大破坏，不少盐民逃到盐阜抗日根据地谋生。针对这一情况，1941年春，新四军和抗日民主政府利用阜东县的大片海滩，铺设了新滩盐场，使背井离乡的盐民在当地制盐。之所以取名为“新滩”，既是为了区别于淮北盐场老滩，也含有纪念新四军的意义。盐阜区抗日民主政府还鼓励沿

① 整个华中抗日根据地共分为苏北、苏中、苏南、淮北、淮南、鄂豫、浙东、皖中8个战略区。

② 东台市地方志编纂委员会：《东台市志》，江苏科学技术出版社1994年版，第297页。

海农民自由制盐，发展小盐场。1941 年至 1943 年，小盐场由 1 场增至 21 场[①]。为了管理新滩盐场和小盐场，盐阜区盐务管理局于 1942 年正式成立，隶属于苏北行署财委。

在接管淮南场和铺设新滩场之后，新四军又积极向淮北盐区扩展势力。当时的淮北盐场处于日伪政权的严密控制下。日军和伪军在盐场设置据点数处，控制盐的资源、盐税收入和海上交通。陈家港不仅有日军进进出出，而且还驻有伪军 800 多人。他们分驻在各伪据点，控制灌河以东、中山河[②]以西的大片盐田。1943 年 4 月 8 日，新四军三师八旅二十四团歼灭了响水口以东陈家港以西的辛湾、马家沟的伪军，使陈家港之敌陷入了孤立无援的境地。三师副师长张爱萍作了攻打陈家港的具体部署：由八旅二十三团和旅特务营担任主攻，二十四团攻占庆日新盐场，七旅十九团攻占大源盐场。涟东、阜宁独立团埋伏在陈家港以西，担任支援。5 月 2 日夜，各参战部队冒着滂沱大雨，将陈家港严严实实地包围起来。5 月 3 日凌晨，各部同时向日伪军发起攻击。二十四团从西北、东北方向，旅特务营和二十三团特务连从西南、东南方向，四面向敌人围攻。经过 3 个多小时激战，日军早已逃跑，伪军全部投降。八旅二十二团一部夺取了盐圩敌据点，七旅十九团和二十四团也消灭了大源盐场和庆日新盐场的伪军。

新四军在这次战役中除击毙伪军一部分，生俘伪军官兵 435 名，缴获迫击炮 3 门，掷弹筒 3 个，轻机枪 10 挺、长短枪 414 支，子弹 37000 余发，无线电台 2 部，伪币百余万元，食盐 48 担，其他战利品极多。新四军仅牺牲 1 人，负伤 12 人。为了纪念这次战斗的胜利，张爱萍当时写了一首词《南乡子・解放陈家港》，全文如下：

乌云掩疏星，夜潮怒号鬼神惊。滨海林立敌碉堡，阴森。渴望亲人新四军。
远程急行军，瓮中捉得鬼子兵。红旗飘扬陈家港，威凛。食盐千垛分人民[③]。

1944 年上半年开始，新四军对日伪军进行局部反攻，进一步巩固和扩大根据地。至抗战结束，两淮盐区除板浦场全部以及中正场一部分为国民党军队盘踞外，其余全部盐场为新四军接收，占两淮盐场总面积的 85%（青口场因临近山东，为中共山东部队接收，不在本文的讨论范围之内）。对此，蒋介石两次电令顾祝同、张治中，并通过北平军调小组的美方代表，要求新四军退出淮北盐场。国民党两淮盐务局局长费文尧也写信给当时在三人小组和军调部工作的周恩来和叶剑英，提出："淮北原有四场，……仅板浦场和中正场有一小部分尚由本局控

① 《江苏盐业史》编写组：《江苏盐业史》（修订本），江苏人民出版社 1992 年版，第 95 页。
② 位于江苏省北部，1934 年利用废黄河下游河槽开挖的淮河入海河道，统名中山河。
③ 中国新四军和华中抗日根据地研究会编：《铁军战歌》，江苏人民出版社 2017 年版，第 155 页。

制，其他两场则全部由共军占住，以致本局无法从事工作。”“务迄饬知现驻淮北涛青、济南、中正三场之共军，尽速开离各该场，以便本局派令员警前往工作。”① 新四军军长陈毅根据中共中央和毛泽东的相关指示，对上述要求严词拒绝。

抗战胜利后，新四军及地方武装加紧对苏北重要城镇的接收，极力扩大解放区，并最终使苏中、苏北、淮南、淮北 4 块根据地连成一片，组成苏皖边区，在淮阴成立了苏皖边区政府②。1945 年 11 月，经中共华中局决定，在淮阴重新设立两淮盐务管理局，隶属于苏皖边区政府财政厅，下辖淮北、淮南、盐阜 3 个盐务管理局。其中，淮北盐务管理局辖中正、济南二场；淮南盐务管理局辖大丰县境内的王港、草庙、川东场，东台县境内的潘撇、曹撇、三仓、黑苴、角斜场，如东县境内的栟茶、丰利、苴镇、北坎场，海门县境内的余中场，以及启东县境内的吕四场，共计 14 场；盐阜盐务管理局主要管辖新滩场。

中共对两淮盐场建立起来的管理机制很快被解放战争冲散。迫于局势的变化，中共华中政权将淮南盐场留给地方政权代管，重点抓淮北盐场。

1946 年 6 月，国共两党的军队在中原地区爆发了大规模的武装冲突，拉开了内战的序幕。7 月，国民党军队从来安至南通的 800 里战线上，向苏中、苏北进逼。华中野战军取得“七战七捷”和宿北战役的胜利后，主力向山东收缩。至 1946 年年底，江苏原有解放区大部分被国民党军侵占。

在这种形势下，中共的两淮盐务机构基本撤销，只在淮北盐场设立了集中管理各项事务的党组织。1947 年 1 月，苏中区党委和苏中行政公署决定，将淮南盐务管理局所属各盐场，分别委托新成立的县级机构滨海办事处、如东县及东南行政公署代管。与此同时，1946 年年底，华中局划定淮北盐区为淮北盐场特区，西至张圩坨、东至新滩场，所辖范围有徐圩、洋桥、燕尾、堆沟、陈家港等镇，以及海晏、东港、头罾等乡，长约 200 公里，宽 40 公里，约 3 万人口，几个盐场的年产量为 500 万担左右。在灌河（又称潮河）出海口南岸的陈家港（今江苏省响水县境内）成立中共淮北盐场特区委员会（简称“中共淮北盐特委”），对淮北盐场实行党、政、军一元化领导③。行政上重新设立了淮北盐务管理局，但其职能范围大大缩小，仅管辖淮北盐场的行政与生产。1947 年 8 月，华东野战

① 转引自《江苏盐业史》编写组：《江苏盐业史》（修订本），江苏人民出版社 1992 年版，第 100 页。

② 1945 年 11 月 1 日，苏皖边区政府在淮阴成立，同时撤销苏中、苏北、淮南、淮北 4 个行政公署，全地区统一调整为与区党委、军分区相适应的 8 个行政区，各设专员公署。1946 年 9 月中旬，苏皖边区政府北撤山东。1947 年 11 月，经华东局决定，苏皖边区政府正式撤销，成立华中行政办事处。

③ 1947 年年底，中共淮北盐特委更名为中共两淮盐特委。1948 年 10 月，复改名为中共淮北盐场特区委员会。

军收复苏北部分地区后，盐阜区盐务也归淮北盐务管理局管辖。

1947 至 1948 年，淮北盐场的工作重心由生产转移到武装斗争上。1946 年 12 月初，淮北盐特区书记兼盐警总队政委杜李和淮北盐务局局长孙笃生到沭阳县吴集，向苏皖边区政府副主席方毅请示工作，方毅指出："国民党军队正向苏北连续进攻，宿北战役即将开始，以整体战略考虑，我主力北撤，但是，淮北盐场不仅关系到我解放区的军需民食，而且是华中地区的重要财源，是我们的聚宝盆，因此，决不能放弃，要就地坚持对敌斗争。你们回去以后将特委和管理机关分成两条线，一条是身体欠差、年龄大的、妇女家属小孩随边区机关北撤山东，要有领导带队；另一条是年轻身体好的留盐场武装对敌斗争。"①

当时，陈家港是淮北盐场的管理中心和交通枢纽，从 1947 年 1 月至 1948 年 8 月陈家港解放，淮北盐警总队和当地民兵组织与国民党军队围绕陈家港展开了"拉锯式"斗争。

陈家港位于灌河湾南岸，灌河面积宽阔，成一天然防线。由陈家港向东是一条大堤，使陈家港有了可攻可守的条件，如站在大堤上，东西观望灌河，可以清楚看到灌河中来往的船只。陈家港向西约 30 里到响水口，是一片平原。陈家港之南，就是从灌东到滨海的 100 多里长的盐滩。陈家港是一个规模巨大的盐坨，从经济意义来说，也是一个重要财源，加上交通方便，地势险要，这就决定了它在军事上的重要意义。因此陈家港在整个淮北盐场来说是兵家必争之地。

1947 年 1 月 14 日，国民党盐警支队约 3000 余人，配合舰艇船只，渡过灌河，向陈家港进犯。淮北盐特区盐警总队及淮河大队、灌河独立大队、陈家港武工队和民兵，借灌河天然屏障与国民党部队激战三天，打退了多次进攻，使敌方不能上岸。国民党部队伤亡 150 多人，退回堆沟。这是盐特区成立后首次告捷。

1947 年 5 月中旬，国民党商巡总队、盐警支队乘国民党 74 师向盐阜地区扫荡之机，在燕尾港和堆沟纠集 3500 多人，20 多条海船，攻打陈家港。当时盐特区仅有盐警总队 4 个连的实力，加上陈家港区、乡民兵不足 800 人，因此淮北盐特委决定撤出陈家港，转移到头罾、八滩等地。

1948 年 4 月 5 日，中共苏北集团第十二纵队一部和特区盐警总队、滨海县总队，兵分三路进攻陈家港。驻守的国民党部队不敢交锋，全部渡过灌河，向北撤至徐圩一带，中共部队再次解放陈家港。

1948 年 7 月 28 日，国民党第七战区剿共副总指挥徐继泰纠集 800 多人的部队、20 只海船及机枪炮舰若干，从水陆两路进攻陈家港。当时盐特区只有 3 个连队留守，经过激战后撤出陈家港。

---

① 晏立科：《深切怀念老书记杜李同志》，《记忆与怀念》（未公开出版），第 25 页。

1948年8月30日夜，中共淮海军分区和盐警团奉华中军区的命令，解放陈家港。31日午夜开始总攻，战斗两个多小时后，国民党部队抵挡不住，全线溃逃，中共部队乘胜追击，将其全部歼灭。此次战斗，歼灭国民党盐警部队约700余人，生俘官兵200余人，缴获轻重机枪14挺，大小炮28门；中共军队死亡9人，伤27人[①]。

1948年11月初，中共部队解放了灌河北岸、与陈家港隔河对望的堆沟，陈家港争夺战宣告结束。淮北盐场也因此迅速获得解放。1949年2月，淮南盐场随着苏北全境的解放而重新回到中共手中。

二、淮北盐业的生产和运销

中共控制淮北盐区（包括新滩盐场）的部分盐场后，首要任务就是保证盐产量，并在不同的阶段运用了不同的方式。

抗战时期，新四军和抗日民主政府为促进新滩场的盐业生产，首先，修建了防潮海堤。张爱萍率领的八路军第五纵队刚进入苏北盐区的时候，正是1939年大海啸后不久，济南场百里盐滩，沟平滩淤，墙倒屋塌，满目疮痍。阜宁县为避免海水泛滥，在县长宋乃德以及东三区（滨淮、八滩、华成三区）区长陈根东的领导下，张爱萍部与地方政府采取发行修堤公债、以工代赈的办法，动员了上万民工修筑海堤，在东三区建成一条50多里的海堤，人称“宋公堤”。

其次，在新滩场采用了较为先进的经济组织和生产技术。两淮盐场多是由分散的盐滩和亭灶组成，各个盐场内没有统一的生产组织。济南场由于铺设于清末民初，时间较晚，适时引进了现代企业制度，全场由大德、大阜、大有晋、公济、大源、裕通、庆日新7个私营公司组成。这种经营方式使济南场后来居上，盐产量一度接近两淮盐场总产量的一半。新滩场模仿了济南场的筹建形式，由当地地主、农民以及抗日民主政府分别建立的43个公营和私营公司组成，又以私营公司占多数。这是新滩场顺利筹建并快速发展起来的最主要原因。

再次，采用晒盐法。淮北、淮南盐区依据地理环境的不同，使用不同的制盐方式。淮北盐区使用滩晒技术生产大籽盐；淮南盐区（以及盐阜区的小盐场）多以煎煮技术生产小籽盐，也有小部分盐民利用盐板蒸晒技术生产中籽盐。三者相较，以大籽盐生产成本低、产量大、盐质高。由于盐民多来自淮北盐场以及地理环境的允许，新滩场采用的是滩晒技术。

上述各项因素促使新滩场年产量迅速提高。新滩场建立之初的年产盐为20

---

① 晏立科：《深切怀念老书记杜李同志》，《记忆与怀念》（未公开出版），第28–29页。

万担，至1945年前后已达到70万~80万担，故而被誉为“华中金库”①。

解放战争时期，中共政权从以下三个方面着手恢复淮北盐场的生产。

第一，清理产权。临时成立了淮北逆产管理委员会，负责清理淮北盐场的资产问题。清理的最终结果：对于汉奸资产、日伪资产，全部由苏皖边区政府没收；产权不确定者，由政府代管。1946年5月10日，苏皖边区政府发布公告明确规定：“（济南场）大德、大阜、大有晋、公济、大源五公司及垣主林梓周、王秀山、杨廉伯、葛质庵等逆产，应依处理汉奸财产办法予以没收。”②

第二，基础建设。两淮盐务管理局投入了大量资源，对所有相关生产设备全部进行修复和购置，包括购置生产工具、修建公房灶房、开疏运盐河等，为恢复大规模的盐业生产做好了准备。

第三，生产动员。中共淮北盐特委为调动盐民的生产积极性，进行了两种形式的动员活动。一是普遍开展了立功运动，分别制定了场区灶民、工人甚至妇女的立功标准，在各乡、各区级机构建立起评功组织。立功运动的持续开展，促使盐民提高盐业产量、整修盐滩和盐场设备。二是组织了集体生产形式的互助组，将劳动效率提高1/4，“即3个互助的劳动力可比上4个不互助的劳动力”③。

上述各种措施保证了淮北盐场的盐产量。两淮盐务管理局规定1946年产盐1000万担，其中淮北二场占800万担，盐阜区各场占120万担，淮南各场占80万担④。这个标准在1946年还可以维持，1946年年底以后，产量急遽下降。实际上，1946年年底至1949年上半年，两淮盐场共产盐500万担⑤。

这些食盐不但内销华中革命根据地，而且外销国统区和沦陷区。20世纪40年代的淮北盐市场仍固定在传统销区，只不过是运销方式依政治环境的变化而有所调整。华中革命根据地的食盐运销方式，分为自由运销、公司运销、合作社运销、官运官销4种。这4种运销形式常常同时存在，但是在不同时期各有侧重。

抗战时期，盐阜区的食盐运销方式经历了由盐商自由运销到与公司运销、合作社运销并行的过程。盐阜区盐务管理机构尚未建立以前，抗日民主政府鼓励并帮助盐商、盐民向沦陷区销盐。例如，1941年阜宁县民主政府曾买通海匪，用

---

① 江苏省银宝盐业有限公司新滩盐场志编纂委员会：《新滩盐场志》（未公开出版），第130页。

② 《苏皖边区政府公告》（1946年5月10日），中共江苏省盐业公司委员会、中共连云港市委党史工作委员会编：《革命战争中的淮北盐场》，南京出版社1994年版，第32页。

③ 《中共淮北盐场特区委工作报告》（1947年4月23日），中共江苏省盐业公司委员会、中共连云港市委党史工作委员会编：《革命战争中的淮北盐场》，南京出版社1994年版，第99页。

④ 《盐政扩大会议决定增进盐产鼓励商运并解决盐区产权灶民生活工具等问题》（1946年2月22日），中共江苏省盐业公司委员会、中共连云港市委党史工作委员会编：《革命战争中的淮北盐场》，南京出版社1994年版，第13页。

⑤ 朱士俊：《抗日战争和解放战争时期的两淮盐场》，中共江苏省盐业公司委员会、中共连云港市委党史工作委员会编：《革命战争中的淮北盐场》，南京出版社1994年版，第246页。

10 余只海船运盐，向日伪占领下的灌云县倾销。同年冬，盐阜区行政公署还拨款作为农民的购盐代金，鼓励农民由盐阜区沿海地区向淮安运盐。1942 年以后，盐阜区的食盐运销方式改为以公司运销和合作社运销为主。盐阜区盐务管理局下设裕华盐业公司，专门负责食盐的运销，盐阜区各县随之成立了食盐专卖公司。由盐管局向盐场收购食盐，卖给各食盐专卖公司，再由专卖公司转卖给各公营、私营商业单位，对外销售。与此同时，盐阜区于 1942 年成立了食盐运销合作社。食盐运销合作社是一种长时期推行且行之有效的经营模式，它是民主政府组织盐商、盐民共同成立的，承担食盐的收购、运销和征税任务。运销合作社接受盐民以食盐入股，每年的盈利除一部分留作发展基金外，其余按股分红。

抗战胜利后，中共沿用抗战时期的经验，仍致力于在两淮盐区同时推行自由运销、公司运销和合作社运销 3 种方式。但受内战影响，合作社运销渐渐成为主要形式。

1946 年 2 月，两淮盐务管理局召开盐政扩大会议，提出在两淮盐区采取以商运为主的运销方针，鼓励自由运盐。这年春天，经华中财委决定，成立了华中食盐运销公司，统管两淮盐区的运销业务。与此同时，两淮盐区的食盐运销合作社仍保持着活力。

解放战争开始后，华中食盐运销公司于 1946 年年底划归淮北盐务管理局统一领导，业务范围大大缩小。在剩下的两种运销方式中，运销合作社虽然在盐阜盐区停止经营，但在淮北盐区的势头依然很盛，远远压过了盐商。中共淮北盐特委在 1947 年上半年的工作总结中明确表示，“灌东合作社强迫社员群众不买陈港商人货，一定要买合作社货，这是不对的。因为：党目前政策是一方面要发展工商业，而另一方面是发展合作社经济，减轻商业剥削，而不是取消废除商业剥削”①。

到了解放战争后期，苏皖边区政府开始在淮北盐场实行就场收购、专运专销的政策。之所以出现这样的官方垄断行为，一方面是因为华东野战军收复了淮北盐区和盐阜区大部分盐场后，需要抢运抢卖盐场存盐；另一方面则是同国统区进行经济斗争的必要手段。

三、淮北盐业对华中革命根据地的经济支持

中共经营淮北盐业，不但满足了华中革命根据地的内部需要，而且通过与敌占区的贸易，换取了大量的物资和法币，乃至将对国统区的食盐销售策略演变为

---

① 《中共淮北盐特委半年来工作总结》（1947 年 8 月 11 日），中共江苏省盐业公司委员会、中共连云港市委党史工作委员会编：《革命战争中的淮北盐场》，南京出版社 1994 年版，第 130 页。

一种经济斗争手段。

抗战时期，华中革命根据地的发展遭到了日伪政权和国民政府的破坏。日伪政权对抗日根据地实行严密的经济封锁政策，禁止包括食盐在内的重要物资流入根据地。国民政府则于1940年先后断绝了对新四军的弹药供应和经费发放。为了巩固根据地、壮大武装力量，中共中原局对华中根据地的财政经济政策做出了调整。

1940年12月2日，中原局发出《中原局关于华中根据地内的财政经济工作建设对各地区的指示》，其中要求：

各地党与军队政府负责同志，必须亲自切实地解决财政经济问题……在各根据地内，须建有强有力的财政机关，要派最有工作能力及政治上最可靠的同志去负责……华中敌后根据地均为人口稠密、物产丰富之区。过去仅以根据地不够巩固，我们财政经济机关能力薄弱与统一及政策上的过左错误，使我们不能充分利用这些资源物力来增强抗战力量。以后只要我们大家注意与加强这项工作，就能发掘无限的财力物力来坚持长期抗战。我们不仅要解决目前财政经济问题，而且要建立长期坚持敌后抗战的财政经济工作[①]。

华中革命根据地的食盐，部分用于满足军民日常生活需要，繁荣根据地各区之间的贸易。例如，皖江抗日根据地的皖江贸易管理总局（1943年4月成立）与芜湖海记公司合作，从盐阜区大宗购进食盐，大大降低了该根据地内的盐价，由原来3斤大米换1斤盐，降为2斤大米换1斤盐[②]。部分用于同敌占区进行“易货贸易”，换取根据地急需的布匹、纸张、医药等必需品以及枪支弹药。例如，1944年11月，苏北淮海区工商管理局会议决定：“以管理盐为手段达到换得子弹十万发。”[③] 又如，1944年12月29日，淮北行政公署主任刘瑞龙在淮北区党政军民各界人士联席会议上的发言中指出：“自中原战役发生后，敌人由津浦路南运的油盐均告停顿，敌区民间的油盐大感恐慌，主要的来源就靠我们华中几个根据地去的一些油与盐。因此，我们就加紧油盐的管理，争取物资回来，主要要洋纱布回来。我们今年全部的冬衣及明年的部分单衣都是从油盐管理争取回

---

① 《中原局关于华中根据地内的财政经济工作建设对各地区的指示》（1940年12月2日），华中抗日根据地和解放区工商税收史编写组编：《华中抗日根据地和解放区工商税收史料选编》上册（1937.7—1946.6），安徽人民出版社1986年版，第9-10页。

② 曹天生、黄爱军、钱和辉：《新四军战时经济工作研究》，安徽大学出版社2006年版，第58页。

③ 《苏北淮海区工商管理局会议决定》（1944年11月），华中抗日根据地和解放区工商税收史编写组编：《华中抗日根据地和解放区工商税收史料选编》上册（1937.7—1946.6），安徽人民出版社1986年版，第221页。

来的，并且还分了大批的土布转卖给合作社。”①

特别是抗战后期和解放战争后期，销售食盐成为中共财政收入的重要环节。华中根据地与沦陷区的食盐展开竞销，尽可能地争夺国统区的销售市场，甚至一度对国统区进行倾销，以增加收入。1944 年 5 月 10 日召开的华中财经会议作出如下决议：“在食盐西运易货，价格有差额时，可由食盐地之机关征收一部分平衡税，以弥补之……各地区应设法调整盐运路线，减轻盐商不必要的负担。尽可能设法减低盐税及盐行剥削，以便和长江走私盐与陇海线竞销。”② 1945 年 5 月 20 日，在抗战反攻阶段的紧要关头，华中财委特别公布了《华中财委关于食盐管制运销问题的决定》，提出了食盐全面西运的政策，其中指出：

食盐为我解放区最大的出口品，并同是敌顽区（尤其是皖、鄂、豫、苏诸省顽区）人民及我各战略区内销之显要必需物资……为了控制食盐运销，阻止食盐流向敌区经长江水运至顽区竞销起见，凡苏北所产及在淮海区出口之大籽食盐，在目前情况下必须尽量向淮南、淮北通过解放区西运……苏中小籽盐除我售江南地区外亦以小部分西运，供应淮北淮南解放区小籽盐市场之需要。为了贯彻这一运销计划，除苏北必须保证公管食盐全部西运外，鼓励和组织商人向西运销③。

这项政策还通过税收上的优惠办法推行西运，将南运和东运食盐的税率提高为西运食盐的 2～3 倍。

1948 年，中共对国统区采取大规模的食盐倾销政策以套取法币。这种倾销表现出一定的迂回性，即“敌多盐、我倾销，以扰敌其盐价，竞夺其市场；敌少盐时我缓卖，逼使敌人以高价购买”④。1948 年 8 月召开的华中第三次财经会议

---

① 《进一步巩固团结建设淮北根据地——刘瑞龙在淮北党政军民各界人士联席会议上的发言（节录）》（1944 年 12 月 29 日），华中抗日根据地和解放区工商税收史编写组编：《华中抗日根据地和解放区工商税收史料选编》上册（1937.7—1946.6），安徽人民出版社 1986 年版，第 245 页。

② 《华中财经会议关于贸易问题的决议（节录）》（1944 年 5 月 10 日），华中抗日根据地和解放区工商税收史编写组编：《华中抗日根据地和解放区工商税收史料选编》上册（1937.7—1946.6），安徽人民出版社 1986 年版，第 208 页。

③ 《华中财委关于食盐管制运销问题的决定》（1945 年 5 月 20 日），中共江苏省盐业公司委员会、中共连云港市委党史工作委员会编：《革命战争中的淮北盐场》，南京出版社 1994 年版，第 3-6 页。这里提到的战略区，当时又称军区，是 1941 年 3 月中原局依照华中抗日根据地内 8 块根据地的地理范围所划分出来的，包括苏北、苏中、苏南、淮北、淮南、鄂豫、浙东、皖中 8 块。

④ 陈英：《为什么大盐要专运专卖》，华中抗日根据地和解放区工商税收史编写组编：《华中抗日根据地和解放区工商税收史料选编》中册（1946.7—1949.4），安徽人民出版社 1986 年版，第 450 页。

决定，“各地对淮北大籽盐过境，只准检票，不准检货，亦不得补征差额税，以利倾销”①，为倾销政策大开方便之门。

此外，淮北盐还曾为中共驻南京办事处提供了巨额的经费支持。1946 年 9 月，在上海、南京做地下工作的新四军卫生部部长沈其震，亲自到淮阴找到华中军区副政委谭震林和两淮盐务管理局局长陈易，要求资助经费。同年 2 月，苏皖边区政府成立了苏北盐垦公司，从该公司的堆沟坨地拨出食盐三万担，通过以宋庆龄为名誉主席的中华救济总署租用的美国登陆艇，装至上海销售。这些食盐价值法币 7 亿元，盐款直送南京，为给周恩来领导的中共驻南京办事处（驻梅园新村）提供了活动经费。

淮北盐业对华中革命根据地的另一个重要贡献是盐税。

华中革命根据地的盐税收入包括盐税正税、过境税、进出口税 3 种，这从抗战中期就确立下来了。1940 年 3 月以后，华中各根据地先后建立了税收机构，但实际上仍由新四军管理各地税收。1941 年 9 月，华中局把军队税收机构移交相应的地方政府，各民主政府开始大力整顿税收。两淮及盐阜盐管局废除了国民党的各种苛捐杂税，统按新四军财政经济部的规定，只征正税，不收附加。当时，各个区都有自己的盐税税率标准，且时有变更。相关资料对这方面只有零星的记载：1943 年 7 月，盐阜区的税率为大、小籽盐每担征盐阜币 15 元；1944 年 11 月，淮海区的税率为每担淮海币 20 元②。食盐运输经过两个以上战略区以及输入输出敌占区时，各民主政府依据具体形势适当征收过境税和进出口税。各区过境税和进出口税的税率不一，一般维持在盐价的 10% 左右。

据统计，1944 年淮南、淮北、苏中、苏北 4 区的各项收入中，粮赋收入居首位，占 51.936%；税款收入次之，占 44.07%。其中，盐税占税款收入的 10.64%，占 4 区财政总收入的 4.678%③。1944 年淮南、淮北、苏中、苏北四区税款收入统计表，见表 2－6 所列。

① 《华中第三次财经会议关于财政金融货管部分的总结（节录）》（1948 年 8 月），华中抗日根据地和解放区工商税收史编写组编：《华中抗日根据地和解放区工商税收史料选编》中册（1946.7—1949.4），安徽人民出版社 1986 年版，第 264 页。

② 江苏省地方志编纂委员会：《江苏省志·盐业志》，江苏科学技术出版社 1997 年版，第 215 页。

③ 《苏皖边区一九四四年各项收入表》，华中抗日根据地和解放区工商税收史编写组编：《华中抗日根据地和解放区工商税收史料选编》上册（1937.7—1946.6），安徽人民出版社 1986 年版，第 251 页。

表2－6　1944年淮南、淮北、苏中、苏北四区税款收入统计表

单位：抗币元

税　种	收　入	占税款收入百分比（%）	占四区总收入百分比（%）
1. 产销税	887531790.98	42.44	18.7
2. 货检税	786206456.64	37.59	16.566
3. 盐税	222528499.43	10.64	4.678
4. 契税	88204091.57	4.22	1.8602
5. 营业税	39257957.52	1.88	0.827
6. 屠宰税	37862321.19	1.81	0.7978
7. 牙税	29901304.55	1.43	0.63
合　计	2091492421.88	100	44.07

此表根据《苏皖边区一九四四年各项收入表》制成，参见华中抗日根据地和解放区工商税收史编写组编：《华中抗日根据地和解放区工商税收史料选编》上册（1937.7—1946.6），安徽人民出版社1986年版，第251页。另请注意：1.“占税款收入百分比”一栏为笔者计算所得，所有数据精确到小数点后两位。2. 抗战期间，华中各抗日根据地建立了地方银行，发行了仅限本地区使用的货币，除鄂豫边区的银行发行的货币简称为“边币”外，其余统称“抗币”（意即抗日货币）。1942年6月以前，华中各根据地发行的抗币，与法币的比价为1∶1。1942年6月以后，抗币对法币的比价提高，最高地区达到1∶20。1944年后，各地区进一步提高抗币对法币的比价，到抗战胜利前夕，各种抗币对法币的比价统一为1∶50。

各区的盐税大部分用于补充支援军费。特别是淮北苏皖边区，东至运河，西靠津浦路，南临淮河，北抵陇海线，是皖东北、鄂中、豫西南等地食盐供给的必经之道，因此盐税收入颇丰。1941年11月，淮北苏皖边区将财政收入划分为“省款”和“县款”，其中，“省款收入，供给部队及公署直属各机关之用；县款收入，供给县及县所属机关之用”①。田赋作为最主要的收入来源，被一分为二，省、县款各占50%，而盐税收入全部划入省款之列。

盐税还为抗日根据地的金融秩序提供了保障，特别是新滩盐场，成为附近根据地的重要财源之一。1942年10月，盐阜行政公署设立盐阜银行，发行盐阜币，在苏北地区流通，新滩盐场的盐斤对盐阜币起到了相当大的保证作用②。

① 廖原：《淮北苏皖边区的财经工作（节录）》，华中抗日根据地和解放区工商税收史编写组编：《华中抗日根据地和解放区工商税收史料选编》上册（1937.7—1946.6），安徽人民出版社1986年版，第48页。

② 中共淮北盐场党委：《淮北盐场简史（草稿）》，江苏省档案馆藏档，全宗号4119，永久，案卷号151。

解放战争时期，盐税的重要性更加凸显。这一时期，华中根据地共推行8种税收，即：粮赋、盐税、契税，以及属于货管系统的货物进出口税、营业税、产销税、牙行营业税、屠宰营业税。1945年10月10日，华中财委决定撤销原有各军区之间贸易管理制度以及内地税所，但是仍保留征收盐税的税所。当天，华中财委在《关于统一华中盐务管理的决定》中规定："华中以北解放区之盐税，决定统一施行就场征收。"[①] 随后，华中财委对上述决定作出了补充，规定自1945年10月15日起，由两淮盐务管理局就场统一征收两淮盐税，不论大、中、小籽盐，每担一次性征收华中币[②] 20元[③]。

此后，在苏皖边区政府的控制下，盐税税率稳定增长。1946年1月4日，苏皖边区政府规定，自1946年2月1日起，大籽盐盐税漕秤每百斤（约合160市斤）改征边币50元，不得有重征行为[④]。1946年4月，苏皖边区政府公布施行《苏皖边区淮盐生产管理条例》规定，"盐税税率，在原则上不得超过盐价之两倍"[⑤]。

随着国统区的通货膨胀日益严重，华中革命根据地的盐税也水涨船高。1948年3月，华中行政办事处大幅度上调淮盐税率，大籽盐每担征收华中币（下同）5000元，中小籽盐每担征收3000元。1949年3月，大籽盐每担征收70000元，税率同比增长了13倍[⑥]。

食盐的过境税和进出口税在抗战胜利后一度被取消（部分地区除外），解放战争开始后又逐渐被恢复。虽然各区的征收规定不同，但一般都维持在30～50斤起征，税率为25%或30%。1949年3月，过境税和进出口税因苏北地区的解放而停征。

为了应付浩大的军费开支，1945年12月，华中财委会特别将盐税划为"华

---

① 《华中财委关于统一华中盐务管理的决定》（1945年10月10日），中共江苏省盐业公司委员会、中共连云港市委党史工作委员会编：《革命战争中的淮北盐场》，南京出版社1994年版，第7页。

② 1945年8月，中共华中局和新四军军部组建华中银行，统一发行华中币，与抗币等价流通，同时，抗币逐渐退出流通领域。1946年5、6月间，由于国民政府对解放区实行经济封锁，以及解放区军费开支的增加，苏皖边区发生严重通货膨胀，华中币与法币的比价由1：50一路跌至1：12。1948年11月15日，华中币停止发行。

③ 《华中财委关于统一华中盐务管理的补充决定》（1945年10月），中共江苏省盐业公司委员会、中共连云港市委党史工作委员会编：《革命战争中的淮北盐场》，南京出版社1994年版，第8页。

④ 《苏皖边区政府通令——关于盐税征收的规定》（1946年1月4日），中共江苏省盐业公司委员会、中共连云港市委党史工作委员会编：《革命战争中的淮北盐场》，南京出版社1994年版，第9页。

⑤ 《苏皖边区盐务管理条例》（1946年4月），中共江苏省盐业公司委员会、中共连云港市委党史工作委员会编：《革命战争中的淮北盐场》，南京出版社1994年版，第29页。

⑥ 江苏省地方志编纂委员会：《江苏省志·盐业志》，江苏科学技术出版社1997年版，第216页。

中收入”，由两淮盐务管理局局长陈易统一征收[①]。由于战争环境及资料的缺乏，至今已无法清晰叙述华中根据地的盐税收入。不过，从以下资料还是可以窥见其一斑。1945 年 12 月 28 日，华中局预计次年上半年战斗频繁，支出额外庞大，特规定上半年税收任务共 26500 万元，其中盐管收入（包括销盐、盐税及其他利润）为 10000 万元，占 37.74%[②]。1948 年，华中财委会的收入情况显示，当年秋季税收（含粮食代金）达到 211.7 亿元，其中盐税收入为 24.3 亿元，占 11.48%[③]。

---

① 《华中财委会对华中财政工作意见》（1945 年 12 月），华中抗日根据地和解放区工商税收史编写组编：《华中抗日根据地和解放区工商税收史料选编》上册（1937.7—1946.6），安徽人民出版社 1986 年版，第 388 页。

② 《华中分局关于渡过明春财政难关的指示》（1945 年 12 月 28 日），华中抗日根据地和解放区工商税收史编写组编：《华中抗日根据地和解放区工商税收史料选编》上册（1937.7—1946.6），安徽人民出版社 1986 年版，第 383 页。

③ 《华中财委会财政情况通报第一号（节录）》（1948 年 9 月 30 日），华中抗日根据地和解放区工商税收史编写组编：《华中抗日根据地和解放区工商税收史料选编》中册（1946.7—1949.4），安徽人民出版社 1986 年版，第 274 页。另据《江苏省志·盐业志》第 217 页记载，1948 年全年，华中解放区主要地区的盐税总收入为 322.3 亿余元。这与文中提到的一个季度 24.3 亿元的盐税收入有很大出入。

第三章　淮北盐场的管理体制

第一节　接管与统一领导机构的建立

一、接管盐场

1948年11月7日，中共淮北盐场特区委员会（简称“淮北盐特委”）和淮北盐场公署从陈家港进驻连云港孙家山，全面接管淮北盐场和原国民党的盐务机关。

1946年年底，中共中央华中分局和苏皖边区政府决定成立淮北盐场特区，并成立了淮北盐特委，对淮北盐场实行党、政、军一元化领导，行政上成立淮北盐务管理局。1947年11月，成立中共华中工作委员会（简称“华中工委”），由华东局管辖，统一领导原苏皖边区的党组织，包括华中第一、第二、第五、第六、第九、第十地委①和两淮（即淮阴、淮安）市委、两淮盐场特委。在成立华中工委的同时，华东局决定成立华中行政办事处，统一领导原苏皖边区政府所辖第一、第二、第五、第六、第九行政区和两淮市政府。苏皖边区政府正式撤销。与此同时，淮北盐特委更名为中共两淮盐特委，淮北盐务管理局扩大为两淮盐务管理局。至1948年10月，两淮盐特委复改名为淮北盐特委，两淮盐务管理局撤销，另成立了淮北盐务公署，直至1949年3月。

淮北盐特委为了强化辖区的地方政权建设，在行政区域设置上，建立了区乡两级政权。先后成立了堆沟、灌东、陈港、新滩、潮河5个区，下辖18个乡和2个镇。盐特委在各区设区委会，区委会下建立党支部。

淮北盐特委（及两淮盐特委）自成立以来一直以杜李为书记，1948年11月

① 第十地委于1948年5月撤销，其原辖地区改属第一、第二地委领导。

接管淮北盐场时，盐特委的成员有孙笃生、刘云、田浮静、朱士俊、滕维刚、胡克强、翟挺、林寿顺、陈英等人，淮北盐场公署的主任为孙笃生，副主任为刘云、朱士俊。

淮北盐特委和淮北盐场公署对淮北盐场和原国民党盐务机关的接管主要包括以下几项：

第一，接收盐滩。中共接收了板浦场、中正场、济南场西半场（原大德、大阜、大有晋、公济四大公司）和青口场（至三洋河部分，其余归山东接管），以及连山、猴嘴、徐圩、洋桥、堆沟5个放盐坨和久大公司的精盐场、大浦盐田，共计2095份盐滩。这样，连同早期解放的济南场东半场，以及中共建立的新滩盐场，淮北盐务管理局共接收盐滩2708份。此外，还接收坨地原盐36万担，麻袋10万余条①。

第二，社会救济。解放战争时期，滩地大多荒废，盐民生活贫困。淮北盐场公署接管盐场后，紧急调运数十万斤粮食救济盐民，不论公滩私滩一律发给一个月的灶粮。对已丧失劳动力的贫困户，按户发给50斤救济粮。对盐场内的船民、码头工等各方均复业，对市民组织副业生产，不能就业的给予救济。盐务局还采取以工代赈，广泛动员灶民整修滩地，挖沟疏河，恢复生产。共调用300万斤粮，使盐民度过1948年寒冬。

第三，留用旧职员。1948年年底，淮北盐场全境解放后，淮北盐特委及时对接收下来的国民党盐管局时留下的部分旧职员和机关勤杂工共617人进行处理。处理的原则是：可以工作又有一定工作能力的，经审查后一律安置留用，给予薪金制待遇；不愿留下工作的，发给路费回家。最终结果是：愿回家的460人，留下的150人；留下人员中，一般技术人员和职员45人，电话工和机修工75人，其余为杂工②。1949年4月25日，中共中央和军委发布《中国人民解放军布告》，其中规定，“所有在官僚资本企业中供职的人员，在人民政府接管以前，均须照旧供职。……凡愿继续服务者，在人民政府接管后，准予量才录用，不使流离失所”③。淮北盐特委与淮北盐务管理局认真贯彻执行，并迅速纠正过去处理旧职人员中的过激做法，专门派人登门造访，又找回旧职员工百余人，为他们妥善安排工作。

第四，维持治安。解放战争时期，济南场是国共争夺的焦点，陇海路东端的板浦场和云台山一带，又是国民党统治最严的地区，敌伪号称是“安全模范

① 《江苏盐业史》编写组：《江苏盐业史》（修订本），江苏人民出版社1992年版，第164页。

② 《江苏盐业史》编写组：《江苏盐业史》（修订本），江苏人民出版社1992年版，第165页。

③ 毛泽东、朱德：《中国人民解放军布告》（1949年4月25日），中共中央文献研究室、中央档案馆编：《建党以来重要文献选编（1921—1949）》，中央文献出版社2011年版，第325页。

区”。因此，新中国成立后的济南场和板浦场及其附近，国民党特务、土匪、地痞流氓以及反动会道门活动猖獗。盐特委遵照苏北区党委1949年4月15日发出的《关于目前治安工作的指示》，决定盐警团不仅要担负武装斗争的任务，还要担负城市和新区公安保卫任务。盐特委决定将盐警团由单一军事斗争调整为军事和行政相结合，把盐警团分为军事和行政两个支队。军事支队负责保卫海防，行政支队负责盐场境内的社会治安。后又将行政支队改为治安科（不久又更名为公安科），并于1949年5月在大浦、板桥、陈家港三地设立治安派出所，负责城镇及非盐工的治安管理。此外，为了对盐场常住人口和流动人口进行管理，从1949年开始，淮北盐务管理局在境内实行人口户籍制度，先后颁布了《户口登记暂行办法》《户籍管理条例》《市政管理制度》《商旅管理规则》等法规①。

二、党委组织的建立

1949年3月，淮南盐场已告解放，华中工委和华中行政办事处为统一两淮盐务，决定撤销中共淮北盐特区委员会，成立“中共两淮盐场特区委员会”，行政上成立“两淮盐务管理局”。1949年4月，经中共中央与华东局批准，成立中共苏北区委员会，领导原属华中工委管辖的党组织，华中工委撤销。原华中第一、第二、第五、第六、第九地委均以地方名称命名，分别改为泰州、扬州、盐城、淮阴、南通地委。两淮盐特委属新建立的苏北区党委领导，机关驻扬州市，后迁至新浦（今连云港市境内）。与此同时，苏北行政公署成立，华中行政办事处撤销，苏皖边区第一、第二、第五、第六、第九行政区专员公署分别改称苏北泰州、扬州、盐城、淮阴、南通行政区专员公署，均属苏北行政公署领导。

两淮盐特委仍以杜李任书记，并兼任局长，孙笃生、陈诚中任副局长。盐特委由杜李、孙笃生、陈诚中、林寿顺、徐潜泰、陈英6人组成。杜李（1916—1991），原名杜志良，化名杜力生、杜李生。1946年年底至1949年9月，他先后任中共淮北盐特委书记、中共两淮盐特委书记，并曾兼任盐警总队政委。他注重群众路线，开办盐务干校，著有《群众观点与群众路线》一书。1949年9月以后，先后由田浮静、刘志俊担任中共淮北盐特委书记。田浮静曾于1948年11月至1950年担任淮南盐务管理局局长和局党委书记。

中共两淮盐场特区委下设淮南、淮北两个盐区委员会和京沪、中原、湘鄂三个总支委员会。1949年5月，中共两淮盐场特区委为了运销工作发展的需要，将各运销局均成立党委。同年9月，中共两淮盐场特区委撤销。

---

① 滕维刚、李向东、许秀章等：《对淮北盐场地方政权沿革的回顾》，中共江苏省盐业公司委员会、中共连云港市委党史工作委员会编：《革命战争中的淮北盐场》，南京出版社1994年版，第329页。

1953年2月，经江苏省委决定，撤销中共淮北盐场特区委，成立中共淮北盐务管理局委员会，归中共新海连市（今连云港市）市委领导。同年11月，为加强市镇建设，新海连市在盐场辖区内成立盐区人民政府。原盐特区管辖盐场境内的各集镇、公安、司法、民政、教育、商业统交给地方政府管理。至此淮北盐场特区政府权力宣告结束。

1954年，淮北盐务管理局下属各场成为独立的经营单位，各场成立场委会，在上级党委领导下专门负责党的业务工作。之后，在淮北盐务管理局及淮北盐业工会分别成立了党组。

为了顺利地开展工作，盐特委在淮北盐场建立了总工会和青年团。1948年11月淮北盐场解放后，部分盐场通过大规模的诉苦运动，在圩一级机构普遍建立了盐业工会组织。1949年9月，在盐特委的领导下，成立了淮北盐区总工会筹备委员会，并在猴嘴进行了典型试验。同时期内，各场又结合冬学布置了“为什么要组织工会”教育，使广大盐工认识到组织工会的重大意义。1950年3月，在新浦召开了盐场首届工人代表大会，通过了淮北盐特区总工会章程，淮北盐特区总工会宣告成立。淮北盐区总工会自成立之日起，就明确了面向生产的方针，在党的领导下，配合行政、围绕生产，进行了一系列的工作。例如，按生产季节的规律性，在各个不同时期提出不同的口号，以促进生产和提高工人的生产情绪。

1949年3月，淮北盐特委决定成立淮北盐区共青团组织筹委会。在1949年的“红五月”，正式在广大青年群众中开展团的宣传工作，在群众中公开建团。同年10月成立中国新民主主义青年团淮北盐区工作委员会。从“红五月”到建立场团委止，共成立31个团支部，吸收了636名团员。1953年6月，召开了淮北盐场第一届团代大会，组成中国新民主主义青年团江苏省淮北盐场第一届委员会。团委在盐特委领导下，配合各项中心任务，成为党的有力助手。

三、淮北盐务管理局

1. 政企合一（1948—1952）

1948年11月至1952年，淮北盐务管理局实行政企合一的运作形式，管理淮北盐场的行政、生产、税收等各项业务，行政属苏北行署领导，业务隶属华东区盐务管理局。

淮北盐场全面解放后，淮北盐场公署随即改组为淮北盐务管理局，下辖灌河、云台两个分局，板浦、中正、济南、新滩4场被重新划分为6个盐场。其中，板浦场改名为台北场（由于在云台山以北），它和新滩场的范围没有变动；中正和济南场进行了调整，中正场的西半场被划为台南场（即云台山以南）、东半场被划为方洋场；济南场在灌河以北的公济、大德、大阜以及大有晋部分公司滩地被划为灌西场，灌河以南的大原、大有晋部分、裕通、庆日新公司滩地被划为灌东场。云台分局辖台北、台南、方洋3场，灌河分局辖灌西、灌东、新滩3场。

1949年3月，随着淮南盐区的解放，淮北盐务管理局改组成立两淮盐务管理总局，迁往扬州办公，领导江苏省境内全部盐场的生产和运销工作。云台、灌河分局一并撤销。两淮盐务管理总局下设淮南、淮北两个盐务管理局和淮盐京沪、中原、湘鄂3个运销管理局。其中，淮北盐务管理局驻新浦，直辖6个盐场，另设立云台、灌河两个办事处，负责办理圩盐入坨工作以及坨务、运输业务。

1949年8月，两淮盐务管理总局迁至上海办公。同年10月，为统一华东盐政，以原两淮盐务管理总局为基础，组建华东区盐务管理局。并由华东财政部部长陈国栋兼任局长，杜李、孙笃生任副局长。两淮盐务管理总局同时撤销。华东区盐务管理局下设淮北、淮南、山东、浙江4个盐务管理局和上海、南京、徐州、靖江4个运销局，以及上海市袁浦盐场办事处。

华东区盐务管理局成立不久，根据“产税统一，运销分开”的方针，成立中国食盐公司华东区公司，陈诚中任总经理。淮、浙所产的盐归华东区公司统一运销。华东区公司与华东区盐务管理局是平行机构。与此同时，徐州运销局改组成立中国盐业公司华东区公司淮北场办事处。在扬州、南京、盐城、皖北设立盐业分公司，有的市、县设支公司。中国盐业公司淮北盐场办事处由中国盐业公司华东区公司直接领导，内分保管、运输、人事、会计等股及文书、事务两室，外辖猴嘴、陈港、徐圩、八滩4个分处，有干杂人员160人，主要业务为运盐接济华东、中南两大行政区，供应各级中盐公司的销售额，以及附带供应近场各县民食。

1950年前，淮北盐务管理局下设场产、运销、会计、粮食、工程等科，各场设立管理处，负责进行生产领导事宜。1950年4月，华东盐务管理局为了实行生产与行政分开管理的原则，成立淮北制盐公司，负责淮北各盐场的生产。各场设场公司，下辖各圩务所。圩务所直接领导各生产小组进行生产，每一圩即为一生产小组。1950年9月，淮北制盐公司奉令改为场产处，直属淮北盐务管理局领导，原各场公司改为各场管理处的生产科，圩务所属管理处领导。

1950年，淮北盐务管理局下辖6个盐场管理处、34个圩务所（图3-1）。

2. 企业单位（1953—1957）

1953年至1957年，全国进入经济建设时期，淮北盐务管理局从政企合一的机构变为单纯的工业企业，先后归华东区盐务管理局、盐务总局领导。

1952年6月，中央财政状况稳定后，中财委决定将财政部盐务总局及其所属

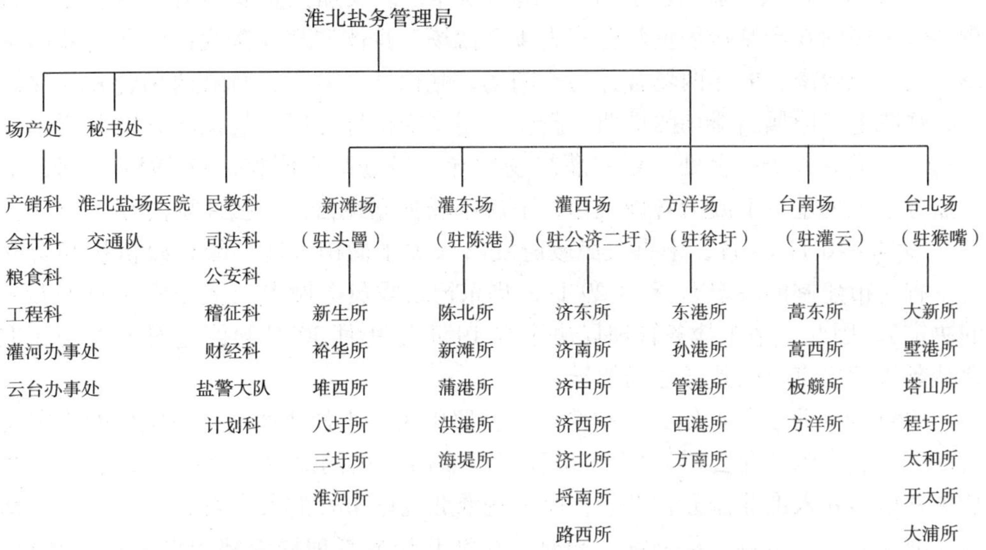

图 3－1　淮北盐务管理局 1950 年组织系统图

资料来源：根据《关于淮北盐场一般概况介绍》相关内容制成，江苏省档案馆藏档，全宗号 4119，永久，案卷号 31。

机构成建制地划归轻工业部领导，标志着盐业管理从以财政税收为主转向以发展生产为主。中财委要求，“中央财政部所属之盐务总局及其所属各级机构，其工作内容不变，干部不动，全套移交轻工业部（中央与地方双重领导关系不变）”；“盐税任务，按照中央规定数字，由中央轻工业部代中央财政部征收”；“盐务总局所属企业之固定、流动资金及各级机构之一切财产，……分别移交中央轻工业部及大区工业部”；“盐务总局与中央贸易部所属之中国盐业公司业务关系照规定不变”①。1952 年 7 月 1 日起，原属华东军政委员会财政部领导的华东区盐务管理局，奉令移转华东军政委员会工业部领导。

1952 年 11 月 15 日，中央人民政府委员会第 19 次会议通过了《关于调整省、区建制的决议》，决定“成立江苏省人民政府，并于该省人民政府成立后，撤销苏北人民行政公署、苏南人民行政公署。现属山东省、安徽省原为江苏省旧辖之地区，均划回江苏省属”②。1953 年间，江苏建省，在战争期间划给山东地区的新海连市（今连云港市）仍划回江苏省管辖，淮北盐特区撤销，淮北盐场由新海连市接管。至此，淮北盐务管理局成为专管生产与经营的工业企业。

① 丁长清、唐仁粤主编：《中国盐业史》（近代 当代编），人民出版社 1997 年版，第 377 页。

② 《关于调整省、区建制的决议》（1952 年 11 月 15 日中央人民政府委员会第 19 次会议通过），《人民日报》1952 年 11 月 17 日第 1 版。

1953 年 12 月，为了便利生产管理与领导，以及加强企业经营，淮北盐务管理局将下属的 6 个制盐场重新合并为 4 个盐场。具体调整办法为：台北、灌西两场不动；原台南、方洋两场合并为台南场，驻徐圩；灌东、新滩两场合并为灌东场，驻陈港。原属新滩场的堆西、新生、裕华 3 个圩务所，与该场其他 3 所远隔淮河，特成立一个办事处，划归灌东场领导。经过此番调整，自 1954 年起，淮北盐务管理局基本上改为管理机构，下属各场独立经营，单独计算盈亏。

1954 年 6 月 19 日，中央人民政府发出《关于撤销大区一级行政机构和合并若干省、市建制的决定》。8 月 29 日，华东行政委员会做出《关于停止对外办公的决定》。因此，华东盐务管理局决定自 1954 年 9 月 30 日起停止对外办公，淮北盐务管理局直接归盐务总局领导。

1954 年 5 月实行产销合一政策后，遵照中央关于盐业产销统一领导的决定及盐务总局、中国盐业公司 1954 年局长经理联席会议的决议，中国盐业公司淮北盐场办事处并入淮北盐务管理局。原中盐淮北场办事处的人事科、秘书科，分别并入淮北局的人事科、秘书室。同时，在淮北盐务管理局内部增设储运、销盐、运销财务三科，专责掌握自圩盐驳坨起至包装运输及税收等工作，作为全场运销业务的领导机构。原盐务行政科的销盐、驳运、税收、搬运工作，分别划归储运、销盐、运销财务三科，场内缉私工作划归经济保卫科，场商管理工作划归秘书室。江苏省内销区各盐业运销分、支公司划归商业部门领导。

原云台办事处与中盐淮北场猴嘴分处合并为云台办事处，作为管理局派出机关，下设坨务、财务、秘书、包装运输、搬运等股站，并兼管徐圩坨务及搬运业务，负责台南、台北两场的圩盐驳坨包装运输及税收、财会等业务。另在陈港设立灌河办事处，内部设立秘书、财会两股，负责领导陈港坨务股、包装运输股、（原中盐分处）陈港搬运站，头罾运销站、头罾搬运分站、燕尾坨务股、包装运输股、（原中盐燕尾分处）燕尾搬运站，办理灌东、灌西两场圩盐驳坨，包装运输及税收财务等业务①。

经过调整后的淮北盐务管理局，内部组织系统趋近完善，下辖台北、台南、灌西、灌东 4 个盐场管理处、30 个圩务所，云台、灌河两个办事处，此外还设有交通队、大浦工具厂和淮北盐场医院（图 3－2）。

1955 年 2 月，淮北盐务管理局将运销机构予以调整与合并，结果如下：原储运、销盐、运销财会三科合并成立运销科；原灌河办事处撤销，另行成立陈港、燕尾、头罾三个运销栈；云台办事处、新海转运站、连云港转运站，仍保持原建

① 淮北盐务管理局：《淮北盐务管理局运销机构组织方案（草案）》，江苏省档案馆藏档，全宗号 4119，永久，案卷号 65。

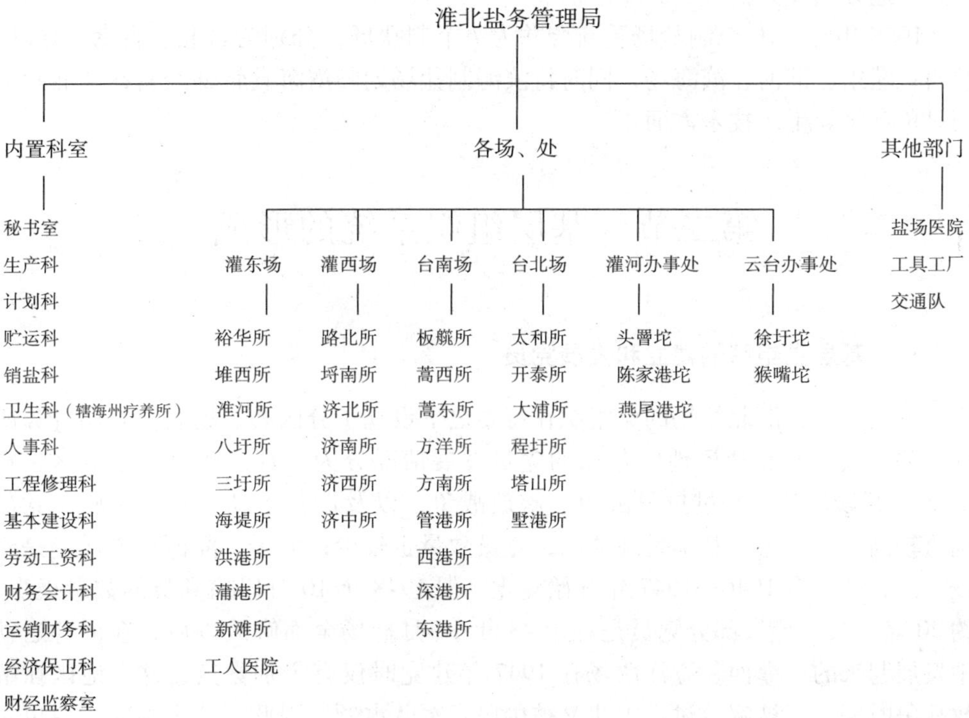

图3－2　淮北盐务管理局1954年行政组织系统图

资料来源：根据《淮北盐务管理局行政组织系统表》制成，江苏省档案馆藏档，全宗号4119，永久，案卷号66。

制不动，另成立徐圩运销栈。

1955年，淮北盐务管理局改名为淮北盐务局。为改革内部组织机构，淮北盐务局建立局、场、工区三级管理体系，划小盐场范围，把原来的四大盐场划分为10个制盐场，分别为第一至第十制盐场，并撤销了圩务所一级机构，改设工区。1955年，淮北盐场共有285个小工区，至1957年，发展为87个大工区（第七制盐场除外）。

四大盐场的划分情况是：台北场分为第一制盐场（驻猴嘴）、第二制盐场（驻塔山二圩）；台南场分为第三制盐场（驻板艞镇）、第四制盐场（驻马二份）、第五制盐场（驻徐圩镇）；灌西场分为第六制盐场（驻大阜二圩）、第七制盐场（驻公济二圩）；灌东场分为第八制盐场（驻陈家港）、第九制盐场（驻淮河八圩）、第十制盐场（驻新生二圩）。

1956年7月，盐务总局发出了《关于盐务工作基本情况和今后意见的报告》，指出各级盐务机构都应贯彻双重领导的关系，并按业务性质的不同情况，确定以中央主管部门或地方为主领导；对属于国营企业的单位，以轻工业部领导为主，地方领导为辅①。

1958年春，10个制盐场重新合并为7个制盐场，分别为台北、台南、徐圩、灌西、灌东、淮河、滨海场，同时将滨海制盐场划归滨海县管辖经营，淮北盐务局只负责领导生产技术方面。

第二节 基层组织系统的形成

一、基层党组织的建立和发展党员

解放初期，淮北盐场的党组织在特委之下设立了分区委、场委、基层圩务所党支部三级。淮北盐场地区各场的党员发展情况分为三种：新滩场是老区，自1945年开始建党，经过抗日战争、解放战争，以及诉苦运动等斗争考验，党员觉悟较高，党的组织基本是纯洁的，党员数量也较少；灌东、灌西、方洋场是新恢复区，灌东自1946—1947年开始建党，但1948年10月以前党员的数量极少，约20名，其余绝大部分党员是在1948年10月盐场全面解放以后，在诉苦运动中发展起来的，灌西、方洋两场在1947年建党时仅有个别党员，这个地区在解放战争时期一度被解放过，很快又被国民党军队占领，因此，这个地区主要也是从1948—1949年淮北盐场全面解放后，经过诉苦运动与生产运动而开始建党的；台南、台北场是新区，自1948—1949年的诉苦运动与生产运动中开始建党②。

至1951年11月，淮北盐特区党员发展的基本情况是："淮北盐特区现有党员1317人，部队党员在内，1945年8月以前的党员151人，1945年9月至1948年10月党员280人，1948年10月至现在党员886人，全场区现有正式党员1162人，候补党员155人，分布在圩下的党员计664人，场以上机关党员355人，部队党员104人，市镇党员294人。全场区共有支部6个，机关支部13个，盐圩支部34个，市镇支部8个，连队支部5个，全区共有230组。"③ 按盐场划分的话，新滩场党员计153名；灌东、灌西、方洋三场党员计560名；上述三种地区中，新恢复区与新区发展党员最多，要占到全场党员半数以上。1951年淮北盐

① 盐务总局：《关于盐务工作基本情况和今后意见的报告》，江苏省档案馆藏档，全宗号4119，永久，案卷号112。

② 中共淮北盐特委：《关于整顿党的基层组织工作计划（草案）》（1951年11月2日），江苏省档案馆藏档，全宗号4119，长期，案卷号12。

③ 中共淮北盐特委：《关于整顿党的基层组织工作计划（草案）》（1951年11月2日），江苏省档案馆藏档，全宗号4119，长期，案卷号12。

场全部职工人数是11308人，党员人数所占比例为11.65%。

党员的大量发展，促使淮北盐特区开展一场整党运动，从而提高党员的政治思想水平，纯洁党的组织。

淮北盐场的整党运动是在全国整党运动的背景下进行的。中共夺取全国政权前后，在各老解放区以及新解放区的部分地区和城市，大规模地发展党员，党员人数在短时间内迅猛增加。新中国成立后，中共党员数量达到540万，其中新党员有200万左右，仅1949年入党的新党员就有140万人①。为纯洁党的队伍，1950年下半年进行了一次整风运动。在整风的基础上，1951年2月，中共中央政治局召开扩大会议，决定从1951年下半年开始，用3年的时间进行一次整党运动。同年3月，中共中央召开第一次全国组织工作会议，通过了《关于整顿党的基层组织的决定》。会后，全国各地普遍开展了整党整风工作，至1954年春结束。

1951年11月2日，中共淮北盐特委制订了《中共淮北盐特委关于整顿党的基层组织工作计划（草案）》，其中要求从1952年春至1953年春逐步完成党的基层组织整理工作。这项计划指出，整党的方针和要求是：贯彻党中央的整党方针，清洗党内坏分子，勉励好党员，教育改造落后党员，巩固淮北党组织。工作步骤是：先做好训练干部和典型支部试验这些准备工作，再普遍推广，通过教育、学习、讨论、审查等方式进行整党②。

实际上，淮北盐场的全面整党集中在1952年冬至1953年春，取得的成果是："清除了坏分子38人，占原有党员（972）3.8%；劝退（包括自动退党）了自私自利消极落后，不够党员条件而又不可教育的落后分子28人，占原有党员2.88%；受党纪处分的39人，占原有党员4.01%；取消候补党员资格的23人，占原有党员4.94%，占候补党员（45）47.9%，……整党后初步建立了党的组织生活、制度及党课制度。"③

在这一基础上，1953年8月，中共淮北盐场委组织部要求加强支部工作，以巩固整党成果。该组织部指出，目前党组织的工作存在很多问题，例如，对党员只使用不教育，放弃支部领导，忽视支部作用；组织部门没有建立正常业务工作，场委工作重点在生产而不在党务；党的活动有过紧过松的现象，内容老一套。要加强和改善支部工作，需要做到：充分重视；健全支部组织培养支部领导核心；逐步提高业务水平；进行典型实验；订立各项切实可行的制度，如定期汇报制度。

---

① 《50年代初期的整风整党运动》，http：//www.cctv.com/specials/80zhounian/sanji/lssk060724.html.

② 中共淮北盐特委：《关于整顿党的基层组织工作计划（草案）》（1951年11月2日），江苏省档案馆藏档，全宗号4119，长期，案卷号12。

③ 中共淮北盐场党委组织部：《关于加强支部工作——巩固整党成果的意见》（1953年8月19日），江苏省档案馆藏档，全宗号4119，长期，案卷号26。

经过整党，淮北盐场在发展党员方面更有计划性、程序上更为完善。1953年5月，中共淮北盐场委员会组织部制订了《关于建党工作计划（草案）》，其中提出：在圩下工人中发展新党员暂规定发展8%（连现有党员在内，包括所干党员在内），在发展中要照顾到空白圩，求其平衡；机关发展党员的对象主要以青年团员及经过各种运动考验的干部为主，根据中央指示在一年内（1952—1953）在机关青年团员及其他优秀分子中按发展新党员手续吸收20%入党；1953年分两批吸收，春扫结束发展一批，年底吸收一批。在发展新党员的过程中，对入党积极分子进行严格的政治审查，并严格履行入党手续。

至1956年，全场共有职员1300人，固定盐工6273人。其中，共产党员1069人，占全场职工总数的14.1%；青年团员1948人，占全场职工总数25.7%①。

在整党过程中，有些场偏重于整党，放松了对生产的管理和重视，甚至在生产工作上形成无人负责的自流现象，以致无法完成生产任务，极大地影响了生产。以灌东场为例，1953年1月，“该场在纳潮蓄水方面，只完成春产所需水量的37%，盘卤完成计划任务52%，推广先进经验工程完成计划任务70%，产销仅完成任务8%，这一情况，与冬季生产工作要求，尚有很大的悬殊。目前至春节仅有一个月时间，如不迅速扭转这种情况，将无法完成春产准备工作，准备工作完不成，五三年的生产任务将不堪设想，这是我们当前生产中最大的危险”②。为此，中共淮北盐场委要求各级党委“切实做到整党生产两不误”，这是对当时过分强调整党所进行的一次纠偏。

二、基层干部的培养

除了留用原国民党盐务管理局的旧职员外，淮北盐特委还从党团、行政等机关以及盐工群众中大量提拔培养干部，以充实管理队伍。淮北盐场特别重视从盐工中选拔干部。1951年10月，淮北盐场特区总工会第一期工人干部学校开学。盐场用“以工代干”的办法，使优秀工人成为基层干部，有的后来还走上中层领导岗位，充实了干部队伍，改变了干部结构。

至1951年7月，淮北盐场共有干部914名，具体情况是：从级别上看，党政工团相当于科员以上者150人，一般327人，共477人，生产上科员以上者127人，一般310人，共437人；从文化水平上看，初中以上水平430人，高小

① 叶志俊：《国营淮北盐场工作情况报告》，江苏省档案馆藏档，全宗号4119，永久，案卷号112。

② 中共淮北盐场党委：《对春产前生产准备工作的紧急指示》（1953年1月13日），江苏省档案馆藏档，全宗号4119，长期，案卷号26。

以下水平484人；从伍龄上看，土地革命时期担任职务的为1人，抗战时期138人，解放战争时期660人，中央人民政府成立以后115人①。

由于干部队伍建立不久，在整体素质和管理调配上都存在着很大问题：

一是数量少。据1951年6月份的统计，淮北盐场“尚缺区级干部16人，乡级干部69人，一般干部168人，共253人（分为行政94人、生产100人、企业49人），由于干部缺乏，任务繁重，机构不全，兼职太多，致形成工作忙于应付，难于系统的研究与提高，使在执行党的工作任务中发生了一定的困难，和遭受某些损失”②。在绝对数量的缺乏之外，干部不敷使用的另一个原因是接管初期，管理制度尚未健全，其他工作人员在业务上不能配合。

二是素质低。由于业务发展的需要，干部人数逐渐增加，干部队伍中的贪污腐化、婚姻纠纷、知识水平低以及政治觉悟低等现象逐渐暴露出来，引起了上级的重视。

三是管理不力。在调配管理干部方面有以下几种偏向：调出干部存在本位观点，不愿调好干部出去，要干部则要求高；愿使用顺手干部，缺乏整体观念，有些能力较差的干部则被推来推去，影响干部情绪及多方面关系；某些老干部思想上存在一种狭隘观点，对某些旧人员与新知识分子抱有歧视观点。

特别是针对最后两个问题，受当时如火如荼的整党运动和镇压反革命运动的推动，淮北盐场制订了1951年下半年的干部整风运动计划，要求吸收初中文化水平以上的知识青年和工农干部，裁撤蜕化干部，加强干部教育和培养，达到充实干部队伍、健全组织的目的③。

为培养称职的干部，在淮北党委的领导下，淮北盐场从1951年起至1953年止，先后共举办过10次短期干部训练班。训练班的种类分党训班、整党建党训练班、工会干校、团训班、计划统计训练班、基建训练班、医务训练班及基层干部训练班等，共抽训1743人次（因有些人重复受训）。其中，参加整党建党训练的432人次，工会业务训练的136人次，团训的219人次，基建训练的118人次，计划统计训练的203人次，医务训练34人次，基层干部训练包括基层小组长448人次以及所长一级干部153人次。从年份统计上来看，1951年训练418人

① 中共淮北盐特委：《下半年组织工作计划》（1951年9月14日），江苏省档案馆藏档，全宗号4119，长期，案卷号12。

② 中共淮北盐特委：《下半年组织工作计划》（1951年9月14日），江苏省档案馆藏档，全宗号4119，长期，案卷号12。

③ 中共淮北盐特委：《下半年组织工作计划》（1951年9月14日），江苏省档案馆藏档，全宗号4119，长期，案卷号12。

次，1952年训练546人次，1953年训练779人次（调上级机关训练的除外）①。

训练班的抽训对象，以一般干部为主，股、所长为辅，各期训练内容各有不同，均系根据单位要求以及党的各个时期中心工作需要，制订教学计划。原则上是做什么学什么。但是在不同时期训练内容有所侧重。1951—1952年的训练以整党及业务技术为主。1953年的训练以总路线、集体生产组、小组领导方法等作为学习中心，结合联系实际检查工作，批判资产阶级思想等。

训练时间为一个月左右，由党委书记、部长、局长分别作政治报告，各业务课程按计划由业务部门负责，被调学员单位派场委、所长、股长负责带队，组织日常学习讨论。同时，临时抽调适当干部负责学员政治、思想领导及行政管理工作。

训练期间，凡脱产干部训练经费皆由学员原供给单位报销，基层盐工小组长（包括生产组长和工会组长）在训练期中仅补贴伙食、差旅购置及其他等费用。

由于领导上的重视，每次所开班的训练班，基本上是有较周密的计划和有专人负责，同时能按照训练要求业务政治水平、学员文化程度，做好教学计划及有关准备工作（如编班、教材时间安排、房屋用具、行政管理等），一般均能按预定计划进行。

但在这三年的干部训练工作中，也存在一些缺点。最主要的“是缺乏计划性，无长远打算，要训练就‘火烧眉毛’一般的紧急，训练过了又什么机构也没有了，下次训练再讲下次的话”②。其次，每次训练受生产季节性的限制，时间短促，要求较高，课程内容复杂，而学员水平不一致、接受能力不同，造成不少学员对学习内容不能完全理解。再次，在抽调干部训练工作中，也有选调学员不慎的现象。

1953年以来，随着全国大规模经济建设的开展，盐务总局开始重视干部的培训工作。1953年8月，盐务总局在天津开办干部训练班，抽调各地干部进行训练，到1955年5月底共举办4期，培训生产、运销、财会、计统等专业干部484人。1956年3月，在干部训练班的基础上，成立了轻工业部盐务总局干部学校，设生产和运销两个专业，抽调在职干部培训15个月，共培训学员200人③。

这个时期内，淮北盐场也开始了新一轮的干部训练。1953年10月，淮北盐场制订了《干部培养五年训练计划》。这个计划要求，从1954年起，由上级训练101人，包括局长级及同等干部7人，科场长及其相当于这类干部的计68人，高级工程医卫技术人员计26人。由淮北盐务管理局训练的有四批干部：一是科员、

---

① 淮北盐务管理局：《淮北盐场三年来干部训练工作的情况报告》，江苏省档案馆藏档，全宗号4119，永久，案卷号50。

② 淮北盐务管理局：《淮北盐场三年来干部训练工作的情况报告》，江苏省档案馆藏档，全宗号4119，永久，案卷号50。

③ 丁长清、唐仁粤主编：《中国盐业史》（近代 当代编），人民出版社1997年版，第453页。

股长、所长共232人，1954—1956年间，每年春季办一期训练班，训练时间为2～3个月；二是一般工作人员及办事员计978人，1954—1957年每年抽春寒空隙开办一期，时间1～2个月；三是中低级工程医卫人员和工程技术人员，其训练方法可采取会议形式，时间为20天或一个月；四是生产、工会的正副组长，据工会4月份统计，组长为698人，生产组长（正职）363人，共计1061人，从1953年冬到1955年冬这个时期内开办训练班，每期200～210人，训练时间为30～45天①。干部训练班从政治与业务两个方面对各级干部进行教育和培训，在很大程度上提高了干部素养，对盐业生产和管理有很大裨益。

第三节　生产管理体系的建立

一、小组长负责制

1955年以前，淮北盐场的生产管理形式是管理局—盐场—圩务所—生产小组四级管理体系。

盐场管理处直接管理盐场各项事务，根据台北盐场管理处1951年1月份拟订的工作职责制度，台北场设有正副场长、生产科以及场产、会计、民教、公安、财经、稽征等股。其中，正场长负责对上对外行文，对下通知指示行文，负责有关原则性、政策性、全面性与解决重大问题，行政制度的更改，必须通过正职；副场长负责对内业务，掌握股一级干部思想情况，检查督促各股工作，对下负责发放灶粮、工具、担头费等行文，以及各种报表的审核盖章。管理处实行会报制度，具体安排是：每月由场长召开一次场务大会，总结与布置工作；每半月由主管召开处务会议，回报工作与研究贯彻工作；每七天由股长召开服务会议，讨论工作；必要时，场长可以召开临时场务大会或处务会议，股长可以召开临时股务会议②。场务所一级，形式上是基层管理机构，但因干部人员缺少且素质不高，管辖的地区较为分散，很难起到应有的作用。

在这种情况下，生产小组成为最基层的生产单位。淮北盐场解放后，组织改革中的一项重要措施是，在生产管理上取消了掌管制度、取消少数单干滩，整顿和加强集体生产组，并扩大为生产小组，实行小组长负责制。每个小组分别配备

① 淮北盐务管理局：《干部培养五年训练计划》（1953年10月20日），江苏省档案馆藏档，全宗号4119，永久，案卷号50。

② 淮北盐务管理局台北盐场管理处：《台北盐场管理处工作职责制度》（1951年1月份拟订），江苏省档案馆藏档，全宗号4119，永久，案卷号35。

生产、工会小组长，这里所说的小组长负责制，指的是生产小组长负责制。一个小组通常由三至五份滩组成，每份滩配备正、副领滩手（即作业班长）。

小组长的产生，是由小组内选举政治可靠和技术较好的盐工担任，最后由上级批准。小组长必须具备以下条件：生产上有技术，有经验；生产积极，历年产量居于圩内上四户；善于推动别人，有一定的领导方法，为群众所拥护者。

小组长的职责与权利包括：（1）每5天向圩务所报告一次产盐数字及生产情况；（2）定期召开生产研究会，研究滩上所产生的缺点及克服办法；（3）掌握本小组内的生产业务指导，与工会小组长共同保证有关制度的实行；（4）头、二等盐分廪的掌握；（5）领付工具签席及其他器材用物；（6）传达圩务所对生产的要求，并设法贯彻；（7）领导本小组进行纳潮、生产、修滩、排淡等一切工作；（8）有关生产上的一切事宜，盐工必须通过组长；（9）领导上有问题也必须通过组长，再向下传达。当时喊出的口号是“一切通过组长”①。

小组长是盐场生产管理上的有力助手。每个小组有30～50个固定工人和短期工人，每个小组每年的生产任务是3500吨盐左右。由于小组长与其他盐工劳动在一起，生活在一起，能以实际行动去带动盐工、督促盐工，加上小组长的生产技术对盐质的决定性影响，因此，小组长在保证小组完成生产任务上所起的作用，是非常大的。

虽然小组长在淮北盐场的生产过程中扮演着如此重要的角色，但实际上小组长并不是脱产干部，既要负责自己的工作，又要负责全组的生产管理，这是一种没有报酬的义务责任制，由此可见盐场企业管理的薄弱。小组长往往因工作需要占用了自己生产的时间，却又得不到补偿。在这种情况下，有些小组长难免产生消极情绪。为解决这个问题，盐场的党组织首先从思想上对小组长进行教育，另外还根据实际情况，采取措施，保证小组长的生产时间不受影响，并给予一定的津贴，从而使小组长负责制得到巩固。

二、一长制的短暂变革

1955年，淮北盐务局对内部组织结构进行了改革，建立了管理局—制盐场—工区三级管理体系，实施生产区域管理的一长制。作为一种企业领导制度，顾名思义，一长制就是企业行政主要领导人（即厂长），对企业活动完全负责的制度。具体地讲，厂长是企业工作的最高权威，企业的生产、管理、财务等事宜全部由厂长负责。

中国的一长制是从苏联搬过来的。列宁最早提出把一长制作为社会主义国家

---

① 淮北盐务管理局：《关于淮北盐场一般概况介绍》，江苏省档案馆藏档，全宗号4119，永久，案卷号31。

的一种企业管理制度。俄文中的“一长制”，原义为“单一指挥制”或“一个头负责”。一长制最先在新中国成立初期的东北地区及其他少数地区和工矿企业实行，1953年下半年以后在全国推行。一长制的实行对于加强企业管理，建立有效的生产和行政系统都有积极的作用。

淮北盐场改革为一长制的原因是为了避免四级管理体系的弊端，摆脱党委对生产的过多干预，以及提高工作效率。1956年8月，中共淮北盐场管理局委员会书记兼淮北盐务局局长叶志俊在全国盐务会议上的报告中指出，改革以前，淮北盐场“组织制度混乱，多头领导，分工不清，职责不明，以致造成严重的无人负责现象”，具体表现在：

> 组织机构架床重叠，干部配备上头重脚轻。……这四级组织之间，没有明确的分工和职责范围，形成一般化的领导，实质上就等于农村当中的县、区、乡、村一样。在工作制度上是很混乱的，如局、场两级，当时都是独立的经济核算单位，同样都管生产、基本建设、运销工作，因此形成领导没有重点，工作重复。……在干部配备上，全区1300个脱产干部，管理局一级530个，场一级500个，所一级270个，小组一级没有脱产干部，这种情况就造成了头重脚轻，执行能力弱，很多指示、决议没有办法真正贯彻到群众中去，就使我们的工作产生了严重的形式主义。
>
> 在管理上，从上到下是党委一揽子领导，党委的领导没有重点，这样就妨碍了行政管理的加强和责任制度的建立，也妨碍了问题的及时解决，更妨碍了行政管理干部的积极性和责任心，这就造成了我们在企业管理上的严重的无人负责的混乱状态。同时党委也整天纠缠在琐碎事务当中，因而也就不能主动地、计划地加强党对各方面工作的领导和加强党的政治思想工作，也就削弱了党对生产工作的保证监督作用。
>
> 在行政生产的管理上，正副职之间、各个职能部门的互相分工不清，职责不明，上下左右关系混乱，因此，形成多头领导，指挥紊乱，大家都管理生产，大家都不负责任。
>
> 由于以上等等，加上我们在领导方法上、工作作风上，习惯于一般的行政管理，习惯于运动化、突击化的工作方式，因而我们在企业管理上，就好像一部转动不灵的机器一样，指挥不灵，上下脱节，纪律松弛……①

改革的主要内容是，把管理局领导的4个场划成10个制盐场，在各制盐场下面，撤销场务所，把原来的小组进行调整合并成工区，每个工区配备专职的工

---

① 叶志俊：《国营淮北盐场工作情况报告》，江苏省档案馆藏档，全宗号4119，永久，案卷号：112。

长。管理局是一个独立的工业企业，进行经济核算，并把原来各场管理的基本建设和运销工作，统一集中到管理局，由管理局统一管理；各制盐场是制盐车间，它的任务是制盐；工区是最基层生产组织。这就相当于把原来属于各场、特别是属于生产小组的职责权限全部集中到管理局手中。

经过这些改革，一方面，简化了组织机构，充实了基层，加强了对工区的管理，使直接管理生产的干部从组织改革前的156人增加到350人。另一方面，明确了管理局局长、各制盐场场长、工区工长，是各级行政生产上的领导者；重新调整了各职能科室，划分了各职能部门的职责范围和上下左右的关系，并明确他们是领导的参谋；还建立了职工个人岗位责任制。此外，还明确划分了党、政、工、团的职责范围。

1955年9月，淮北盐务管理局制定了《淮北盐务管理局所属各制盐场职务专责暂行条例（初稿）》，规定"制盐场是企业的生产管理单位，其主要任务是保证完成企业所交给的产量、质量、车间成本等任务。根据技术规程（包括技术、安全），进行生产海盐和盐副产品。为了完成这项任务，各工区、扬水站及场的职能部门，在场长领导下，保证均衡地全面地完成与超额完成生产任务，充分利用设备能力，不断地提高劳动生产率"①。此项条例设计了甲、乙、丙三种机构组织形式（图3-3），各场可参考采用：

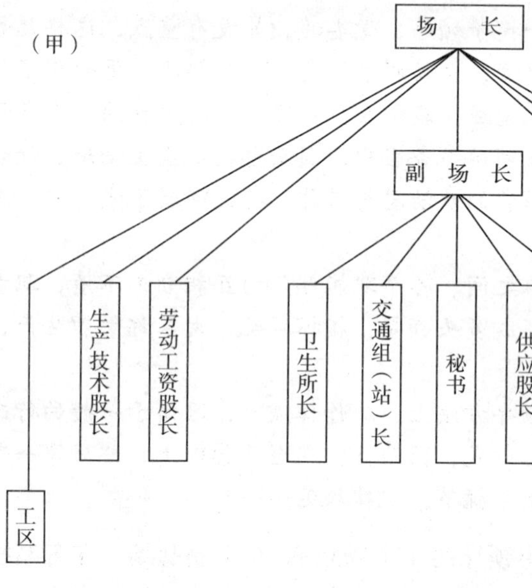

① 淮北盐务局：《淮北盐务管理局所属各制盐场职务专责暂行条例（初稿）》，江苏省档案馆藏档，全宗号4119，永久，案卷号91。

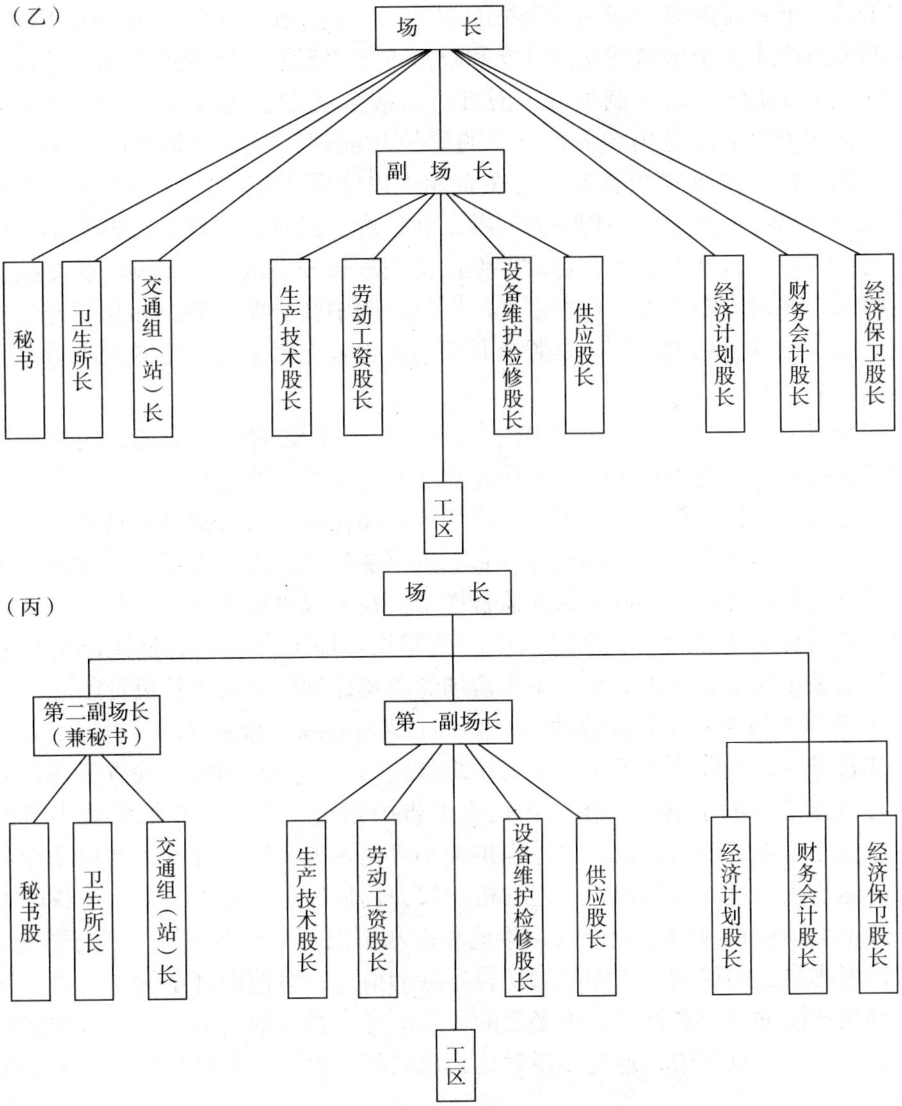

图3－3　1955年淮北盐务管理局所属各制盐场组织形式

在盐场之下，加强对工区的组织管理。工长到工区以后，立即建立三种制度：一是考勤制度，二是作业计划，三是原始记录和报表制度。这些制度在过去几年始终流于形式，设立了工长以后，就真正地建立起来了。按制度要求，各工区首先通过每日的报表，工长、技术工人每天晚上进行研究，发现问题及时解决；通过订立作业计划，有计划地主动地安排第二天的工作，使每个工人能够有计划地主动地去进行操作；考勤制度建立后，工人的出勤率也提高了。

这次组织改革虽然取得了一定的成绩，但由于过于强调一长制的作用，从而相对削弱了或者是模糊了盐场党组织的领导，这就引起了党组织的极度不满。在一长制的推行中，类似忽视党的领导和政治工作的现象在其他地区和企业内也普遍存在，从而制约了这一制度的全面推行，甚至使之遭受批判。1956年中共第八次全国代表大会决定用党委领导下的厂长（经理）负责制取代一长制。党委领导下的厂长（经理）负责制，是在企业中以党委为核心的领导制度，党委是企业的领导核心，企业的一切重大问题，如生产、经营、行政、后勤等都由党委集体讨论决定，日常的生产和行政工作由正副厂长分工负责，正副厂长要接受党委的指示，并向党委负责。这种制度的实行，同中共长期强调一元化领导、突出基层党组织领导一切的地位，是紧密联系的，也就导致了企业中党政不分、权责分离的缺陷①。

1956年，淮北盐场各级党组织由上而下召开了党的代表大会，通过开展批评与自我批评，认真检查了党的工作。在淮北盐场第一次党员代表大会上，对当前生产进行了讨论，提出保证五年基建任务四年完成，大力提高产盐质量，进一步改善职工劳动条件和生活福利等号召。更重要的是，大会决议加强党的集体领导，发挥党对各方面的领导和保证监督作用。在上级党委领导下，盐场党委及时指出了“片面夸大推行一长制的作用”的错误。1956年，一长制刚刚推行了一年左右就被废除了，并由此确立了在盐场党委集体领导下的场长负责制②。

1957年4月4—28日，劳动部、食品工业监察局、盐务总局、全国盐业工会与淮北盐务管理局联合组织了三个工作组分驻四、七、九场重点检查工作，并到其余各场作了一般了解。工作组在检查报告中指出，应进一步加强对小组的领导，减少小组不必要的会议，并适当扩大小组的权力，以充分发挥其机动性和积极性。这份报告进一步指出，小组的机动权力仍显过小，有再扩大小组权限的必要，使他们能够在滩地比较分散、滩地和卤水情况不同的条件下，便于主动地、积极地考虑自己的问题，从而采取切合实际的措施；对他们规定的会议也必须减少，性质相同的可以合并开，不必要的可以不开；场对他们更进一步地加强督促检查，并在检查过程中，通过座谈对比，总结经验教训，据以指导下一步的生产工作③。

---

① 孙铁：《党的知识探源》，哈尔滨出版社1996年版，第86-87页。党委领导下的厂长（经理）负责制曾在我国企业发展过程中的两个时段内推行：一是从1956年中共八大开始到“文革”开始前，二是从1976年粉碎“四人帮”开始到1984年中共中央决定在企业中实行厂长（经理）负责制。

② 中共淮北盐场党委：《淮北盐场简史（草稿）》，江苏省档案馆藏档，全宗号4119，永久，案卷号151。

③ 劳动部、食品工业监察局、盐务总局、全国盐业工会、淮北盐务局联合工作组：《关于淮北盐区当前工作检查报告》（1957年5月3日），江苏省档案馆藏档，全宗号4119，长期，案卷号90。

第四章　资产的接收、整理与改造

第一节　生产资料的国有化

一、盐场滩地产权的处理

盐滩之于盐民，就像农田之于农民，淮北盐场生产资料国有化的过程实际上就是解决土地所有权问题，也就是盐场滩地的国有化。中共 1948 年接管淮北盐场以后，针对不同性质的盐滩分别采取了没收、代管、收买、租营、代营等方式进行处理。到 1954 年，淮北盐场的绝大多数滩地的所有权逐步转变成国有性质。

1946 年 5 月 4 日，中共中央发出了《关于土地问题的指示》（即“五四指示”），以解决解放区的土地问题。其中规定，“集中注意力向汉奸、豪绅、恶霸作坚决的斗争，使他们完全孤立，并拿出土地来”；“没收和分配大汉奸土地”①。

1949 年 4 月 25 日，中共中央和军委发布《中国人民解放军布告》，其中规定了处理民营资本和官僚资本的办法。布告规定，对于民族工、商、农、牧业采取保护政策；对官僚资本予以没收，凡属国民党政府和官僚经营的工厂、商店、银行等均由中共当局接管②。

在淮北盐场，最重要的资产就是滩地。盐场生产盐，必须沿着海岸线筑堤把海水围起来，称为圩。圩内是滩，把海水引入滩中，经过日光照晒，才能蒸发掉水分，使海水结晶成盐。所以，所谓滩，或者说盐滩，就是生产盐的盐池。它是

① 刘少奇：《关于土地问题的指示》（1946 年 5 月 4 日），《建党以来重要文献选编（1929—1949）》第 23 册，中央文献出版社 2011 年版，第 247-248 页。

② 毛泽东、朱德：《中国人民解放军布告》（1949 年 4 月 25 日），《建党以来重要文献选编（1921—1949）》第 26 册，中央文献出版社 2011 年版，第 325-326 页。

盐场或盐民最重要的生产资料。滩地对于盐民，就像土地对于农民一样。一条圩子一般有8份滩，少数为4~6份滩。淮北盐场的滩地，以灌东、灌西、方洋场的面积较大、形状整齐，每份约11000~15000平方丈（60平方丈=1亩），大致折合183.3~250亩；新滩、台北、台南场的则面积较小、形状不规则，最小的不足4000平方丈，约合66.67亩。淮北盐场的滩地所有权比较复杂，有的是公司所有，有的是垣商（笔者注：垣商即场商，每一垣商有数份至数十份滩不等，招募灶民使用）所有，有的是国民党官僚所有，没有滩地的盐民，只能租用滩主的滩地使用权。淮北盐场实行一家一户一份滩的生产组织方式。同一圩内，各滩独立生产，滩上的生产设备不通用。

在淮北盐场的6个盐场中，新滩场为新四军和中共地方政府1941年铺设，滩地分为公营和私营，以私营居多。其余5个场的滩地为国民党政府及其官僚、垣商所有①。据淮北盐务局1949年5月成立的“垣运商产权处理委员会”统计，解放初期淮北盐场的盐滩，中共当局占有35份，国民党官僚占有1580份，私营工商业者（垣商）占有1261份②。

此外，淮北盐场共有运商106家，经济成分颇为复杂，但大部分是官僚资本商号。淮北的主要官僚商号是：中央银行信托局所经营的有粟余、大华、聚安、常平等；济南场的大德、大阜、大有晋、公济四公司商号。有与官僚资本相关的中国化学社经营的天源商号、中央煤矿公司的鼎中商号，还有属于民族工商的久大公司等。这些商号约占总商号数量的1/3，却经营了85%的淮盐，其余15%由民营商号经营。

中共在淮北盐场接收的主要资本是盐滩（包括卤水和生产设备），共2695份。当时，板浦、中正、济南、新滩4场被重新划分为台北、台南、方洋、灌西、灌东、新滩6场。淮北盐场解放时各场滩地份额统计表，见表4-1所列。

表4-1　淮北盐场解放时各场滩地份额统计表

场　名	被接管前的范围	滩地份数
台北场	原板浦场	638.5
台南场	原中正场西半场	429
方洋场	原中正场东半场	387.5

① 《江苏盐业史》编写组：《江苏盐业史》（修订本），江苏人民出版社1992年版，第170页。

② 江苏省发展计划委员会编：《解放初期的江苏经济》（下册），江苏省内部性资料出版物2002年版，第707页。由于裁废或新铺滩地的情况时有发生，此处计算所得盐滩总数为2876份，与前文略有差异。

（续表）

场　名	被接管前的范围	滩地份数
灌西场	原济南场公济、大德、大阜以及大有晋部分公司滩地	476
灌东场	原济南场大源、大有晋部分、裕通、庆日新公司滩地	544
新滩场	原新滩场	220
总计		2695

资料来源：淮北盐务管理局：《关于淮北盐场一般概况介绍》（1951 年），江苏省档案馆藏档，全宗号 4119，永久，案卷号 31。

针对滩地的不同产权性质，中共分几步采取多种产权措施，逐步把它们收归国有。

第一步是在抗战胜利不久，苏皖边区政府执行“五四指示”的精神，于 1946 年 5 月 10 日发布公告，没收了济南场的大德、大阜、大有晋、公济、大源 5 公司以及原中正场的部分盐滩，共计 840 份[①]。中共接收新滩场不久，将其滩地全部收买为公营。其余各场滩地的产权处理措施分为没收、代管、扶持生产三种。

1948 年 12 月，中共淮北盐特委根据中共有关政策提出，第一，将国民党官僚和汉奸资产全部没收公营；第二，对于出逃垣商，以及以盐滩为副业的垣商，将其滩地“一律代管，候其回来时分别处理”；第三，对于那些拥有少数盐滩而无力投资生产的小垣商，须扶持其生产，但利用限价收买或专卖政策来限制小垣商的利润[②]。

第二步是根据有关政策，将各盐场滩地区分情况全面处理。1949 年 5 月，淮北盐务管理局成立了垣运商产权处理委员会，对淮北盐场解放前夕部分资本家、垣商或垣商的代理人因逃离淮北而留下的、盐务局暂时接管的滩地和存盐进行清理。该委员会在调查了解滩地的产权情况后，根据滩地的不同性质，分为没收、代管、发还三种处理方式，分别为：第一，对国民党官僚和汉奸资产予以没收；第二，属于合法盐业公司负责人或私人所有的资产，但本人出逃或一时难以核查的，予以代管；三是对于民族工商业者（垣商）所经营的资产要发还，工商业

① 《江苏盐业史》编写组：《江苏盐业史》（修订本），江苏人民出版社 1992 年版，第 172 页。

② 杜李：《新解放之淮北盐场的情况与方针任务的报告》（1948 年 12 月），中共江苏省盐业公司委员会、中共连云港市委党史工作委员会编：《革命战争中的淮北盐场》，南京出版社 1994 年版，第 197—198 页。

者须取得住地或原籍县市以上中共政府证件，证明其身份①。

至1949年6月，共没收国民党官僚和汉奸滩地1537份，其中有897份后查实不属于没收范围发还给了民族工商业者；查封和代管滩地695份。此外，对于106家运商，查明70家属于民族工商业者，存盐7万余担全部发还；其余36家商号属于官僚资本家，存盐约30万担按政策收归国有②。

1948—1949年期间，台北、台南、方洋三场由于受战争影响，滩地产权的处理存在没收范围过大的问题。1949年年底，淮北盐务管理局针对这3个场的情况，发布了发还有关对象盐滩的公告和发还办法。按规定，以往所没收的以下三种对象的滩地必须发还：

一是垣商取得现住地或原籍县、市以上人民政府的文件，能证明其并非国民党官僚身份。

二是现住地县市以上人民政府司法机关未宣判汉奸罪行。

三是取得当地人民政府证明，或者取得原籍地方县市以上人民政府证明，或者取得两家以上的商铺铺保，证明其无汉奸官僚资本等行为之旅居外籍者③。

此外，为了纠正不恰当地没收因战争逃亡的垣商滩地的错误，淮北盐务局对在1949年间被接管的垣商滩地，以生产利润的形式予以补偿。

淮北盐场滩地的国有化是在1951年年完成的。1950年，国家颁布了将大盐田收归国有的政策。1951年年底，淮北盐务管理局执行这一政策，将所有大盐田全部收归国有，并对滩地所有权和盐滩地面设备的使用权提了详细规定。执行这一政策的结果，是彻底解决了淮北盐场滩地的所有权，完成了淮北盐场滩地国有化的关键一步。

把大盐田收归国有的政策是第二次全国盐务会议制定的。1950年10月31日，经政务院批准，国家施行《关于大盐田收归国有的决定（草案）》。其中规定，全国盐田的土地所有权依法收归国有，地租上缴国库，但盐田上的生产设施归原经营者所有，原经营者或其他盐民仍享有对盐田的经营权。

遵照这一决定，1951年10月19日，淮北盐务管理局制定了《淮北盐务管理局关于〈执行大盐田收归国有的决定〉的具体实施办法（草案）》（以下简称"《实施办法》"）。《实施办法》共有12条，1951年底经中央财政部核准后由苏北行政公署公布施行。

---

① 中共淮北盐场党委：《淮北盐场简史（草稿）》（1958年），江苏省档案馆藏档，全宗号4119，永久，案卷号151；《江苏盐业史》编写组：《江苏盐业史》（修订本），江苏人民出版社1992年版，第173页。

② 《江苏盐业史》编写组：《江苏盐业史》（修订本），江苏人民出版社1992年版，第171–173页。

③ 《江苏盐业史》编写组：《江苏盐业史》（修订本），江苏人民出版社1992年版，第173–174页。

《实施办法》对淮北盐田土地所有权作出规定如下：所有大盐田（不论公营私营）土地，均依法收归国有，由淮北盐务管理局直接管理；已荒废的盐田及未经开辟的荒滩，概归国有；遇有关建国性的修建，必须征收盐田为国有者，制盐户应绝对服从，由淮北盐务管理局发给转业津贴；商营盐滩在必须出租或出卖时，只准买卖或租赁盐田地面投资，不得以盐田为对象。

《实施办法》还对盐田地面资产（包括建筑工程及制盐设备等）的使用权提出了处理办法：盐田的地面投资仍归原经营者所有，允许其继续经营；如原经营者无力或不愿经营时，盐田上的设备，可以转租或出卖，但须依照制盐许可规则，向淮北盐务管理局登记；非经淮北盐务管理局批准，任何人不得擅自进行有关制盐工程设备的投资；已领取制盐许可证的制盐户，在指定盐田上只准进行盐业生产，可自由兴修泥工，但不得在盐田上进行非盐业生产及兴建与产制盐无关的建筑物；制盐户有兴修盐田工程的权利，如果使盐田自行荒废以致不能生产者，淮北盐务管理局将盐田予以收回①。

另一方面，滩地产权发还后，只有少数的垣商继续维持经营，大多数垣商都无力经营，或不愿经营，使生产处于停顿状态。针对这种情况，淮北盐务管理局对滩地条件较好、产量较高、有发展前途的滩地进行了收买。收买盐滩的措施主要在垣商较多的台北、台南、方洋 3 场实行，也对灌西场的部分滩地进行了收买。

淮北盐务管理局台北、台南、方洋三场 1950 年收购盐滩价值统计表，见表 4－2所列。

表 4－2　淮北盐务管理局台北、台南、方洋三场 1950 年收购盐滩价值统计表

单位：元、市斤

场　别	滩　份	滩价总值		平均每份滩价	
		金　额	折合玉米	金　额	折合玉米
台北	308	1909325589	2660485	6199109	8638
台南	220.5	1318107703	1929300	5977812	8750
方洋	121.5	871861519	1390175	7175815	11442
总　计	650	4099294811	5979960	6306607	9200

资料来源：《淮北盐务管理局台北、台南、方洋三场 1950 年收购池滩价值统计表》，江苏省档案馆藏档，全宗号 4119，永久，案卷号 31。

① 淮北盐务管理局：《关于〈执行大盐田收归国有的决定〉的具体实施办法（草案）》，江苏省档案馆藏档，全宗号 4119，长期，案卷号 19。

1951 年 8 月，淮北盐务管理局成立了清产估价委员会和清理资产资金委员会，并在台北、台南、方洋、灌西 4 场成立清产估价分会，对滩地进行估价收买，并规定滩价标准为：每份滩最高价为 15000 斤玉米，最低价为 3000 斤玉米①。

从 1949—1952 年，淮北盐务管理局共收购 746 份滩地归入国营②。此后，经过 1953 年和 1954 年的两年作价收买，仅有台北场尚存极小份额的民营盐滩。

对于垣商不愿出售的盐滩，淮北盐务管理局采取了租营、代营的办法（代营滩地条件较租营滩地更差些，没有与盐务机关立约），垣商逐年取得限额利润。对于租营滩地，国家按年向垣商支付租金，双方经协商签订“租滩合约”。代营滩地按每年产量累进计算，年终一次付给利润，但产量过低的代营滩地无利润偿还。至 1955 年 2 月，淮北盐场对垣商仅剩的百余份租、代营滩地上的工程设备及工具的残值作了全面的调查、估价，最后按原值的 40%，征购转入国营③。

至 1954 年，淮北盐场滩地性质的国有化已基本完成，国营滩地 2369.5 份，占总滩地数（2770 份）的 85.54%。这时的淮北盐场已合并为台北、台南（方洋场并入）、灌西、灌东（新滩场并入）4 场。1954 年淮北盐场滩地份数与性质统计表，见表 4－3 所列。

表 4－3　1954 年淮北盐场滩地份数与性质统计表　　单位：份

场别	滩地性质						
	国营	租营	代营	民营	代管	查封	合计
台北	565	72.5	27.5	12	54	18	749
台南	577.5	42	9.5		110.5	54.5	794
灌西	476						476
灌东	751						751
总计	2369.5	114.5	37	12	164.5	72.5	2770

资料来源：《滩地份数与性质统计表》，江苏省档案馆藏档，全宗号 4119，永久，案卷号 66。

① 《江苏盐业史》编写组：《江苏盐业史》（修订本），江苏人民出版社 1992 年版，第 175 页。

② 中共淮北盐场党委：《淮北盐场简史（草稿）》（1958 年），江苏省档案馆藏档，全宗号 4119，永久，案卷号 151。

③ 中共淮北盐场党委：《淮北盐场简史（草稿）》（1958 年），江苏省档案馆藏档，全宗号 4119，永久，案卷号 151。

二、评定滩地等级

在解决滩地所有权的同时，淮北盐务管理局根据中央财政部的政策，相应地评定了滩地等级，对盐业生产有效地进行管理。

1950 年 10 月 16 日，中央财政部批准并公布了《全国盐场管理规则》。该规则共 16 条，其中规定，各场的生产经营方式，分为公营（国营）、私营、公私合营、合作社经营 4 种；对于产量少、质量低、成本高、运销不便以及经营分散、不易管理的盐场，实行废场转业；改进技术，提高质量，减低成本；实行计划生产，凡未领到制盐许可证及列入废场转业计划的禁止产制；盐场管理处应随时化验检定盐质，并检查盐场设备①。

根据《全国盐场管理规则》的规定，淮北盐务管理局制定了《淮北盐场管理细则》，于 1951 年 9 月 22 日起执行。该细则共 23 条，对盐场的管理、生产、废场转业、私盐、仓储等各个方面都作出了规定。细则规定，要建立盐场管理委员会，实行民主管理；公、私营盐滩的生产都要纳入国家的统一计划中，不得自行增减；严密检查各圩产盐数，并组织盐工纠察队，进行缉私护税；恢复与发展优质盐滩，对于产量少、质量低、成本过高、运销不便，以及经营分散、不易管理的盐滩，而盐工又具有转业条件者，盐务机关商同当地政府，予以废场转业；对于民营池滩，非经申请领得制盐许可证者禁止产制，所产盐斤一律由盐局统一就圩收买；由管理局与盐场总工会订立集体合同，合理解决劳资关系；盐质以含氯化钠 85% 以上为合格；仓储新产盐斤，每担连耗按 120 斤计算；私营盐滩应用国营企业投资的河、路、桥、闸、机器等建筑时，其费用按合理原则平均负担②。

为对盐滩的产量、每滩所需劳动力、盐工酬劳等方面进行管理，淮北盐务管理局制定了滩地等级标准，按三年来的平均年产量、滩地质量、滩地面积和滩地上的设施等条件，将滩地评为几个等级，按不同的等级规定生产任务，等级越高，发给盐工的灶粮数也越高。

1949—1950 年淮北盐场评定滩地主要标准，见表 4 －4 所列。

---

① 《中央人民政府财政部公布：全国盐场管理规则》，中央人民政府财政部编：《现行财政法规汇编》第一辑（下），新潮书店 1951 年版，第 663－664 页。

② 《淮北盐场管理细则》，江苏省档案馆藏档，全宗号 4119，长期，案卷号 19。

表 4-4 1949—1950 年淮北盐场评定滩地主要标准

项别 等级	主要评定标准		
	三年来平均年产量（担）	滩质	面积（平方丈）
头等	5000～6000	土质优良	11000～15000
二等	4000～5000	土质良好	11000～12000
三等	3000～4000	土质一般	8000～10000
四等	2000～3000	土质稍劣	8000～10000
五等	1000～2000	土质劣	8000

资料来源：《评定滩地标准一览表》，江苏省档案馆藏档，全宗号 4119，长期，案卷号 1。

1950 年 7 月淮北盐务管理局所辖各场滩地等级统计表，见表 4-5 所列。

表 4-5 1950 年 7 月淮北盐务管理局所辖各场滩地等级统计表

	滩份	晒数		等级						
		单晒	双晒	特一	特二	头	二	三	四	合计
新滩	398					387	11			398
灌东	360	296	64			328	32			360
灌西	476	261	115		8	436	32			476
方洋	387.5	363	25	5	6	367.5	9			387.5
台南	429					73	143	88	125	429
台北	657.5	440	435			35	330	258.5	232.5	856
合计	2708			5	14	1626.5	557	346.5	357.5	2906.5
说明	台北场滩地等级份数系实际发灶粮份数，因此多出了 198.5 份。									

资料来源：《关于淮北盐场一般概况介绍》，江苏省档案馆藏档，全宗号 4119，永久，案卷号 31。

由于当时盐业生产尚在恢复阶段，上述标准难免过高，1950 年予以调整，评定标准有所降低。1950 年调整的淮北盐场评定滩地等级标准，见表 4-6 所列。

表 4-6 1950 年调整的淮北盐场评定滩地等级标准

等　级	平均年产量（担）	面积（平方丈）
特等	4500～6000	12000～15000
头等	3000～4500	10000～12000
二等	2500～3000	8000～10000

（续表）

等　级	平均年产量（担）	面积（平方丈）
三等	1800～2500	6000～8000
四等	1300～1800	4000～6000
五等	1300 以下	4000 以下

资料来源：《关于淮北盐场一般概况介绍》，江苏省档案馆藏档，全宗号 4119，永久，案卷号 31。

根据新的等级标准，1951 年淮北盐务管理局重新进行了评定。滩地等级分为特级和一、二、三等（表 4－7）。需要注意的是，1955—1957 年，淮北盐场分为 10 个制盐场，分别为第一至第十制盐场。为了方便读者阅读，本表仍按原来 6 个盐场统计。

表 4－7　重新评定各场滩地分等情况表　　单位：份

年份	等级	台北	台南	方洋	灌西	灌东	新滩	总计
1951	特等	19		11				30
	一等	35	69	382.5	444	352	398	1680.5
	二等	328	122	16	32	8		506
	三等	451.5	213					664.5
	合计	833.5	404	409.5	476	360	398	2881
1952—1954	特等	20	9	19				48
	一等	15	72	375	444	328	391	1625
	二等	138	135	15	32	32		352
	三等	576	168	1				745
	合计	749	384	410	476	360	391	2770
1955	特等	20	9	19				48
	一等	15	63	375	444	328	391	1616
	二等	138	128	15	32	32		345
	三等	564	161	1				726
	合计	737	361	410	476	360	391	2735

（续表）

年份	等级	台北	台南	方洋	灌西	灌东	新滩	总计
1956	特等	20	9	19				48
	一等	15	64	375	444	328	391	1617
	二等	138	122	15	32	32		330
	三等	561	156	1				718
	合计	734	351	410	476	360	391	2722
1957	特等	20	9	19				48
	一等	15	65	375	444	328	391	1618
	二等	138	123	15	32	32		340
	三等	564	165	1				730
	合计	737	362	410	476	360	391	2736

资料来源：根据《1951—1957 年各场滩地分等情况》制成，淮北盐务局：《淮北盐场统计资料》，江苏省盐业公司档案室藏档，第 80–81 页。

第二节　生产关系的集体化

新中国成立初期，中共中央在农村普遍开展合作化运动，淮北盐场也适时执行了这项方针，实行生产上的互助合作，实现了生产的集体化。淮北盐场的互助合作运动分为三个阶段：1946—1951 年是试验摸索阶段，1951 年冬到 1952 年底是全面推广阶段，1953 年春开始是全面整顿与巩固、提高阶段。

一、时宝玉经验

淮北盐场虽然属于企业性质，但是生产性质为盐民个体生产，并且盐场地处偏僻的海滨，地域分布广，盐民居住分散，劳作时间自由，以上种种因素都与农业生产有相似之处，因此淮北盐场的生产常常执行国家的农业政策。

新中国成立之前，中共已有 20 多年的在农村建立互助合作组织的经验。新中国成立初期，随着土改的进行和逐步完成，中共在广大农村普遍开展了农业合作化运动。从组织形式上说，农业合作化运动大体经历了三个发展阶段：从新中国成立后到 1953 年，以发展互助组为主；从 1954 年到 1955 年年底，以办初级社为主，个别地区试办高级社；1956年普遍组织高级社。到1956年年底，全国共建立农业生产合作社75.6万个，入社农户达1.1亿多户，占全国农户总数的96.3%，其中，高级社已达到54万个，入社农户约1.07亿户，占农民总数的87.8%①。

在这一背景下，淮北盐场相应建立了生产互助组织。

淮北盐场的互助组织最早出现于1946年，当时中共在新滩场和灌东场建立了互助组。灌东场的盐工刘国雨组织了该场第一个互助组，这是集体生产在淮北盐场的最初萌芽。从互助内容上看，刘国雨互助组只限于等价交换和劳动力互助，其他临时需要互助的事，随时商讨解决。更为重要的是，从组织形式上看，它仍以滩为生产单位。因此，这种互助形式较为简单、低级。

中共对刘国雨互助组十分重视，认为“集体劳动形式的互助组，打破了制盐生产不能互助的特殊论”②，并十分乐观地提出“要把刘国雨的红旗插遍云台山”③。1948年，新滩和灌东两场曾派出几个脱产干部到生产小组中搞互助实验场，但是由于时间短促、经验缺乏，且受战乱影响，并没有大规模地组织起来。淮北盐场全面解放后直至1951年，盐场各地都有一些这样的互助组。这是淮北盐场建立互助组的试验摸索阶段。

1951年3月，中共淮北盐特区委根据中共中央关于农业合作化运动的指示，决定建立新的互助合作组织，时宝玉集体生产组应运而生。方洋场东港所梁保圩（有4份滩）在工作上和生产上较为落后，有“梁甩圩”之称。在方洋场党委和东港所支书的具体指导下，该小组吸取了淮北盐场以往劳动互助经验，组织了一个新型的集体生产组织——梁保圩生产互助组。由于该生产小组是由中共党员时宝玉领导的，所以又普遍称为时宝玉生产互助组、时宝玉互助组或时宝玉小组。1952年6月14日，华东区盐务管理局将该小组的名称改为“集体生产组”，其原因是：“目前组织劳动互助或生产合作社乃是对个体生产的私有经济而言的，其目的是把这种经济组织起来使之逐渐走向社会主义经济的道路。而淮北盐场已经是社会主义性质的经济，只不过因其生产方式落后生产组织分散，需要组织起来使之走向集体化，故虽形式上同为互助，而其性质是不同的，因此不能称时宝

① 朱宗玉等主编：《中华人民共和国史纲》，福建人民出版社1993年版，第88页。

② 《中共淮北盐场特区委工作报告》（1947年4月23日），中共江苏省盐业公司委员会、中共连云港市委党史工作委员会编：《革命战争中的淮北盐场》，南京出版社1994年版，第99页。

③ 中共淮北盐场党委：《淮北盐场简史（草稿）》（1958年），江苏省档案馆藏档，全宗号4119，永久，案卷号151。

玉小组为‘互助组’，而应称为‘集体生产组’。”①

与刘国雨互助组相比，时宝玉集体生产组的互助内容大为扩展。它以圩（即生产小组）为生产单位，生产资料公有公用，劳动力统一调配，劳动收入统一分配，实行生产组长负责制。时宝玉集体生产组有以下六大特点：（一）合用蓄水设备，统一掌握蒸发计划；（二）集中使用卤水，加强卤水的供应计划性；（三）统一掌握生产技术，统一调配劳力；（四）动力设备集中使用；（五）确定“按劳取酬”的工资分配原则；（六）建立了会议制度、作息制度、检查制度等集体制度②。有资料记载，采用集体生产方式后，时宝玉小组的盐产量和收益都大有提高。1951 年春扫期间产盐 22240 担，超过了原计划任务 15700 担的 41.65%，比 1950 年产量增加了 108.99%，每个长工工资收入都比小组所在的东港所长工平均工资增加 18.64%。由于劳动生产率的增长超过了工资的增长，从而降低了成本③。

淮北盐场对时宝玉集体生产组的生产经验进行了大力宣传。1951 年 8 月，淮北盐场首届劳动模范代表大会总结和交流了时宝玉小组集体生产方式的经验，对集体生产作了明确的指示——集体生产是淮北盐场的发展方向。接着，各盐场就通过大小会议，不断进行广泛而深入的宣传教育，反复说明推广时宝玉小组集体生产方式，可以改变盐场个体、分散生产的情况，使之向集体和集中生产发展；同时，在宣传中着重批判了保守思想④。

1951 年 11 月 28 日，华东区盐务管理局作出了《关于推广时宝玉先进经验的决定》。这项决定首先对时宝玉集体生产组予以肯定，认为该组打破了淮北盐场滩地上的旧制度，改进了劳动组织方式，解放了生产力，提供了淮北盐业生产由个体到集体、从分散到集中的发展方向。其次，该决定对时宝玉小组进行褒奖，发给奖金 150 万元⑤，其中一半奖给时宝玉个人，一半奖给小组组员；并发奖旗一面。第三，对淮北盐场发展集体生产组作出了重要部署，要求淮北盐场“于明年春扫中，在全区范围推广时宝玉小组先进经验到 50% 的圩子以上，至秋扫终

① 《华东区盐务管理局通知区秘（52）字第 61 号》（1952 年 6 月 14 日），江苏省档案馆藏档，全宗号 4119，永久，案卷号 47。

② 中共淮北盐场党委：《淮北盐场简史（草稿）》（1958 年），江苏省档案馆藏档，全宗号 4119，永久，案卷号 151。

③ 中共淮北盐场党委：《淮北盐场简史（草稿）》（1958 年），江苏省档案馆藏档，全宗号 4119，永久，案卷号 151；《淮北盐场时宝玉小组首创集体生产方式，推广先进生产方法提高劳动生产率》，《人民日报》1952 年 4 月 28 日第 2 版。

④ 任利戈、沈敏、杨东野：《国营淮北盐场全面推广时宝玉先进集体生产方法》，《人民日报》1952 年 6 月 6 日第 2 版。

⑤ 指旧人民币。受当时通货膨胀、经济萧条等条件的限制，旧币面额过大，与 1955 年 3 月起发行的新人民币比率为 10000∶1。

了时，推广到80%以上”[1]。第四，要求淮北盐场在推广过程中注意总结经验，利用各种方式进行广泛宣传，培养积极分子和典型小组，并要求淮北盐务全体干部提高重视程度。

淮北盐务管理局和淮北盐特区总工会收到上述电文后，联合盐场党委会共同作出进一步决定，通知各场、圩务所学习时宝玉小组的先进经验，在以后的每次生产会议上都应提出作为生产上的中心材料，并应列入干部和盐工的冬学教材之一。

1952年2月，淮北盐务管理局和淮北盐特区总工会发出联合指示，要求各场、所把时宝玉先进经验从一般宣传教育转入具体的组织工作当中，结合接下来的春扫，进行实际运用[2]。此外，淮北盐场成立了推广先进经验委员会，专门负责推广事宜。

二、集体生产组运动

在推广集体生产组的过程中，方洋场起到了模范带头作用，发展领先一步，搞得最快、最好。1951年下半年，该场80%～90%的盐工都参加了集体生产组[3]。1952年，集体生产组在淮北盐场全面推广开来。

1952年2月25日，淮北盐务管理局、淮北盐特区总工会发出联合指示，要求在淮北盐场全面推广时宝玉小组的经验，并根据方洋场的推广经验下发了《对推广时宝玉先进经验诸问题的研究》。该文件提出了推广集体生产组的意见：（一）必须废除一家一户一份滩的个体生产方式；（二）在推广初期，互助组一般不宜过大，其发展的规律应该是由分散到小集体，由小集体再到大集体，稳步前进；（三）需要解决生产技术困难和劳动力少的盐工生活困难，对于后者，应该积极地组织他们参加互助，并给予适当照顾；（四）要在工人中广泛宣传推广先进经验的意义与目的，避免造成推广先进经验过程中的形式主义[4]。

在初期推广过程中，由于集体生产组要求对滩地生产设备、人力、工资进行统一分配，并且有不少小组在实行的过程中采取了平均主义的政策，因此，出于个人利益的考虑，盐场工人对集体生产组持不同态度。一般来说，大滩的产量较

---

① 《华东区盐务管理局代电区通（51）字第97号》（1951年11月28日），江苏省档案馆藏档，全宗号4119，长期，案卷号16。

② 《淮北盐务管理局、淮北盐特区总工会联合指示管产字第124号》（1952年2月18日），江苏省档案馆藏档，全宗号4119，永久，案卷号47。

③ 中共淮北盐场党委：《淮北盐场简史（草稿）》（1958年），江苏省档案馆藏档，全宗号4119，永久，案卷号151。

④ 淮北盐务管理局：《对推广时宝玉先进经验诸问题的研究》，江苏省档案馆藏档，全宗号4119，永久，案卷号47。

高、设备较好，所以使用中、小滩地的盐工持拥护态度，使用大滩的盐工对集体生产顾虑重重，持观望甚至反对态度。另一种情况是，有些盐工使用的滩地产量较低，但是家里的劳动力又多，实行集体生产组可以使他们固定领取工资收入，因此积极拥护互助；那些认为互助与个人利益无太大矛盾的盐工，持无所谓的态度；而那些使用高产滩地、家里劳动力少的盐工，大部分对互助有意见，而他们参加互助组后确实遭受了不少经济损失。

三个月后，集体生产组在淮北盐场普遍建立起来，但是推广的深度不够。1952年5月，淮北盐务管理局在《推广集体互助的初步总结与今后推广的初步意见》中指出，淮北盐场已参加互助组的共有2602份滩，占总滩数的94%；推广的大致情况是台北、台南、方洋开展得较快，也比较细致，灌西、灌东、新滩三场推广得较缓慢。该意见进一步指出："集体互助在数量上看，虽然业已全面推广，但是由于各级领导对推广互助还不够十分重视，及机关集中力量搞三反，没有能很好地深入兼顾抽出力量研究，掌握典型及时的解决开展集体互助中的一些重大的关键问题，因此，目前业已推广的滩份，其中大部分还是不很巩固的，因此在目前基本上仍是在摸索、巩固及稳步提高推广的阶段。"

上述意见还对推广中的存在问题进行了总结。一是各级干部工作不认真，推广仅有一般号召，没有帮助解决实际问题，仅满足于完成推广数字，少数地方出现了强迫命令。二是缺乏一个比较明确的方针方向与步骤，没有推广的具体计划。三是大部分盐工对互助组缺乏了解，只是盲目参加，甚至实行假互助。对此，该意见提出，"必须加强领导，深入检查，调查研究解决互助中的关键问题"，将当时的推广方针制定为"巩固为主、重点提高、逐步推广"①。

至1952年年底，推广工作已基本完成。1952年12月24日，淮北盐特区总工会发出了《关于推广时宝玉小组集体生产方式总结报告》。这份报告中的统计数据显示，至1952年11月，淮北盐场2758份盐滩中，已推广集体生产的有2727份，占总滩份的98%；其中，灌西、灌东两场推广滩地占100%，台北场推广占总滩地97.5%，新滩场推广占总滩地98.21%，方洋场推广占总滩地98.78%，台南场推广占总滩地98.8%；从推广的深度来看，以灌西、方洋、台南、台北四场推广较快，也较细致。

该报告总结了推广集体生产组后的收获。一是提高了产量。报告指出："淮北今年生产准备工作没有做好，原料没拿足，整个淮北盐区在春产时一度停工十天（严重缺水和缺水较严重的滩份折算起来，因缺水估计短产490万担）。在这

---

① 淮北盐务管理局：《推广集体互助的初步总结与今后推广的初步意见》（1952年5月），江苏省档案馆藏档，全宗号4119，永久，案卷号47。

种情况下，今年尚产盐9501075担，超过去年同一时期的百分之五点七（去年为8990674）。”二是减少了企业生产费用支出。报告指出：“集体生产以后，促成了全面的集体堆盐以每百担盐可节省签子12根，席子4张，全区以公堆百分之八十计算，则全区节省席子304034张，节省人民币689093061元，签子912103根，节省人民币72968240元。同时由于集体堆盐，又减少盐斤消化和抛撒，按每百担盐减少损失2%计算，则节省盐斤190021担，折合人民币728350493元。就这三项费用，就为国家节省1490411794元财富。”①

推广中存在的问题反映在三个方面。一是领导干部出现了急躁情绪，只讲推广幅度，不求深度，存在着单纯的任务观点，“造成明集体，暗不集体，干部来到就集体，干部走就不集体，形成了严重的形式主义”②。二是推广仅有一般号召，流于形式，没有解决实际问题，甚至有些圩务所（如管港所）放手让盐工自己搞，正如盐工所反映的：“淮北号召，场里打虎，所干不动，群众自发。”③三是推广了不成熟的新经验，复杂了推广的内容。

虽然推广工作大体完成，但是仍存在着个人利益与集体利益之间的矛盾。淮北盐特区总工会曾指出，时宝玉集体生产方式的推广，“除了由于工人群众受着一些技术水平的限制外，最基本的是思想问题，也就是整体与个体利益，个体生产和集体生产（不习惯）的两个矛盾问题未获解决”④。为克服这个矛盾，盐场党委首先采取了思想动员的方法，不但号召党、团员、干部和青年盐工最先组织起来，主动放弃自己的大滩，以身作则，树立典范；而且大力宣传集体生产方式带来的惊人成绩，即大面积高产，以教育广大盐工。其次，批判了在推广中存在的平均主义的倾向，提出多劳多得的原则，坚持贯彻“按劳取酬”的工资分配制度。为了适当补偿产量高、滩地好、人口多而劳动少的盐工的利益，淮北盐特区总工会明确提出了以下办法：在技术和等级上给予适当照顾；政工酌予必要的救济；帮助寻求副业；在旺产期间组织多余劳动力上滩做临时工领取工资⑤。

由于互助合作把生产单位由1份滩扩大到了8份滩，甚至十多份滩，需要处

① 淮北盐特区总工会：《关于推广时宝玉小组集体生产方式总结报告》（1952年12月24日），江苏省档案馆藏档，全宗号4119，永久，案卷号47。

② 淮北盐特区总工会：《关于推广时宝玉小组集体生产方式总结报告》（1952年12月24日），江苏省档案馆藏档，全宗号4119，永久，案卷号47。

③ 淮北盐特区总工会：《关于推广时宝玉小组集体生产方式总结报告》（1952年12月24日），江苏省档案馆藏档，全宗号4119，永久，案卷号47。

④ 淮北盐特区总工会：《关于推广时宝玉小组集体生产方式总结报告》（1952年12月24日），江苏省档案馆藏档，全宗号4119，永久，案卷号47。

⑤ 淮北盐特区总工会：《关于推广时宝玉小组集体生产方式总结报告》（1952年12月24日），江苏省档案馆藏档，全宗号4119，永久，案卷号47。

理的事情相应增多，必须依靠制度来保持整个小组有秩序地运行。主要的集体制度有三项。一是会议制度，每晚开一次领滩碰头会，主要总结当天工作、研究明天工作；每基层操作单位，每隔 3 ~ 5 天开一次检讨会，进行工人间的批评与表扬；每 10 天或半月召开一次小组全体会议，研究任务完成与否的原因，并布置下半月工作。二是生活值日制度，要求小组内必须遵守统一的作息时间，组内均设有值日，值日员由全组工人（除领滩外）轮流担任，其职责为掌握作息时间，早上吹哨起床，白天升降上下班旗。三是定期检查制度，领滩对本操作单位的各项工作及工具每天检查一次，每 3 ~ 5 天基层操作单位组织人员相互检查一次，小组长每隔 3 天要至全组检查一次。

1953 年春，淮北盐场对集体生产组进行了以生产为中心的巩固与提高。到 1954 年春季止，全场已组织起来 360 个集体生产组（占盐工总数的 99.2%）。1954 年三四月份，淮北盐场又进行了一次全面的整顿：通过训练骨干、细算账、摆事实等办法，将个体生产与集体化进行对比，在广大工人中进行了集体化和社会主义远景的思想教育；此后又进行了组织制度上的整顿，大部分的集体生产组贯彻了两滩一操作制（即两份滩合并为一个基层操作单位）；并按劳动技术、劳动强度和劳动量情况，调整了人力，订立了集体生产中的纪律和制度。这次全面整顿，有力地巩固和发展了集体生产组①。

三、集体生产组的管理和分配

集体生产组强调对盐业生产和盐场工人进行统一管理和调配。在推广过程中，淮北盐场总结出了较为完备的集体生产的组织形式、主要内容和劳作制度，主要体现在以下三个方面。

1. 集中使用生产资料

淮北盐场根据滩地结构特点，以 2 ~ 3 份滩合用为主。滩地上的生产资料主要包括贮存池（生产设备）、风车（动力）、卤水（原材料），集中使用这些生产资料也就相当于对生产过程进行统一规划。

海盐的制作流程分为纳潮—蒸发—结晶三个环节。由于海水（即卤水）是制盐的唯一原料，因此纳潮这一步十分重要。一般情况下，先引潮水进入圩河，再用风车打入贮存池。贮存池又称洼地、蓄水池，用于储蓄潮水。可见，合用贮存池与合用风车是联系在一起的。接下来，海水从贮存池由风车打入大蒸发池，再流经洼格、高格等大小蒸发池，经过层层蒸发，浓度越来越高，最后流入结晶

① 中共淮北盐场党委：《淮北盐场简史（草稿）》（1958 年），江苏省档案馆藏档，全宗号 4119，永久，案卷号 151。

池（俗称晒格），结晶成盐。在这个过程中，卤水在各滩之间是可以互相调剂使用的，以避免“有卤无格、有格无卤”的现象，同时还可以选择质量较好的格块来进行生产。

《推广集体互助的初步总结与今后推广的初步意见》认为，集中使用生产资料取得了良好效果：“今年由于推广互助以后，普遍的情况是滩上存卤丰富，存水的浓度较以往为高，晒格比去年舀得多，增添得快，去年台北场墅港所一般三等滩于五月份舀四五块格子，尚有缺水现象，今年同时舀六七块毫不感觉缺水，该所六个互助得最好的小组，四月份任务在一般滩仅完成80%～90%的情况下均超额完成。”①

2. 统一调配劳动力

统一调配劳动力的基本目的有三个：“达到节省人工，提高劳动生产率之目的；达到集中领导，分工负责的原则；明确合理的组织与合理的使用人工是今后集体劳动的方向。”②

互助组的组织形式大致是：以原来的生产小组为一个互助组，由生产组长兼任组长；互助组内，每3至4份滩成立互助小组，每互助小组设一小组长；每二份滩设一个领滩、一个副领滩；互助组长本身也兼一个小组长，小组长本身又兼领滩；凡三四份滩的小互助组不另设互助小组。此外，还有整劳动力组长，半劳动力组长以及短工组长。

互助小组内各滩统一操作，人力统一使用，由领滩工人集中领导，操作分工按操作性质分，整、半人工按技术、劳动强度决定。劳动力的调配采用固定与灵活相结合的形式。把小组工人（除领滩工人）按工种分配到不同的工作班，各个工作班按照产盐流程在小组内的每一块滩地上依次操作，共同完成产盐过程。每个工人需要完全服从领滩的指挥。每个工作组的人员基本上是固定的，遇有必要调剂时，先由互助小组长决定在互助小组内调配；如需在互助组内统一调配时，必须通过互助组长③。

《推广集体互助的初步总结与今后推广的初步意见》中指出，集体操作在一定程度上缩短了劳动时间与节省了劳动力，将1952年同1951年对比，节省了1/4个劳动力，劳动工时缩短了1.5小时，“许多互助小组在五月份尚抽出大批劳

---

① 淮北盐务管理局：《推广集体互助的初步总结与今后推广的初步意见》（1952年5月），江苏省档案馆藏档，全宗号4119，永久，案卷号47。

② 淮北盐务管理局：《对推广时宝玉先进经验诸问题的研究》，江苏省档案馆藏档，全宗号4119，永久，案卷号47。

③ 淮北盐务管理局：《推广集体互助的初步总结与今后推广的初步意见》（1952年5月），江苏省档案馆藏档，全宗号4119，永久，案卷号47。

动力自行办引潮河等工程，台北刘二圩小组一天即抽出三十多个劳动力办了八十华方引潮河工程”①。

但是这种组织形式有一个很大的问题，就是组织重叠多头、干部多、职责不明，容易造成操作混乱。如方洋场辛高圩，“11 份滩内有生产、工会组长各 1 名，领滩工人 3 名，副领滩工人 3 人，整人工组长 3 人，半人工组长 3 人，其中还有无形的膳食组长 3 人，全组各种组长共计 17 人，占全组工人总额 54%（工人为 31 名），同时分工不严，职责不明确，缺乏完整的负责制，仅在秋扫两个月的互助中，单风车篷较以往损坏率竟达 80%，其他工具遗失、损坏现象很多，加之无核心领导，指挥不灵，劳役不均，以致造成工人装病偷懒现象，因此形成操作上的混乱，闲忙不均，甚至有若干操作无人做”②。

为实现集中领导，确立组长负责制，淮北盐务管理局对互助组进行了调整，取消了互助小组，另规定为：一般以一条圩子成立一个互助组，互助组内不另设其他小组；但可以设副组长，正副组长明确分工，每人负责领导几份滩，原生产组长担任组长，工会组长在能力可以担负的情况下兼任副组长；以二份滩合并为一个基层操作单位，设一个领滩，也可以暂时再设一个副领滩，正副组长又必须兼领滩；另设值日员 1 人（由小组除领滩外全体工人轮流）、记分员 1～2 人，保管员 1 人。

3. 统一分配工资

统一工资分配是时宝玉小组先进经验的关键内容。组织集体生产之前，淮北盐场盐工的工资仍沿袭“灶粮”加“担头费”的形式。“所谓‘灶粮’，是按滩计算，按月发放，实际上是一种计时工资形式；‘担头费’是按产盐的数量和质量，按担计算，按季发给，实际就是计件工资。季节工和短工的工资，则由其主雇的承包盐工付给。”③

推行集体生产组后，盐工的工资形式自然发生了很大变化，大致出现了按分分配、按级分配、按滩分配、吃大锅饭与按级分配两者结合这四种工资分配方式。各种工资形式各有其特点，并以前两种较为常用。

第一，按分分配。把全组操作分别重型、轻型、技术三种性质，根据一般人工作时所需的劳动时间及劳动强度，评成分数，以竹子制成分筹，每项操作完毕领取分筹，晚上凭筹入账，月终或季终将全组计件工资总数，除以全组工人所得

---

① 淮北盐务管理局：《推广集体互助的初步总结与今后推广的初步意见》（1952 年 5 月），江苏省档案馆藏档，全宗号 4119，永久，案卷号 47。

② 淮北盐务管理局：《对推广时宝玉先进经验诸问题的研究》，江苏省档案馆藏档，全宗号 4119，永久，案卷号 47。

③ 《江苏盐业史》编写组：《江苏盐业史》（修订本），江苏人民出版社 1992 年版，第 189 页。

总分数，得出平均每分之分值，每人再凭自己所得分，领取计件工资。按分分配的关键是做到合理的评工记分，科学地计算劳动效率，但是当时的滩地结构复杂，大小不一，重、轻型操作界限难于精确划分，春、秋、冬各季操作又不一致，就不易定出合理的评分标准，且限于工人的文化水平，这种方式在当时还并不成熟。例如，台南场和方洋场为推行按分分配的工资形式，浪费了很大精力，在记分问题上纠缠了三四十天。按分分配的工资制度造成了一些不良现象，主要在于使工人产生了严重的抢分、谎报分数及内部不团结等行为，即使盐工生病了，小组其他工人也不让其家里人抵工，以致加重了体弱者的劳动负荷，构成了淮北盐场严重伤亡事故和盐工转业思想的要素之一。

第二，按级分配。按照生产技术高低、劳动强度和劳动积极性，将组内工人评定为三个等级。其中，整劳动力一级工资为100%，二级为95%，三级为90%；半劳动力一级工资为60%，二级为55%，三级为50%。雇短工计件工资为小组所得，其伙食在小组计件工资中拿出150斤玉米，由缺少劳动力的长工代为起伙。当时，全国工业企业新工资制度尚未出台，按级分配是最受淮北盐特区总工会认同的工资分配方式。它既符合“按劳取酬”原则，且手续简单，易为工人群众接受。同时，淮北盐特区总工会也指出，这种分配方式仍需要改善，其缺点表现为半劳动力与整劳动力差距过大，同一级整半劳动力的工资相差40%，以及工人上半年与下半年的计件工资收入不平衡。

第三，按滩分配。与实行集体生产前以滩为生产单位的分配形式相同，但在分配计件工资时，则不论技术与劳动强度高低，一律按滩平均分配，其中短工计件工资为长工所得，长工供给短工伙食。按滩分配不符合“按劳取酬”的原则，在推广中被淘汰。

第四，吃大锅饭与按级分配两者结合的分配形式。不分各滩人口多寡，以计件工资集体起伙，剩余部分再按级分配。这种工资形式模糊了个人所得利益，不符合当时所提倡的“按劳取酬”的原则，在推广中逐渐被淘汰。

第五章 生产管理

第一节 制盐技术的改进

一、盐的生产流程

中国古代的两淮盐业以淮南为主，淮南盐区采取的制盐技术是“煮海为盐”，即直接煎炼海水为盐。煮盐、煎盐、熬盐统称为煎盐。淮北盐区的少量产盐地也用这种方法。

灶是主要的煎盐设施，灶基以砖石垒砌而成，中间垒两道承重小墙，上置铁制圆盘（即煎盐工具，通常称为盘铁、锅鏊、牢盆），灶下从前面进柴，后面倒灰。柴火取自荡田（即草滩），是煎盐必需的燃料。明嘉靖年间，两淮巡盐御史雷应龙说：“以卤为本，以草荡为资，以铁盘为器，以灶房为所，有一未备，煎盐有妨。”①

煎盐的流程大体上是用草灰平铺在滩地上，让它吸收海水中的盐卤，然后把草灰所含盐卤提取出来，最后把这些卤水煎煮成盐。具体分为以下三个步骤：

第一步，先将海水引入滩地，让日光照晒。等到海水中的水分蒸发到一定程度之后，把草灰摊在海水上，继续让日光照晒，使草灰吸取卤水。一直晒到水中的盐分快要结霜的时候（当地盐工称为“起盐花”），再把晒好的灰扫起来，填到预先挖好的坑中去提取卤水。方法是把没有用过的草灰铺在坑底，然后把晒好的草灰填入坑里，再铺一层没有用过的草灰，用脚踏实，最后在上面铺一层草（防止草灰被水冲走）。向灰坑中注水，使盐分溶入水中，形成卤水。

---

① 转引自江苏省地方志编纂委员会：《江苏省志·盐业志》，江苏科学技术出版社1997年版，第70页。

第二步，用一根小竹管把卤水从灰坑引入卤井，存在卤井中以备使用（灶民根据煎盐经验，一般向卤井中投入10枚石莲子，视其浮沉鉴别卤水浓度，如果石莲子全部浮上来，则卤水全部可用来煎盐，如有一半浮上来，则产量也会减半，如果有3枚或3枚以下浮上来，则卤水不能煎盐，需要重复上一步骤）。

第三步，将卤水引入铁盘，起火煮盐，卤水将干时，投入皂角数枚，促进卤水结晶成盐。可连续操作，一昼夜可烧五六盘，每盘成盐100斤左右。

煎盐一般在夏天或旱季进行，由于盘铁厚且大，难以烧热，因此每次生产活动通常连续半个月左右。多户灶民（又称亭户、灶丁）使用同一套煎盐设备，一户煎完，他户继续①。

明清时期，淮盐的制作工艺取得了突破性进展，那就是淮北晒盐法的出现。《明史·食货志》载："淮南之盐，煎。淮北之盐，晒。"晒盐法的出现，改变了以柴草煎煮的生产方式，代之通过阳光、风力蒸发制盐。

淮北盐场地处黄海之滨，地势平衍辽阔，南北200余里，只需于海滩上稍加挖掘成河，修建水闸，即能引纳潮水，凡遇大汛，潮即漫滩而上（俗语谓之漫滩潮）。盐场境内有灌河、埒河、临洪河，均为纳潮河。

一般盐田土质以粗黏土成分为50%～70%为适宜（粗黏土是微沙与黏土混合后的土壤），超出这一标准的土质，使得结晶较为迟缓。淮北盐区灌河两岸土质的缺点在于粗黏土过多，为80%以上；但是细沙成分约为13%～16%，是其优点。

卤水蒸发量的大小与温度、湿度、风力等自然环境息息相关。每年的5月至7月是淮北盐场全年的旺产季节，尤以小满前后18天为最。这三个月的产量就占了全年产量的80%左右。这是因为，这段时间内，温度适宜，约为17℃～30℃；风向、风力适宜，多西南风（西南风来自大陆，故湿度小，蒸发力大）；且降雨量小。春、夏、秋三季，降雨量大，不适于产盐，冬季则由于温度太低。

早期晒盐通常使用砖砌结晶池。按明代规定，在傍海近潮之处，灶户用砖铺成晒池，四旁有相应的泥池。泥池分为头道、二道以至九道，用以层层蒸发。每个泥池旁设一砖砌卤井，下雨时即将卤水引入井中。卤井旁有沙格（即蒸发池），池小而深，也用于晒盐。

经过历代发展，至民国时期，滩地结构得到了完善。一份滩地一般由以下几部分构成。（1）引潮河：直通外海，有水闸启闭，潮水经引潮河流入圩河；（2）圩河：在圩子的周围疏浚而成的河，可以蓄、泻潮水；（3）洼地：即蓄水池；（4）大生活：即大蒸发池；（5）洼格：即小蒸发池，包括大洼、二洼、三洼；

① 江苏省地方志编纂委员会：《江苏省志·盐业志》，江苏科学技术出版社1997年版，第70-79页；《台北盐场志》编纂委员会：《台北盐场志》，中国矿业大学出版社2008年版，第112-114页。

(6) 高格：即小蒸发池，包括大高、二高、三高；(7) 卤井：亦称卤塘，四围用砖砌成，制盐过程中如遇降雨，即将卤水放入卤井贮藏；(8) 加卤格：亦称包头格，即调节池；(9) 晒格：即结晶池；(10) 卤沟：每两份滩合用一条，方便卤水流通；(11) 胖头河：每圩公用一条，直通廪基，用以行驶驳船、运输盐斤；(12) 廪基：每圩有廪基一座，用以暂时堆存新产盐斤。

池滩结构式样不一，但以八卦滩（图 5-1）为主。八卦滩是民国初年发明的，因滩与滩之间交错衔接，类似八卦，故有此名。八卦滩的具体构造形式是：一条圩子均分为 8 份，四周有大圩，中间建廪基，8 份滩的滩口集中向廪基。采用八卦滩后，晒盐规模较以前大型、集中，产量也随之增长。民国时期济南场的盐滩均是采用八卦滩，这也是新中国成立后淮北盐场的主要滩地结构。

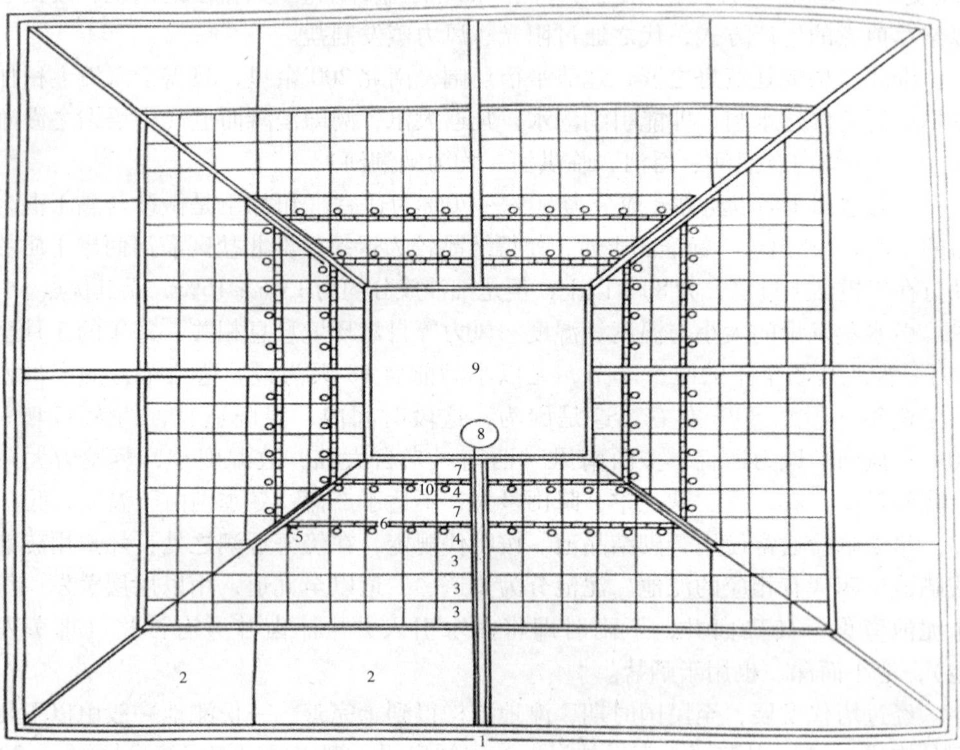

图 5-1　八卦滩示意图

1—大圩；2—洼地；3—蒸发地；4—加卤地；5—卤井；
6—走卤桥；7—结晶地；8—胖头河；9—廪基；10—卤沟

晒盐法的制盐流程是：

(1) 纳潮。淮北纳潮方法大部分为引潮法，即于每月朔、望汛期的时候开放引潮河闸口，海水经引潮河流入圩河，再以风车把海水引入洼地。遇到大潮，海水会直接漫上洼地，称为漫滩潮，漫滩潮浓度较一般潮水高。灌西、台北二场装有抽水机，可持续不断地汲取海水。潮水卤度，以农历12月份最高，称为寒潮，一般洼地水的卤度，约为Be2.5°~4°。

（2）蒸发。海水在不同的蒸发池中接受日晒，浓度越来越高，最后输送到结晶池。其具体过程是：利用风车将海水自洼地引入大生活，此时海水浓度约为5°~6°；自大生活到三洼，约为7°~8°；自三洼至二洼，约为9°~10°；自二洼至大洼，约为11°~12°；自大洼至大高，约为13°~15°；自大高至二高，约为16°~18°；自二高至三高，约为19°~22°；自三高至加卤格，约为23°~25°；自加卤格至晒格，约为27°~28°。

（3）结晶。卤水进入晒格后，即呈饱和点（Be26°），此时把成盐撒入结晶池内，帮助卤水迅速结晶，俗称“种盐”。旺产季节，两三天即能成盐；淡季须10余天。成盐后，将盐堆在晒格中，待卤水滴净后，再挑入廪基，盖上签席储存。

淮北盐场的生产集中在春、秋两季，称为春扫、秋扫，其中又以春扫最为重要，占了全年产量的绝大部分。新中国成立之前，淮北盐场的盐工只有在春扫、秋扫的时候（4、5、6、9、10月份）才在盐滩上活动，其余各月都是靠捕鱼摸虾、做短工散活来维持生活。

二、滩地建设

淮北盐场解放后，不少滩地年久失修，可用的工具很少，而且陈旧不堪，不能适应生产的需要，圩河、公路及运盐河道，都遭到长期战争的严重破坏。为了完成生产任务，盐场立即着手进行滩地建设。

首先，发动全盐区工人、群众，修整滩地，把荒废的滩地都加以修复利用；修缮滩内损坏的格子（如蒸发池、加卤格、晒格等）；同时又开浚河流，改建公路，尽量利用自然条件，扩大生产和运输能力。到1950年冬止，淮北盐场修滩达1755份，修好格子5798块。1951年上半年内完成了新滩、灌东两场及徐圩到封艞的浚河复路工程，灌西场燕尾港的排淡涵洞，天生港水闸及燕尾港至徐圩公路的修复工程。各场挖掘了62万多土方的蓄水引潮工程，自新中国成立后至1951年秋，全场兴建了7座水闸，恢复和整理了300多条大圩、500多份洼地、40多条引潮河等568万多土方的工程。这些工程使淮北盐场的面貌获得了基本上的改观，为提高生产、增加产量打下了基础①。

---

① 中共淮北盐场党委：《淮北盐场简史（草稿）》，江苏省档案馆藏档，全宗号4119，永久，案卷号151，第77-78页。

其次，增加动力设施。在台北盐场兴建西墅扬水站是淮北盐区政府建设盐场的第一大工程，它是淮北盐场实现机械化的初步尝试，改变了以往自然与人工纳潮的方式。西墅扬水站工程的开工引起了几万盐民的关注。华东盐务局和华东区财委对这项工程十分重视，于1950年7月多次专项行文询问西墅扬水站抽水机工程进展情况。这项工程于1950年秋完工，共耗资4.8亿多元（旧币），其中机器设备6672万元，基建工程费用折合418万斤小麦。初建时两台抽水机每台120马力，提水每秒33立方，效益显著，海水浓度较台北一般纳潮口普遍高0.5～1度左右，可以满足台北场全年产盐的需要①。

到1951年10月以前，淮北盐场共添置了5台抽水机，240匹马力的发电机及1300多挂风车，700多辆水车，使生产上必需的动力设备，大体上配备齐全。就其动力设备而言，当时已经超过了战前的水平。这些投资有效地保证了盐业生产的迅速恢复②。

这时期基本建设的投资方式是群众自办和企业行政投资相结合的方式。为疏浚河道、整修滩地，台北场盐工共挖掘6436土方，台南场盐工挖掘5209土方，其他场也有类似情况。在置办工具的过程中，一些小型工具的置办由盐民想办法，例如，盐民拿出自己家用的被单、被里、麻袋等物件来做风车篷；企业的投资用于购置对生产起决定作用的大型工具，如风车、抽水设备等。这种做法节省了企业生产方面的资金③。

另一方面，由于技术上的限制、设计上的失误等原因，这时期的基建工作也存在很多问题。例如，在修建灌东场的4个水闸时，选择地点有误，没有估计到防淡水、排淡水的问题，把水闸设在沂水入海口（即灌河口）。水闸原为纳咸潮供生产之用，但是灌河淡水经过这里流入圩滩，冲淡了卤水，反而使生产量减低。又如，在修建西墅扬水机工程时，考虑到旧水道过长、一年需要挖掏一次，就废弃了旧水道，重建了新水道。但实际上，建筑新水道的费用比修复旧水道要多投资约合90万斤小麦，反而造成了浪费④。

在大力兴办工程的过程中，淮北盐场逐步建立和改善了工具管理制度。盐场解放初期，在工具保管方面采用的是工具供给制，即由盐场负责保管和维修工

① 《江苏盐业史》编写组：《江苏盐业史》（修订本），江苏人民出版社1992年版，第180页。

② 中共淮北盐场党委：《淮北盐场简史（草稿）》，江苏省档案馆藏档，全宗号4119，永久，案卷号151，第78页。

③ 中共淮北盐场党委：《淮北盐场简史（草稿）》，江苏省档案馆藏档，全宗号4119，永久，案卷号151，第77-78页。

④ 刘政等：《国营淮北盐场盲目修建轻信包商，水闸抽水机等工程都出了毛病》，《人民日报》1951年7月24第2版。

具，各场、所按照滩地等级和面积大小，把大小应用工具（盐筐、风车、水车等）按照盐工的需要发给他们使用。这就造成工具供应方面缺乏计划性，各场、所很难有效保证盐工顺利领到所需工具。不仅如此，由于工具是公用的，盐工对工具缺乏爱护。1949 年春，由工具供给制改为工具包用制，即盐场把买工具的钱给盐工，由盐工自己买制工具。买制的工具在规定年限内包给盐工自己使用和保管。当这些工具超过了规定使用年限后，由盐场另行发给资金。这样，就有效地克服了浪费工具的现象，也避免了以往工具需求和供应不对等的矛盾。

淮北盐场第一个五年计划时期的基建工程规模较大，对增加盐产量起到了很大的作用。“一五”计划时期，国家列出了 694 个 1000 万元限额以上的重点建设项目，淮北盐场是其中一个。这五年中，仅国家投资淮北盐场的基建款项，就达到约 1400 万元之巨。

根据中央轻工业部和国家计委的要求，淮北盐场组织力量进行了“一五”及远景规划的设计。1954 年 4 月，在盐务总局的支持下，淮北盐场成立了由盐务总局、华东区盐局、浙江省盐务局、永裕公司以及南京测绘大队、南京社科院、淮委水利厅等单位 80 人参加的总体设计小组，历时 5 个月，完成了淮北盐场“一五”建设的总体规划。这一规划经中央轻工业部提出初步审核意见，报经国家计委批准实施。规划提出，淮北盐场应向“集中扬水、集中结晶、相适应的集中制卤方向努力，采取定深、定浓（度）、步步有落差，所有保卤排淡符合生产需要，各级扬水制卤全部机械化的方向”发展①。

“一五”计划时期，淮北盐场的基建工作包括大规模地兴建海堤与扬水站，以及防淡、排淡工程、扩建坨地、架设铁路支线等内容，这些生产性建设占投资额 85% 以上。其中，基建工作的主要任务是：兴修海堤、保证安全生产；变风力、人力扬水纳潮为机械化扬水，彻底解决水源、卤源供应问题。

国家对淮北盐场兴修海堤十分重视，对淮北盐场的投资中，海堤一项即达到 530 万元以上，占总投资数的 37.86%。海堤在盐场中的作用至关重要。“一五”计划期间，淮北盐场修筑了灌西、台南、台北等大海堤以及灌东、新滩连接堆（包括 18 座水闸及桥梁、石坝、驳岸工程等）。自 1957 年，已经构成由临洪河（大浦闸）为起点，从西北向东南，经埒子河、灌河、中山河的将近 100 公里的海堤曲线。这条蜿蜒黄海边的曲线与农场海堤、沂河堤、中山河堤相连接，将整个淮北盐场及广大农区环绕在内，形成一道防汛挡潮的壁垒②。

---

① 《江苏盐业史》编写组：《江苏盐业史》（修订本），江苏人民出版社 1992 年版，第 196 页。

② 中共淮北盐场党委：《淮北盐场简史（草稿）》，江苏省档案馆藏档，全宗号 4119，永久，案卷号 151，第 89–90 页。

海堤的修建对淮北盐场意义重大。首先它可以保证盐区盐民和盐业生产的安全性。淮北盐场近百年来曾有过4次大海潮，最大的一次是1939年，盐区几乎全部淹没在大水中，死亡千余人。大海堤修筑之后，1956年，淮北盐场遭遇大潮，风力达11级，大潮水位比1939年还高，但由于海堤的阻挡，盐区并未遭受多少损失。

其次，海堤工程在经济上的意义十分突出。由于海堤建成，盐场大量圩外空地可以用于生产。再利用扬水站抽水灌溉，至1956年年底海堤完工后，框出来的作为大水库和蓄卤的圩外空地即达153平方公里以上，等于增加原有生产面积的62%左右。这对增加产量，有着决定性作用①。

因此，为了保证海堤的坚固性，淮北盐场每年都拨出专款进行维修。

“一五”计划期间，淮北盐场兴建了封艞、辛高圩、十一圩、三圩港、十场等五座机械扬水站，投资440万元以上，仅次于海堤，占基建项目的第二位。

扬水站建立以前，历年生产都是依靠自然纳潮、风车扬水。没有风的时候，就不能扬水送入盐滩内，而且依靠风力或人力扬水，工人劳动负荷重，输水量却没有显著提高。几乎历年的生产旺季（即春扫期间），在水源供应上都无法保证，往往因缺水而影响生产，更不要说储蓄水源。这也是淮北盐业生产年产量或高或低的主要原因之一。

这些问题在扬水机械化以后，大体上都解决了。扬水站的兴建，比较彻底地解决了生产水源供应、提高水浓度等重大问题，为增产提供了可靠保证。例如，从封艞扬水站的实际供水情况来看，年增产能力就是240万担盐（相当于增加收入2000万元左右）。而封艞扬水站的扬水量在5座扬水站的扬水总量中，所占比例还不到1/5②。又如，根据《人民日报》报道，“淮北盐场仅新建的两个扬水站，每年就可以为国家增产原盐373万多担”③。

虽然海堤建成后，出现了大片可用于生产的空地，但真正的利用还是在扬水站建成以后。这是扬水站促进生产的另一个方面。

此外，“一五”计划期间，淮北盐场也适当地和有重点地改善了盐工生活，增加了他们的福利待遇。例如，在改善居住条件方面，五年中新建的工人住房达5934间，连同经济恢复时期，共新建住宅达8366间，使大部分的盐工住进新屋。又如，针对盐场遍地咸水、盐工吃水困难的情况，采取了打井和兴修淡水池的措

---

① 中共淮北盐场党委：《淮北盐场简史（草稿）》，江苏省档案馆藏档，全宗号4119，永久，案卷号151，第90页。

② 中共淮北盐场党委：《淮北盐场简史（草稿）》，江苏省档案馆藏档，全宗号4119，永久，案卷号151，第92页。

③ 《299项工程在建设》，《人民日报》1956年7月1日第1版。

施，解决吃水问题。

三、技术改良

随着盐业生产资料的国有化，以及盐业经济的恢复和发展，传统的海盐生产技术也得到改进。在这个过程中，最为著名的是柳国喜的盐业技术革新。

柳国喜（1909—1983），辽宁普兰店人。18 岁在东北当盐工，1949 年被评为东北盐业一等劳动模范，1950 年担任东北盐区新庄盐务管理局东老滩盐场管理处 22 盐滩生产组长。由于他在 1950 年生产中节省了 20% 的劳动力，超额完成 36% 的生产任务，并在生产中创造出一系列的先进生产经验[①]，受到了东北盐区的重视和推广，并成为其他海盐区学习的榜样。

柳国喜的先进经验贯彻于盐业生产的整个过程中，“几乎每一个工序都有他的先进经验”[②]，但是主要表现在制卤、保卤方面。具体内容分为以下几个方面：一是冬季利用淡卤比重小、冰点高的原理，进行冰下抽咸；二是晒水不晒滩，主张盐滩贮放卤水后再蒸发；三是“薄灌勤跑”，在春初或秋冬蒸发量低的气候条件下，蒸发池卤水放得浅，一般 3 ~ 5 厘米深，缩短制卤周期，周转快；四是“深卤长盐”；五是“早上刢盐”（收盐时，用小刮板将池内盐刢成“长龙”或成小堆，称为“刢盐”）。

1951 年 3 月，华东区盐务管理局向所属各局转发了学习柳国喜模范事迹的小册子，要求各盐务管理局学习柳国喜先进生产经验。

1953 年 1 月 26 日至 2 月 4 日，由于海盐歉产，盐务总局召开了全国盐业生产先进经验技术交流座谈会，以推动先进生产经验的总结和推广，从而达到“增加产量、提高质量和降低成本”[③] 的目的。这次座谈会上重点强调了要在各区推广柳国喜先进经验，会议讨论结果决定：

> 全国盐业生产劳动模范柳国喜的先进经验，从修滩、养卤、结晶、扒盐，以至气象发生异变时的紧急措施，几乎包括海盐生产的全部过程，经会议详为研究，一致认为确属先进，并经补充，使这一先进经验更趋完善，不但东北、长芦、山东、淮北能够全部推广，即其他沿海晒盐区域亦大部可以运用。除东北区应在原来推广的基础上提高一步继续推广外，长芦、山东、淮北的国营盐场，应

① 《华东区盐务管理局通报〔区秘（51）字第 131 号〕》（1951 年 3 月 1 日），江苏省档案馆藏档，全宗号 4119，长期，案卷号 16。

② 《全国盐业劳动模范——柳国喜》，《中国轻工业》1956 年第 8 期，第 12 页。

③ 《轻工业部盐务总局局长张道吾在全国盐业生产经验技术交流座谈会上的报告（节录）》（1953 年 1 月 26 日），《中国工会运动史料全书》总编辑委员会编：《中国工会运动史料全书》，北京图书馆出版社 1998 年版，第 171 页。

在1953年予以推广，其他沿海私营盐场，可视条件成熟程度逐渐推广①。

与其他重要的海盐区相比，淮北盐场的生产技术相对落后，工人的技术水平低，劳动生产率也相对较低。特别是工人技术力量很弱，“在生产工艺上，只有十几个技术员，没有工程师。在工人的技术等级上，8级工人只有15人，7级工人只有478人，占工人总数的7.78%。工人当中尚有70%仍处于文盲状态，对工人的技术教育不系统不经常。……由于这样，设备落后，手工业的生产方式，加之工人的劳动生产率很低，1954年平均每个生产工人年产量是50.16吨，而长芦盐场是123.35吨”②。针对这种情况，淮北盐场吸取了柳国喜、杨在柏等人的生产经验，积极改进制盐技术。

1954年，柳国喜到淮北盐场宣传先进生产经验。他在淮北盐场住了20多天，分别至各个制盐场和部分工区、小组作报告，进行实际操作，交流和推广先进经验。学习柳国喜先进经验运动很快就在淮北盐场展开了。

由于柳国喜经验中的几项主要部分与淮北盐场原有的操作方法恰恰相反，因而在推广过程中有一定的困难，遭到了不少盐民的抵触。对此，淮北盐场党委大力推行，积极动员，不断试验，创造增产的事实，又由于当时正值技术革新的热潮，终于使柳国喜先进经验在淮北盐场普遍推广开来。

1954年和1955年，由于采用“冰下抽卤”，改变了淮北历史上初开晒每份滩只灌一两块格子的情况，提高到灌六七块格子。晒水不晒滩是行之有效的生产经验，淮北盐务管理局把这一经验纳入技术操作规程中。这主要是因为卤水热容量大、吸热多、散热慢，有利于热量的利用和蒸发；而土壤热容量小、吸热少、散热快，不利于热量的利用和蒸发。而利用风车拐水增加了水源的供给量，给这一经验创造了条件。由于“晒水不晒滩”等经验的运用，到1957年止，淮北盐场相对增加了约5%的蒸发面积③。

柳国喜的重要经验之一——“雨前、雨中、雨后操作法”，在多雨气候的淮北盐场受到了欢迎和重视。这种操作方法是，雨前尽可能保护产品与原料；雨势将衰有停止征兆时，则赶快把雨水从滩地上排出；雨后则在彻底排淡的基础上，继续恢复晒盐。淮北盐场将这项操作方法结合本身情况，总结出了先进经验，普遍缩短了雨后恢复生产的时间。1954年，淮北盐务局制定“三雨”工作制度，

---

① 《轻工业部盐务总局、全国总工会盐业工会工委关于在海盐区推广柳国喜先进经验的决定》（1953年2月），《中国工会运动史料全书》，第175页。

② 叶志俊：《国营淮北盐场工作情况报告》（1956年8月），江苏省档案馆藏档，全宗号4119，永久，案卷号112。

③ 中共淮北盐场党委：《淮北盐场简史（草稿）》，江苏省档案馆藏档，全宗号4119，永久，案卷号151，第110页。

即：雨前保卤，将卤水分段引入卤塘；雨中淋卤，把滩上淋下来的卤水按不同浓度分别回收；雨后排淡，及时排除滩面雨水，以防雨水沤淡池滩。雨后天晴时，迅速把卤塘内的卤水引到制卤格块上，恢复生产。为增加保卤容积，滩滩挖土塘，提高卤水收容量①。这成为淮北盐业生产的重要措施。

淮北盐场杨在柏的先进生产经验也对生产起到了很大的推动作用。台南盐场蒿东工区小程圩领滩杨在柏总结出“常年修滩、四季保养、边改边产”的一套完整的“改造旧滩、修保盐滩”修滩法。他的修滩经验，不仅是注意修滩质量，更重要的是提倡平时修滩，即在生产时期，遇有小雨或阴天工作较闲时，进行修滩工作。这种做法，不仅可以保证滩地质量，而且可以合理使用劳动力。杨在柏的修滩经验使他所在的滩地生产面积扩大 4 倍，原盐产量增长 15 倍，得到中央轻工业部、盐务总局的肯定，在全国海盐区推广②。

除此之外，淮北盐务管理局把生产季节重新划分，按照淮北制盐的生产工作（修理、纳潮、盘卤、转水、挑盐），将每年分为四个阶段。

第一阶段自 11 月 1 日起至 2 月 28 日，共 120 天，是春扫准备阶段，主要工作是积水、制卤和检修滩地、工具。

第二阶段自 3 月 1 日起至 6 月 30 日，共 120 天，是春扫阶段。这一时期是全年生产的重要环节，一般能完成全年任务的 85%。

第三阶段自 7 月 1 日起至 8 月 30 日，共 60 天，是防洪护盐、总结春扫、布置秋扫阶段。这一阶段的中心工作为主要任务是防台、防汛、保盐、保卤、维护保养滩地。

第四阶段自 9 月 1 日到 10 月 30 日，共 60 天，是秋扫阶段。

1956 年，盐务总局以柳国喜、杨在柏等先进经验为基础，制定了我国第一个《海盐滩晒操作技术规程》。对海盐生产从纳潮、制卤、扒盐、集运到设备维修等各个工序、不同季节的操作要求和注意事项，均作了具体规定，使海盐生产操作向规范化前进了一步。各盐区结合实际拟定实施细则，贯彻执行。总的要求是尽可能地利用有效蒸发，充裕卤源，加强结晶管理，适当延长生产期（提前灌池结晶，延长秋晒结束期），达到增产优质效果③。

---

① 《台北盐场志》编纂委员会：《台北盐场志》，中国矿业大学出版社 2008 年版，第 117 页。
② 《台北盐场志》编纂委员会：《台北盐场志》，中国矿业大学出版社 2008 年版，第 162 页。
③ 丁长清、唐仁粤主编：《中国盐业史》（近代 当代编），人民出版社 1997 年版，第 477 页。

第二节 劳动竞赛运动

一、接管后的劳动竞赛

中共接管淮北盐场后，为尽快地恢复与发展生产，积极开展生产动员活动。这首先与当时严峻的政治、经济和社会形势密不可分。

1948 年 11 月中共接管淮北盐场时，国共内战尚未结束，淮海战役刚刚拉开序幕。1949—1950 年，国民党还有上百万军队在华南、西南地区，以及海南岛、舟山群岛等沿海岛屿负隅顽抗。在新解放地区，还活动着大批的国民党残余力量。频繁的军事斗争自然需要提供大量的财政支持。

1950—1951 年，国内出现了大面积的自然灾害。苏北地区更是水灾频发。1949 年入夏以后，苏北地区遭受严重水灾。8 月中旬以后，淮阴区沂、沭水先后猛涨 3 次（往年每年 1 次），决口数十处。苏北全区 35 个县和 3 个市中，有 28 个县受水灾，导致人员伤亡惨重，大片耕地被淹，粮、棉大量减产。这一年，苏北灾民不仅缺粮、缺草、缺衣，而且缺盐，灾民因长期吃不到盐而出现脸部浮肿的症状①。之后在 1950 年 4 月、1951 年 7 月、1952 年 8 月，苏北地区又连续遭受水灾。这就使得中共当局在财政极端紧张的情况下，承担起救灾任务。

不仅如此，1950—1951 年，中共在全国范围内开展镇压反革命运动，1950 年 10 月开始，又掀起了声势浩大的抗美援朝运动。这两项新中国成立初期的重要运动（特别是后者）都需要国家的财政支持。

国家生产动员的组织形式是劳动竞赛。劳动竞赛兴起于东北根据地的工人间，1950 年年底，被推广于全国各大行政区。“竞赛的内容主要是超额完成生产计划或按时完成临时增加的特殊生产任务，它在很大程度上保证了繁重的军需订货任务的突击完成”②。

为制造竞赛声势，1951 年 1 月，东北机械局第五机器厂的马恒昌先进生产小组，在《人民日报》上提出了开展爱国主义生产竞赛的五项条件，主要包括保质超额完成生产任务、遵守师徒合同和劳动纪律、安全生产以及加强政治学习

① 江苏省地方志编纂委员会编：《江苏省志 · 民政志》，方志出版社 2002 年版，第 487-488 页。

② 林超超：《生产线上的革命——20 世纪 50 年代上海工业企业的劳动竞赛》，《开放时代》2013 年第 1 期，第 147 页。

等，向全国各厂矿工人发起挑战[①]。全国总工会随机发出在全国开展马恒昌小组竞赛运动的决定。至1951年5月底，全国参加竞赛的厂矿企业职工超过223万人[②]。

在推进劳动竞赛的同时，各地还普遍开展了合理化建议运动。1950年8月11日，政务院发出了《关于奖励有关生产的发明、技术改进及合理化建议的决定》，要求各地的经济部门指导所属企业充分鼓励工人提出技术改进意见，并对合理意见给予奖励[③]。

抗美援朝运动开始后，在国内大力宣传"保家卫国"的爱国主义精神，极大地推动了劳动竞赛的进一步开展，各企业和机关响应中央的号召，纷纷订立了爱国公约。爱国公约的内容包括两个方面：一是表示爱国的决心，对镇反和抗美援朝运动的支持；二是制定出较为可行的措施，在生产企业则主要表现为增产。

1951年2月2日，中共中央发出了《关于进一步开展抗美援朝爱国运动的指示》，提出爱国运动应以"争取全面的公正的对日和约""慰劳中国人民志愿军和朝鲜人民军""发起订立爱国公约"这三件事为中心[④]。

6月1日，全国抗美援朝运动的统一领导机构——中国人民保卫世界和平反对美国侵略委员会（1950年10月26日成立，简称"中国人民抗美援朝总会"）发出《关于推行爱国公约、捐献飞机大炮和优待烈属军属的号召》，号召在全国普遍开展订立爱国公约运动和捐献飞机大炮运动，开展实现爱国公约的生产竞赛[⑤]。从而带动了全国的增产捐献行为。

10月上旬，为了解决抗美援朝战争和经济建设所需的大量资金问题，中共中央政治局召开了扩大会议，制定了实行"精兵简政，增产节约"的方针，决定"依靠人民内部的力量，解决资金不足的问题"，号召全国人民"增产节约"[⑥]。10月23日，毛泽东在政协一届三次会议上的开会词中说："我们就需要

① 《保持爱国主义生产竞赛经常性，马恒昌小组向全国工人发起挑战》，《人民日报》1951年1月20日第2版。

② 倪志福主编：《当代中国工人阶级和工会运动》下册，当代中国出版社1997年版，第7页。

③ 《中央人民政府政务院关于奖励有关生产的发明、技术改进及合理化建议的决定》（1950年8月11日政务院第45次政务会议通过），《人民日报》1950年8月17日第1版。

④ 《中共中央关于进一步开展抗美援朝爱国运动的指示》，中共中央文献研究室编：《建国以来重要文献选编》第二册，中央文献出版社1992年版，第25-26页。

⑤ 《中国人民抗美援朝总会关于推行爱国公约、捐献飞机大炮和优待烈属军属的号召》（1951年6月1日），刘金质、杨淮生主编：《中国对朝鲜和韩国政策文件汇编：1949—1994》，中国社会科学出版社1994年版，第178-180页。

⑥ 《中央政治局扩大会议》（1951年10月上旬），姜华宣、张蔚萍等主编：《中国共产党重要会议纪事（1921—2006）》（增订本），中央文献出版社2006年版，第215页。

继续加强抗美援朝的工作，需要增加生产，厉行节约，以支持中国人民志愿军。”① 从此，增产节约运动在全国各行业普遍开展起来。

11 月 20 日，《人民日报》发表了题为《开展增产节约运动是国家当前的中心任务》的社论，指出国营企业和国家机关、合作社的增产节约运动应从以下几个方面开展，包括清理积压的资财、加速资金周转、减少基本建设中的浪费、提高工作和生产效率、努力降低成本、缩减人员编制、不铺张浪费、杜绝贪污蜕化②。

1951 年年底到 1952 年 10 月，又开展了“三反”“五反”运动。随着增产节约运动的进行，各地区、各部门都揭发出了相当严重的贪污、浪费和官僚主义现象。针对这种情况，中共中央作出开展“反贪污、反浪费、反官僚主义”的“三反”运动。在“三反”运动中，中共中央建立了以薄一波为主任的增产节约运动委员会，并在党政军三个系统成立了各级节约检查委员会，负责发动群众，对各机关、团体中存在的贪污、浪费和官僚主义现象进行检查和揭露。由于揭发出的党政军民内部贪污分子的违法行为，很多是和社会上不法资本家的行贿、偷税漏税、盗骗国家财产、偷工减料和偷窃经济情报的行为密切相连的，进而发起了“五反”运动。

淮北盐场是中共于新中国成立前夕接管的重要经济单位，迅速恢复生产、提高盐产量显得尤为重要。1948 年秋至 1951 年，在生产支前和改善国家财政的号召下，淮北盐场开展了持续的大规模的劳动竞赛运动，发动盐工积极投入生产。

盐场解放之初进行了生产立功运动，提出“生产立功大家忙，多生产来支前方，早日打垮蒋残匪，永远翻身有福享”“打仗要冲锋，生产要立功，立了小功立大功，功上加功最光荣”③ 的口号，各场召开干部和生产积极分子大会，号召全体盐工修整滩地和其他生产设备，抢种、巧晒，向天时斗争。例如，由于缺水问题严重，盐工们就掀起拐水运动，灌东场海堤所二圩的盐工，在天气很冷的冬天早晨就起来用水车拐水。

与此同时，淮北盐场还开展了夺红旗运动。各场都组织了生产竞赛委员会，由党、团总支、所长、工会委员等组成，以产量多、质量好、爱护工具、讲究卫生为获旗条件。夺红旗运动在时间上虽然没有像立功运动那样持久，但所起的作用却很显著。

---

① 毛泽东:《三大运动的伟大胜利》(1951 年 10 月 23 日),《建国以来毛泽东文稿》第二册，中央文献出版社 1988 年版，第 483 页。

② 《开展增产节约运动是国家当前的中心任务》,《人民日报》社论 1951 年 11 月 20 日第 1 版。

③ 中共淮北盐场党委:《淮北盐场简史（草稿）》，江苏省档案馆藏档，全宗号 4119，永久，案卷号 151。

1951 年春，随着镇反和抗美援朝运动在淮北盐场的贯彻，大规模的爱国主义劳动竞赛在淮北盐场蓬勃地开展起来，“盐场当战场、工具当刀枪”，“把盐粒变成子弹”[①] 的口号响彻全场。

广大盐工以战斗的姿态投入盐业生产。第一，淮北盐场向东北马恒昌先进生产组应战的生产小组达 189 个，盐场内部所与所、组与组、个人与个人之间的挑应战也开展起来。第二，整修滩地和其他设施，并在全场成立了 260 个生产研究组，以钻研生产技术。时宝玉集体生产组是在这个运动中涌现出来的，一些新式的生产技术相继被发明创造出来，使 1951 年的春扫获得丰收，生产任务超额完成了 125%[②]。第三，掀起了“爱国护盐运动”，全场组织了青壮年 8724 人、老年 931 人、儿童 1156 人，站岗放哨，防止走私[③]。

在劳动竞赛中，淮北盐务管理局通过评选劳动模范，并对其进行奖励与表彰的方式，鼓舞盐工的生产积极性。1951 年春产之前，淮北盐场共评定出一、二等劳动模范 90 名。1951 年 8 月 18 日至 9 月 3 日，淮北盐特委在新浦召开了“淮北盐场首届劳动模范代表大会”，共有来自制盐、航运、纠察、合作社、邮电、教育、医务、工程、稽征、市镇、粮库、汽运、机关等各个行业的 195 名代表参加，其中，来自制盐行业的劳动模范占 85% 以上。对这次大会，盐务总局特别赠送红底黄字锦旗一面，以示贺忱，锦旗上写有“发挥劳动智慧，掌握自然规律，巩固与提高你们在盐业生产战线上已取得的成绩”[④]。大会共评出 66 名劳模，共发奖金 4335000 元。其中一等模范 13 人，奖金 1495000 元；二等 18 人，奖金 1440000 元；三等 35 人，奖金 1400000 元[⑤]。大会上还重点交流了生产经验，要求在全场进行推广。

爱国公约运动在淮北盐场开展期间，淮北盐区人民抗美援朝分会和盐场工会发起了捐献“淮北盐场号”战斗机运动，掀起了淮北盐场增产捐献的高潮。据称，灌东场有的小组为了把爱国公约与劳动竞赛计划结合起来，还订立了爱国竞赛公约，使半个月生产计划 10 天就完成了；台北场仅 5 天时间就产盐 327000 多

---

① 中共淮北盐场党委：《淮北盐场简史（草稿）》，江苏省档案馆藏档，全宗号 4119，永久，案卷号 151。

② 中共淮北盐场党委：《淮北盐场简史（草稿）》，江苏省档案馆藏档，全宗号 4119，永久，案卷号 151。

③ 中共淮北盐场党委：《淮北盐场简史（草稿）》，江苏省档案馆藏档，全宗号 4119，永久，案卷号 151。

④ 《中央人民政府财政部盐务总局函盐办秘（51）字第 291 号》（1951 年 7 月 22 日），江苏省档案馆藏档，全宗号 4119，长期，案卷号 16。

⑤ 《淮北盐务管理局模范奖品预算表》（1951 年 7 月 26 日），江苏省档案馆藏档，全宗号 4119，长期，案卷号 16。

担，超过计划3.5倍。至1951年12月21日止，“淮北盐场号”战斗机的捐献任务超额完成，盐场捐款数字达209000多万元（旧人民币，与新人民币的比例为10000∶1）[①]。

1951—1952年，为了响应中央号召，淮北盐场积极开展了增产节约运动，成立了增产节约委员会，设内、外组，把从上而下的检查和自下而上的检举结合起来。“检查出大批浪费、积压的资金，光流动资金就搁压34%；因工程计划不周，浪费二亿元（旧币）；全年电话费支出达一亿余元（旧币）。……其它如签席单徐圩场就浪费席子9431付，签子20737根”，共计增产节约250亿元（旧人民币）[②]。此外还从盐商以及盐商组织那里查获一批资金。

二、“一五”时期的劳动竞赛

新中国成立后，经过三年的经济恢复，国民经济得到根本好转，另一方面，通过接管国民党的官僚资产，建立起了一批国营企业，这些都为有计划地进行经济建设创造了条件。1953—1957年，全国执行发展国民经济的第一个五年计划。“一五”计划是在陈云的主持下编制的，从1951年开始，1954年基本定案，1955年全国人大一届二次会议正式通过。“一五”计划的基本任务之一，是集中主要力量进行以苏联帮助中国设计的156个建设单位为中心的、由限额以上694个建设单位组成的工业建设，奠定新中国的工业基础。

“一五”计划时期，全国开展了新的增产节约运动。究其原因，是1953年上半年财政预算上的虚假数字和大举上马的基建工程给国家财政造成了沉重负担和赤字。1953年8月28日，中共中央发出《关于增加生产、增加收入、厉行节约、紧缩开支、平衡国家预算的紧急通知》，号召全党、全国人民通过增加生产、扩大收购和销售、加速资金周转、做好税收工作等事宜来增加收入，同时厉行节约，大力缩减军费和行政开支[③]。9月6日，《人民日报》发表社论《增加生产、增加收入、厉行节约、紧缩开支、超额完成国家计划》。中央通知下达后，各地、各部门迅速拟订了执行中央指示的具体计划

劳动竞赛是实现增产节约的主要方法。1953年9月，全国总工会发出了《关于进一步开展增产节约劳动竞赛保证全面地完成国家生产计划的紧急通知》。

---

① 中共淮北盐场党委：《淮北盐场简史（草稿）》，江苏省档案馆藏档，全宗号4119，永久，案卷号151。

② 中共淮北盐场党委：《淮北盐场简史（草稿）》，江苏省档案馆藏档，全宗号4119，永久，案卷号151。

③ 陈如龙主编：《中华人民共和国财政大事记（1949—1985）》，中国财政经济出版社1989年版，第84页。

10月，中华全国总工会主席赖若愚在全国总工会主席团会议上作了发言，明确指示将劳动竞赛作为经常性的劳动方式，从而将劳动竞赛推向了新的发展阶段，同时亦将工会的工作重心从政治工作转移到了组织生产上来①。

随着劳动竞赛的深入发展，如何扭转单纯拼体力、低品质的局面，成为当局困扰多时的一个难题，这样终于促成了一场以“技术革新”为口号的劳动竞赛。1954年4月，全国总工会作出了《关于在全国范围内开展技术革新运动的决定》，提出把技术革新运动作为当时劳动竞赛的主要内容，指出“技术革新就是生产设备、生产工具、技术过程、技术标准、操作方法以及劳动条件等方面的改进与提高”②。在技术革新运动中，对实际贡献者给予物质和荣誉奖励。依据同期下发的奖励条例，奖励标准有发明创造、技术改进、合理化建议三种程度级别之分，奖金额度以建议采用后一年内所节约的价值为基底抽成，同时对协助他人完成技术革新者也设置了一定的奖励标准。③

当时国家之所以推动技术革新，是期望通过群众性的生产动员，从工艺流程、操作方法、原材料消耗等方面下功夫，来实现增效、降耗的经济效果。后来发现，技术革新并不能通过群众运动来实现，这个口号的提出是错误的。1955年2月，刘澜涛向全国总工会党组传达了中共中央书记处关于技术革新问题的指示，后者认为，把技术革新作为劳动竞赛新阶段或主要内容这个提法不确切、不完善，技术革新的内容一般是由国家增加投资改造技术装备来完成的，而劳动竞赛的实质是群众运动，因此，“技术革新”这个口号有重新审查的必要。1955年3月，全国总工会召开七届六次主席团会议，决定取消“技术革新”的口号。

1956年3月，中共中央下达了新的劳动竞赛指示——先进生产者运动，以推动“一五”计划的提前和超额完成④。1956年7月，盐务总局局长张道吾在《关于盐务工作基本情况和今后意见的报告》中对如何有效地开展先进生产者运动提出了大量意见，具体包括：（1）大力增产、保证供应，这就需要做到开展社会主义竞赛，推广先进生产经验，加强技术领导，以及加强基本建设工作；（2）提高盐的质量；（3）积极扩大副产品的生产，满足各方面的需要；（4）改进劳动组织，调整长工和季节工、临时工的比例，尽量少用季节工，更少用临时工，

---

① 赖若愚：《把劳动竞赛向前推进一步》，《人民日报》1953年12月11日第2版。

② 《中华全国总工会关于在全国范围内开展技术革新运动的决定——1954年4月21日中华全国总工会第七届执行委员会主席团第五次会议通过》，《人民日报》1954年5月27日第1版。

③ 《有关生产的发明、技术改进及合理化建议的奖励暂行条例》（1954年5月6日政务院第215次政务会议通过），中共中央文献研究室编：《建国以来重要文献选编》第五册，中央文献出版社1993年版，第229-236页。

④ 《中共中央关于积极领导先进生产者运动的通知》（1956年3月12日），中共中央文献研究室编：《建国以来重要文献选编》第八册，中央文献出版社1994年版，第180-189页。

固定一部分长工；（5）改善职工生活；（6）保证安全生产；（7）降低成本①。

“一五”计划时期，淮北盐场根据中央指示，积极开展劳动竞赛，其主要内容包括以下几个方面。

第一，推广生产经验，开展技术革新。

为超额完成1953年的秋扫任务，淮北盐场通过召开先进工人会议交流各项先进经验，同时总结和推广防汛经验。据称，这些经验的推广促使1953年的秋季生产获得了超过原计划311.8%的大丰收，创造淮北秋扫的历史纪录②。

1953年以后，又进一步加强了先进经验的推广工作。这主要表现在：（一）能够根据天时、季节、生产设备等不同情况推广不同的先进经验；（二）普遍组织干部和工人学习技术，由各个制盐场领导干部研究有关教材，建立技术委员会集体备课，在工人中成立技术学习班，1955年4—10月即上课144次；（三）训练了一批开展技术革新的骨干分子；（四）特别是通过劳模会和技术革新展览会，比较系统地总结了重要的生产经验。1955年淮北盐场之所以能够取得空前的高产，与劳动竞赛的深入开展是分不开的。

技术革命运动中，淮北盐场首先培养了两个成功典型。

一是灌西场埒南所。首先，该所通过各种思想教育，鼓励盐工解决了“盐场不比工厂，大圩洼地革不出新来”“提合理化建议耗费力气，送给领导上没声没气”以及“究竟什么是潜力、窍门从何下手”等一系列的思想问题。

其次，开展合理化建议运动。该所通过大会向工人检讨了以往处理合理化建议不及时的缺点，保证今后条条有着落，件件有答复，并宣布建立和健全合理化建议委员会。随后，不断总结介绍和推广盐工的合理化建议的创造经过和作用，分别将他们登上光荣榜，并给提合理化建议的工人带上“窍门花”，通过黑板报、灯光报及其他文娱活动形式大力宣传技术革新运动和新人新事。这样，整个埒南所很快就掀起一个开展合理化建议、进行技术革新的热潮，一个月内全所提出合理化建议100件以上（被采用的有41件）。据称，1954年5月，该所只完成月度计划的27%；掀起技术革新后，产量飙升到灌西场的首位，一度超额完成月计划的312%，获得盐场的优胜红旗。

二是台南场东三圩小组。该所通过发动群众讨论生产计划，研究了生产上的关键问题。然后围绕这些问题有重点地提出合理化建议，订出完成全年计划173%的增产计划。以此增产计划作为全场各小组展开竞赛的目标。

---

① 张道吾：《轻工业部盐务总局关于盐务工作基本情况和今后意见的报告》（1956年7月10日），江苏省档案馆藏档，全宗号4119，永久，案卷号112。

② 中共淮北盐场党委：《淮北盐场简史（草稿）》，江苏省档案馆藏档，全宗号4119，永久，案卷号151。

盐场党委和行政领导以埒南所和东三圩小组的经验为典型，以点带面，在全场大力推广，使劳动竞赛较普遍地开展起来；与此同时，利用东北盐场全国盐业劳模柳国喜到淮北盐场交流的机会，大力宣传和推广了柳国喜的生产经验。

第二，鼓励盐工爱护公共设备、积极维修用具。

1953 年统计，盐工自动献出和利用旧料改制的大小工具即达 34000 件左右，并节约芦席 113000 张，签子 32000 支以上。1954 年以后，这种厉行节约的行为就更加普遍了。有些盐工自己买布做风车篷，家属缝补旧篷；有的盐工收集用坏的水板，用来修理水车，等等①。

第三，建立组织机构。

以前，淮北盐场工会由于不能充分重视劳动竞赛，又由于没有专门的组织机构，以致一些盐工提出的生产意见不能获得及时解决。1953 年 9 月，全国劳模、大浦工区一组组长朱景云提出建议说："从前任所长提到后任所长，从这个会提到那个会，从所提到场，往返拖延，不闻不问，竟达半年多，直到第二年春天上级机关来检查工作才获得解决。"② 这种情况自 1954 年起有了显著的改变。淮北盐场从局、场到所，由党委统一领导，行政与工会相互分工，青年团配合，由上而下，先后建立起专门机构，管理竞赛事宜。

第四，订立竞赛条例。

1955 年年初，淮北盐场制定了劳动竞赛条例，明确了党委统一领导运动和行政、工会共同负责的精神。该条例颁布了劳动竞赛的程序：（一）充分地发动群众按月讨论国家计划，制定竞赛保证条件；（二）具体组织贯彻实现与检查保证条件；（三）按月按季总结评比奖励。

随后开展的先进生产者运动使淮北盐场的劳动竞赛更加高涨，竞赛范围深入到工种之间。1956 年 10 个月全场合理化建议的数字，比 1955 年全年还要多 3. 5 倍，出现了 5 个先进单位、42 个先进小组、29 个同工种小组以及 348 名先进生产者，全场 1/5 的盐工在竞赛中获得个人优胜的奖励③。

---

① 中共淮北盐场党委：《淮北盐场简史（草稿）》，江苏省档案馆藏档，全宗号 4119，永久，案卷号 151。

② 中共淮北盐场党委：《淮北盐场简史（草稿）》，江苏省档案馆藏档，全宗号 4119，永久，案卷号 151。

③ 中共淮北盐场党委：《淮北盐场简史（草稿）》，江苏省档案馆藏档，全宗号 4119，永久，案卷号 151。

第三节　产量和质量

一、质量的提高

海盐的成分，除氯化钠以外，尚含有氯化镁、硫酸镁、硫酸钙、泥土等杂质及水分，在气温较低时所产的盐，有时尚含有硫酸钠。泥土不溶于水，称不溶物；其他杂质能被水溶解，称可溶物。由于海盐是利用自然的露天生产，除主观努力外，客观上受风雨和滩地的限制，和现代化工厂不同，因此技术上也难以控制，常常达不到较高的质量标准，氯化钠含量一般在85%～90%左右，较之于池盐和井盐都低得多。因此，如何保证盐质是盐业生产中需要重视的问题。

1950年6月2日，中央财政部核准颁布《检定食盐规则》，其中规定粗盐的氯化钠含量应在85%以上，水分含量应在8%以下，不溶物含量应在0.8%以下。

1951年，华东区盐务管理局规定各场所产原盐分三等：一等盐，含氯化钠92%以上，水分5%以下，不溶物1%以下；二等盐，含氯化钠85%以上，水分8%以下，不溶物1.5%以下；三等盐，含氯化钠80%以上，并改作工、农、渔业用盐①。

1952年，第四届全国盐务会议细化了对粗盐盐质标准的划分。共分为三等：一等盐含氯化钠90%以上；二等盐含85%以；三等盐含80%以上。一般情况下，各场盐质至少达到二等标准。这个规定一直执行到1958年。

从上述政策可知，盐场出产的盐中，氯化钠含量达到85%以上即为合格。而这一要求在实际的盐业生产过程中，常常很难落实，最重要的原因就是产量问题。盐业生产，特别是海盐生产，很难做到产量和质量兼顾，难免顾此失彼。

从全国范围来看，1950年春，曾发生因单纯强调质量而盲目化盐的错误。随后，国家放松了对质量的要求，单纯追求产量。这就导致1952年个别地区的盐质降低，生产了不少劣盐。

针对这种情况，盐务总局于1953年3月发出了《关于提高盐质的决定》。决定要求各级盐务机关建立产品质量责任制，推广先进经验，奖励发明创造、技术改进与合理化建议，制定或修订技术操作规程，规定质量检查制度等，从制度管理和技术操作上提高盐质②。

---

① 江苏省地方志编纂委员会：《江苏省志·盐业志》，江苏科学技术出版社1997年版，第103页。

② 《中央轻工业部盐务总局关于提高盐质的决定》，《中国轻工业》1953年第2期，第10页。

但是，在接下来的1953、1954、1955年这三年，由于需要大量产盐，质量受到了严重影响。

1952年以前，全国盐业生产实行“以销定产”的方针，并没有大量的存盐。到了1953、1954年，海盐连年短产，坨存空虚，出现了供不应求的紧张情况。这两年间，由于盲目地追求产量，造成了质量的下降。导致盐质低的原因主要在于：

（一）对技术操作控制不严，老卤无限制地循环使用，增加了盐的杂质。

（二）工人在扒盐时不遵守操作规程。

（三）由于滩池地面是泥地，滩池修整不好，往往带起泥蛋、泥片。

（四）收购价格不合理，没有分别质量优劣定价，也没有分等堆存。

（五）企业内部产品验收制度不健全。

（六）新盐出场就销售，储存时间短，水分不能排除，氯化钠达不到预定标准。

1955年，全国实现了盐业的丰产，但大部分盐场的盐质更加降低。海盐区的盐质，“除两广、福建有所提高外，辽宁、长芦、山东、淮北4个主要产区均有一些下降。氯化钠平均含量为86.49%，比1954年减少3.19%，杂质、水分也有增加……引起部分用户的不满，要求贴价补量，在政治上、经济上造成一定损失”①。

淮北盐场历年的盐质情况与全国性的盐质情况大体相似。

新中国成立初期，淮北盐场对盐质比较重视。1950年，淮北盐务局提出“提高质量，保证产量”的要求，并在局生产技术科内，配有专人负责化验工作。

1951年9月，淮北盐务管理局下发《淮北盐场管理细则》，其中规定：“本盐场产盐以含氯化钠百分之八十五以上为合格，由管理局会同总工会制定分等标准盐样，照样产制，在产制期间，盐务机关对新产盐斤，得随时化验检查，其质量过差，不宜使用，亦不能移充工农渔业用者，必要时得动员盐工盐民化卤重制。”②

1952年10月，淮北盐务管理局又订出《制盐技术操作规程（草案）》，淮北盐田保证盐质的技术操作、制盐工业技术督检责任制度。

淮北盐场的盐质1950年较高，此后几年有所下降，至1955年最低。1950年春产期间，淮北盐场的盐质较去年有显著提高，头等盐占总产量的94.7%，其中

---

① 张道吾：《轻工业部盐务总局关于盐务工作基本情况和今后意见的报告》（1956年7月10日），江苏省档案馆藏档，全宗号4119，永久，案卷号112。

② 《淮北盐场管理细则》，江苏省档案馆藏档，全宗号4119，长期，案卷号19。

氯化钠含量为90.15%（1949年为85%），二等盐占总产量的5.3%，氯化钠含量为84.18%①。1953—1955年，淮北盐场的盐质较差，且逐年降低（表5-1）。

表5-1　1953—1955年淮北盐场产品质量统计

年份	质量标准	计划（%）	实绩（%）
1953	质量一等	60	14.03
	二等	40	47.71
	次品	—	38.26
1954	质量一等	60	33.04
	二等	40	39.56
	次品	—	27.39
1955	质量一等	60	9.89
	二等	40	34.42
	次品	—	55.69

资料来源：叶志俊：《国营淮北盐场工作情况报告》，江苏省档案馆藏档，全宗号4119，永久，案卷号112。

特别是1955年，淮北盐场的盐质问题十分严重。1956年7月，盐务总局局长张道吾在报告中对淮北盐场点名批评，称“淮北盐务局3个场拣出泥蛋有21万余斤”②。1956年8月，淮北盐务局局长叶志俊在报告中称：“根据化验的结果，平均氯化钠含量1954年是87.61%，而1955年是84.32%，盐质不好主要表现在泥沙多、水分大。今年盐质不好，已经遭到广大消费者的批评与指责，到现在为止，批评淮盐质量不好的信件已有700起。”③

从1956年1月份起，淮北盐场对不合规格的盐进行了处理，严格控制次品盐出场，使情况得到了一些好转。为了提高盐质，淮北盐场从1956年4月份起开展了“优良质量运动”。该运动通过一系列的会议、质量展览会、盐工报，检查与批判盐工只重产量、忽视质量的产盐思想，使头等盐的比例增加到90.2%。此外，淮北盐务管理局还要求各场切实贯彻生产操作规程、推广先进经验，以及加强产品检验，建立产品检验机构和建立产品检验制度，以改善盐质状况。

---

① 《1950年春产头二等盐比较表》，《关于淮北盐场一般概况介绍》，江苏省档案馆藏档，全宗号4119，永久，案卷号31；《国营淮北盐场进入旺扫时期》，《人民日报》简讯1950年6月15日第2版。

② 张道吾：《轻工业部盐务总局关于盐务工作基本情况和今后意见的报告》（1956年7月10日），江苏省档案馆藏档，全宗号4119，永久，案卷号112。

③ 叶志俊：《国营淮北盐场工作情况报告》（1956年8月），江苏省档案馆藏档，全宗号4119，永久，案卷号112。

1957 年 4 月底，据目测，淮北盐场的一等盐占总产量的 97. 19%；二等盐占 2. 81%。虽然这时的盐产量仅完成了全年计划的 12. 03%，但也在一定程度上反映了盐质的提高。同年 4 月，淮北盐务管理局召开生产会议，对盐质问题进行了讨论，并决定对达不到氯化钠含量的新产盐用饱和卤水充分洗涤，以提高氯化钠含量。这说明淮北盐务局对防止五、六月份的盐质下降是比较重视的①。

二、产量的增加

1949—1957 年，淮北盐场的年产盐量很不稳定，主要是由于以下两方面的原因：

第一，受到自然条件的极大限制。淮北盐的生产特点是：露天操作，面积大，基本利用手工，设备分散，带浓厚的季节性和突击性，比其他类型的盐场受天时影响更大；而且生产主要过程缺乏精确的工序分工，难以提高劳动效率。再加上当时依靠风力、人力扬水，储水、卤源均无保证，加上盐滩蒸发面积小，结晶面积利用率低。

第二，受到全国盐业政策的影响。1950—1953 年，由于实行“废场转业”和“以销定产”的全国盐业政策，淮北盐场的盐产量受到一定限制。我国盐业以海盐为主，1953 年因天时不利，海盐歉产，导致全国盐业歉产。1954 年提出了有计划、有步骤地扩大再生产的要求，但是当年气候条件仍极为不利，继续严重歉产。这就使得各盐场迫切于 1955 年扭转局面，力争产量的提高。淮北盐场也在这一年获得了丰产。

1949—1952 年，淮北盐场的平均年产量将近 42 万吨。但是，这一数据相对较低，与计划产量还有较大差距。这期间，淮北盐场裁废了一些劣等盐滩，并采取重点秋扫的措施，在秋扫期间，对产量低、成本高、管理不便的盐滩停产。抗日战争以前，淮北盐场的年均产量是 39 万吨，战争期间年均产量是 18 万吨。1950、1951 年，淮北盐场的年均产量恢复到战前水平。

1949、1950 年淮北盐场产量统计及产量任务完成情况，见表 5 - 2 所列。

---

① 劳动部、食品工业监察局、盐务总局、全国盐业工会、淮北盐务局联合工作组：《关于淮北盐区当前工作检查报告》（1957 年 5 月 3 日），江苏省档案馆藏档，全宗号 4119，永久，案卷号：4119-2-90。

表5-2 1949、1950年淮北盐场产量统计及产量任务完成情况 单位：吨

年 度	计划产量	实际产量	完成计划（%）
1949	517800	307654.74	59.42
1950	457680	334613.53	73.11

资料来源：根据《一九四九年产量任务完成百分比较表》《一九五〇年产量任务完成百分比较表》制成，《关于淮北盐场一般概况介绍》，江苏省档案馆藏档，全宗号4119，永久，案卷号31。

“一五”计划时期，淮北盐场的盐产量有了明显增长。淮北盐场在本场的“一五”计划中提出，最后一年（1957年）的产量要达到100万吨的水平。这期间，淮北盐场的平均年产量达60万吨以上，其中1955年产盐98万多吨，为1949—1952年平均年产量的230%以上，十分接近100万吨的生产要求。

1955年淮北盐场之所以获得高产，首先是因为客观上天时好。全年有效结晶蒸发量为751.6毫米，较原计划提高23.4%；有效结晶天数为150.5天，较原计划提高7.13%；尤其是占全年产量80%的第二季度天时很好，自4月1日起至6月23日止83天内，仅5月27日降过一次29毫米的大雨，大雨之后随即晴天。

其次，淮北盐务局主观上很重视。淮北盐场吸取了前两年歉产的教训，1955年春扫之前的冬季准备工作做得充分，到春产开始时，准备的卤和水等于春产任务的83%。在生产中也扩大了规模，结晶面积大为增加。在生产技术上推广了先进经验。同时开展劳动竞赛，激发了盐工的生产积极性。

1953—1956年淮北盐场产量统计及产量任务完成情况，见表5-3所列。

表5-3 1953—1956年淮北盐场产量统计及产量任务完成情况 单位：吨

年 度	计划产量	实际产量	完成计划（%）
1953	540000	507531.48	93.99
1954	516249	418040.51	80.98
1955	709316	986650	139.10
1956	449850	397999.22	88.47

资料来源：叶志俊：《国营淮北盐场工作情况报告》，江苏省档案馆藏档，全宗号4119，永久，案卷号112；《淮北盐务局1956年工作总结》，江苏省档案馆藏档，全宗号4119，永久，案卷号126。

1949—1957年淮北盐场盐产量统计，见表5-4所列。

表 5-4　1949—1957 年淮北盐场盐产量统计　　单位：吨

年　份	全年产量	春　扫		秋　扫	
		产量	占全年百分比（%）	产量	占全年百分比（%）
1949	302245	258330	85.47	43915	14.53
1950	322439	262729	81.48	59710	18.52
1951	591661	471885	79.75	119776	20.25
1952	541647	510431	94.24	31216	5.76
1953	507531	308119	60.71	199412	39.29
1954	418042	326250	78.04	91792	21.96
1955	986650	860599	87.22	126051	12.78
1956	398000	285022	71.61	112978	28.39
1957	716626	445789	62.20	270837	37.80
合计	4784841	3729154	77.94	1055687	22.06

资料来源：根据《1950—1957 年按月分列的海盐产量（台北至滨海）》《1949 年按月分列的分场海盐产量》制成，参见淮北盐务局：《淮北盐场统计资料》，江苏省盐业公司档案室藏档，第 28-29、32-33 页。

淮北盐场的盐产量在全国盐产量中占有重要比例。首先，海盐产量在全国盐产量中占绝大部分。据统计，1949—1957 年全国盐产量为 4395 万吨，其中海盐 3661.7 万吨，占 83.32%①。其次，在海盐生产中，以辽宁、长芦、山东、淮北四大海盐区为主。1950—1952 年，这四大盐区的盐产量在海盐总产量中占 82.97%②。再次，在四大海盐区中，淮北盐场位居第三，1952 年淮北盐场盐产量为全国国营盐场盐产总量的 27%③。由表 5-4 可知，1949—1957 年淮北盐场共产盐 4784841 吨，占全国海盐总量的 13.08%，占全国盐产总量的 10.89%。

第四节　盐坨管理

一、入坨

盐从盐滩上生产出来后，被集中储存到盐场附近的仓库中去，等到销售的时

---

① 丁长清、唐仁粤主编：《中国盐业史》（近代 当代编），人民出版社 1997 年版，第 745 页。

② 丁长清、唐仁粤主编：《中国盐业史》（近代 当代编），人民出版社 1997 年版，第 487 页。

③ 中共淮北盐场党委：《淮北盐场简史（草稿）》，江苏省档案馆藏档，全宗号 4119，永久，案卷号 151，第 87 页。

候再从仓库中运出来，这个专门用来存放盐的仓库即为盐坨。1950年前后，淮北盐场主要有猴嘴、徐圩、燕尾、陈家港、头罾五大盐坨，分别用来存放不同盐场的盐。这五座盐坨的大致情况是：

猴嘴坨，设于猴嘴镇（猴嘴镇，今连云港市连云区猴嘴街道），可存盐200万担（以每担120市斤计算），存放台北、台南、方洋场的盐。该坨没有码头，但是陆路运输比较方便，既可以通汽车，也有陇海铁路支线直通盐坨。

徐圩坨，设于徐圩（徐圩，今连云港市连云区徐圩街道），可存盐160万担，存放方洋场的盐。该坨依靠水运，有两个小码头，1500吨的轮船及帆船可以在此装运。

燕尾坨，设于燕尾镇（燕尾镇，今连云港市灌云县燕尾港镇），可存盐180万担，存放灌西场的盐。该坨在5个盐坨中水位最高，因此水运最为便利，有一个大码头，2000吨的轮船可以在此装运。

陈家港坨，设于陈家港镇（陈家港镇，今盐城市响水县陈家港镇），与燕尾坨分驻灌河入海口的南、北两岸。可存盐260万担，是5个盐坨中容量最大的，存放灌东、新滩场的盐。该坨有两个小码头，1000~2000吨的轮船及帆船可以在此装运。

头罾坨，设于头罾镇（头罾镇，今盐城市滨海县滨淮镇头罾村），可存盐50万担，存放新滩场的盐。改坨的运输量较小，只有一个小码头，可停泊帆船①。

上述5个盐坨共可容纳850万担盐，即510000吨。5个盐坨分属不同的管理机构，猴嘴和徐圩坨归云台办事处管辖，燕尾、陈家港和头罾坨归灌河办事处管辖②。

此后几年，各坨地容量有所扩大。淮北盐务管理局1956年关于坨地管理的意见中提出，1957年仓坨容量达到：猴嘴坨230000吨，徐圩坨132000吨，燕尾坨258250吨，陈家港坨180000吨，头罾坨51000吨，合计851250吨③。这是1950年前后的1.67倍。

1951年，淮北盐务管理局制定了《坨地管理细则》，共30条。其中规定：应经常在各盐坨门口设立岗哨，检查行人出入，以杜绝走私行为；坨务人员、运商及办事人员、搬运工、船民、坨工、廪工等出入坨地，均应佩戴证章或臂章；应根据各场产额，配合运销方针及任务，分别按照计划存放到不同的坨地，以免

① 《淮北盐场各坨情况调查表》，《关于淮北盐场一般概况介绍》，江苏省档案馆藏档，全宗号4119，永久，案卷号31。

② 关于云台、灌河办事处的建制，参见本文第三章第一节。

③ 淮北盐务局：《1957年改进仓坨管理减低贮运成本的措施》，江苏省档案馆藏档，全宗号4119，长期，案卷号53。

转坨；盐入坨时，应普遍过秤，并对部分盐进行抽秤检查，一担按120斤计算；搬运工人或盐民造成盐损失后，应令其赔偿；驳船（笔者注：驳船即将盐从滩地运往坨地的木船）到达须登记，并在坨地管理人员的指挥下有序卸盐；驳船途中遭遇事故须由坨务及盐场稽征部门检查，以防有人借此走私；入坨前，由坨务组长检查盐色，新盐与陈盐分别堆储，并标明盐质等级；保护坨内存盐，及时用签席苫盖，并保持坨地清洁；坨务人员根据护运单照及站单办理盐的出坨事项，盐出坨之前应反复称量。①

此外，淮北盐务管理局将坨盐卤耗（即盐在坨地内损失的数量）的规定为：存储1~2个月的卤耗为4%，3~4个月的6%，半年的8%，9~10个月的10%，一年的13%②。

淮盐入坨的运输业务，主要由猴嘴、燕尾、陈家港、头罾4个运销站和4个航运公司负责。其中，航运公司是对个体船民进行社会主义改造的结果。

淮北盐场共有1000多户个体船民，主要承担各圩产盐的运输。船民拥有自己的木船，个体经营。由各场运销部门对船民进行管理，将船民组成船舶小组，有组织地安排运输。以台北场为例，船民的组织方式是：五只船为一小组，四组为一分队，三个分队为一中队③。

1955年起，淮北盐务局对木船运输业实行社会主义改造，组织云台、燕尾、陈家港和头罾4个运输合作社。入社的原则是，船民必须携带船只参加合作社，船只依其现有价值折作股金入股。运输合作社成立不到一年，就有500余只木船、1000余名船民入社。以后合作社被逐步改造成为社会主义集体性质的运输企业，即航运公司。

1955—1957年淮北盐场木船运输合作社的船只、运量及职工人数情况，见表5－5所列。

表5－5　1955—1957年淮北盐场木船运输合作社的船只、运量及职工人数情况

	1955年			1956年			1957年		
	船只数	吨位数	职工数	船只数	吨位数	职工数	船只数	吨位数	职工数
猴嘴坨	604	7185	1520	586	7082	1706	482	5945	1192
燕尾坨	132	999	327	205	2070	565	180	1860	560

① 淮北盐务管理局：《关于淮北盐场一般概况介绍》，江苏省档案馆藏档，全宗号4119，永久，案卷号31。

② 《淮北盐场各坨情况调查表》，《关于淮北盐场一般概况介绍》，江苏省档案馆藏档，全宗号4119，永久，案卷号31。

③ 淮北盐务管理局：《一九五一年运销工作计划》，江苏省档案馆藏档，全宗号4119，长期，案卷号10。

（续表）

	1955 年			1956 年			1957 年		
	船只数	吨位数	职工数	船只数	吨位数	职工数	船只数	吨位数	职工数
陈家港坨	267	1767	427	250	2137	658	237	2212	698
头罾坨	84	504	173	60	403	140	64	461	144
总计	1087	10455	2447	1101	11692	3069	963	10478	2594

资料来源：根据《1955 年木船社社员人数及收入情况》《1956 年木船社社员人数及收入情况》、《1957 年木船社社员人数及收入情况》制成，淮北盐务局：《淮北盐场统计资料》，江苏省盐业公司档案室藏档，第 180-181 页。

将盐从各圩运送到坨地，这一过程中需要履行一系列的手续，具体包括：首先，由云台或灌河办事处发给船舶小组“圩盐运销通知书”，船舶小组凭通知书到达指定圩务所；其次，圩务所放盐时，由盐工及圩务员负责监放，船户负责检查重量和质量；再次，由圩务所填发“驳运单”。

驳运单包括通知、护运、收据、缴覆四联。其中，通知联由船民带到收盐机关，并作为领取报酬的凭证；护运联随船护运入坨，作为合法运盐的凭证，并作为坨地收盐的凭证；收据联交盐工保管，作为结算担头费的凭证；缴覆联由圩务所送各场管理处，以备查核。驳运单式样（示意图），如图 5－2 所示。

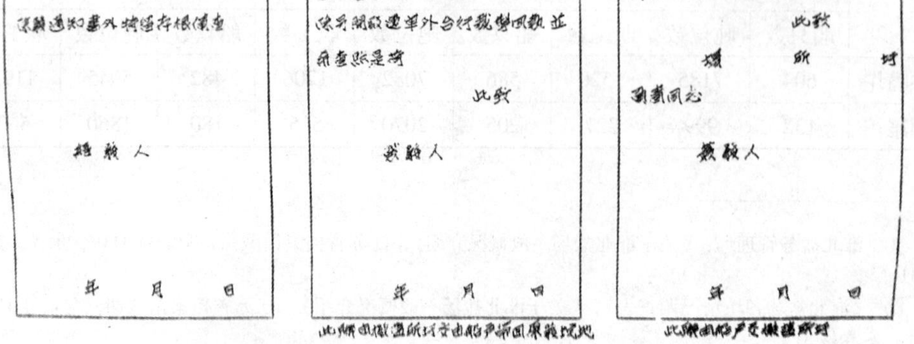

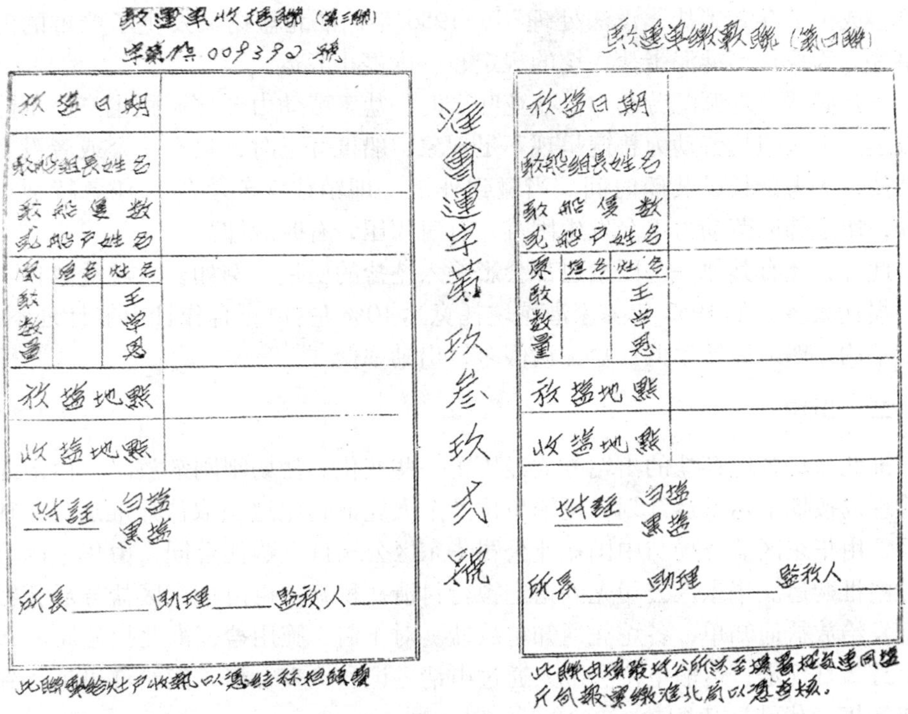

图 5－2　驳运单式样（示意图）

各场坨地产盐后，5 月份开始驳运入坨，至 12 月底可全部完成。各圩距离各坨运程里数长短不一，最短八九华里，最长一百五六十华里。

在驳运入坨的过程中，需要注意以下一些问题。

一是河水枯竭，影响运输。除了受自然条件的影响外，生产用水量过大，导致用于驳运的河道缺水。每当盐业旺产季节，盐工为争取原料的充足，势必日夜用风车拐河水，直至河水接近枯竭或完全枯竭才停止。而这时也是大量驳运的季节，因此，在浅水或没水的浅沟里行船，大部分依靠人工拉纤，降低速度，浪费工时①。1955 年，淮北盐务管理局一份关于商品流转计划执行情况的检查报告，就几次提到由于驳河水枯导致无法大量驳运。

二是盐的质量控制不严。各盐圩生产的盐，驳运入坨，等待被收购。如果不合格的盐入了坨，就会影响外销盐的质量。1952 年 10 月，就曾经发生过这样的事情，“个别或部分盐工，偏重数量，忽视质量，将次盐掺入好盐，甚至有的将含硝的废品盐，也掺拌进去，在开始驳运集坨时，未曾注意到这一点，以致各坨

---

① 淮北盐务管理局：淮北盐务管理局：《第四次全国盐务会议运销方面材料》（1952 年 10 月 17 日）（1952 年 10 月 17 日），江苏省档案馆藏档，全宗号 4119，长期，案卷号 23。

都或多或少的存有硝盐，没法处理”①。1956 年，淮北盐场又发生了严重的泥蛋盐事件。为执行不准泥蛋盐入坨的规定，一度停止驳运。

三是必须合理调配劳动力。盐业旺产时，盐工劳动力全部照顾生产，不能兼顾驳运。工区担盐劳动力普遍呈现不足现象，船抵圩下时，只有一个或者没有盐工装盐，大大延长了装船时间。当碰到外销（即销往江苏境外）任务特别重的时候，坨地卸船劳动力也会发生困难，有时积压，有时脱卸。

此外，还有其他一些因素也都会影响入坨盐的质量。例如，入坨盐数目不准确，损耗太多（如 1952 年陈家港坨坨耗竟达 10% 左右）；合作社出船计划不周，调配不均，船运周转率低；盐工病假多，出勤率低。

二、出坨

淮北盐场各坨存盐的出坨方式经历了一些变化。盐场刚刚解放时，由淮北盐务管理局按期下达发运计划，运输单位及个人凭证到坨地领取盐斤准运证。1950 年后，由华东区盐务局与中国盐业公司华东区公司订立购盐合同，由华东区公司按月整批购运。华东区公司先到指定银行付清盐税款，再由华东区盐务局凭银行收据发给放盐通知单，各坨凭通知单放盐。对于酱、腌用盐，淮北盐务局于 1951 年 1 月 2 日规定，运输单位和个人通过申请登记和检查合格，发给许可证，到场区或零售（代销）店购盐。

1949—1957 年淮北盐场各坨放盐数量统计表，见表 5 - 6 所列。

表 5 - 6　1949—1957 年淮北盐场各坨放盐数量统计表　　单位：吨

年　份	1949	1950	1951	1952	1953	1954	1955	1956	1957	合计
猴嘴坨	100704	201159	170305	240000	353704	272473	213377	311028	291567	2154317
徐圩坨	28783	23675	3058	8021	4324	7717	18212	7601	10790	112181
燕尾坨	78095	58514	75510	89790	112589	135473	73986	175281	159858	959096
陈家港坨	56409	80677	52228	96291	84391	86870	174417	143973	121565	896821
头罾坨	9511	—	13649	12171	59456	21151	36248	29915	21672	203773
连云港	—	—	—	—	60627	112985	—	—	63666	237278
总计	273502	364025	314750	446273	675091	636669	516240	667798	669118	4563466

资料来源：根据《第一个五年计划运销企业几项主要指标完成情况》《1949—1952 年分坨海盐销售量》制成，淮北盐务局：《淮北盐场统计资料》，江苏省盐业公司档案室藏档，第 164、165、168 页。

① 淮北盐务管理局：淮北盐务管理局：《第四次全国盐务会议运销方面材料》（1952 年 10 月 17 日）（1952 年 10 月 17 日），江苏省档案馆藏档，全宗号 4119，长期，案卷号 23。

第六章　运销与税利

第一节　销售体系的建立

一、经销权的明确

中共接管淮北盐场后，主管淮北盐区的生产和销售的单位先是淮北盐务管理局，之后是1950年4月成立的淮北制盐公司（1950年9月结束）。至1950年7月，为执行全国盐业产销分管的政策，淮北盐的经销权转交给新成立的中国盐业公司华东区公司淮北场办事处（以下简称“淮办”）。

1950年2月15日，国家在北京成立了中国盐业公司，并在全国各地发展分支机构，建立全国统一的销盐网络。1950年3月，中国盐业公司华东区公司成立后，迅速建立分支机构，至5月份建立了74个，至12月底共建立129个，全面控制了华东地区的销盐市场。1950年4月，中国盐业公司华东区公司淮北场办事处在猴嘴（今连云港市连云区猴嘴街道）成立。淮办成立后不久，即掌握了淮北盐的销售权利。

淮办最初定于1950年5月份接办销盐任务开业，但是由于淮北制盐公司不肯停止自行销盐，致使未能如期开业。鉴于这种情况，中国盐业公司华东区公司与华东区盐务管理局于6月12日及24日两次订立购盐合同。要求淮北各盐场于6月份停售。淮北制盐公司于6月底停止发放商盐，淮办于7月1日开始营业。

产销分开后，由于工作不能统一，双方利益也很难协调，产销矛盾自然难免。中国盐业公司华东区公司1950年的工作总结中指出：

在九月份以前，双方关系，还不协调，影响整个工作至巨，如盐局大量放销非计划商盐，使市场混乱，影响了已搞好的公私关系，不能严格履行合同，使购盐计划等受影响。造成它的客观原因是盐局计划生产数字，超过计划销数，因而产生可能生产过剩的问题。初期，因双方月季度任务不同，因而产生了公司要回笼，盐局要税收的矛盾，因此产生资金调度上的矛盾。盐局在旺产季节，而是公司淡销季节，主观上由于双方对产销分工认识不一致，因此产销中的困难，不能很好协商解决①。

1950年8月5日至25日，财政部召开第二届全国盐务会议，决定实行“三包”（包购、包销、包税）方针，即华北（包括运城）、华东、中南等三区，统由中国盐业公司全面包购、包销、包税。这项方针首先解决了各地盐务管理局发放非计划盐的行为，使中国盐业公司能控制盐源，掌握市场，做到计划运销；其次解决了税收任务的矛盾，从而使产销双方的关系渐趋正常，各盐场分别与中国盐业公司在该地的分支机构签订合同。

1950年淮北盐场实际收放盐数量统计情况（按销售对象），见表6－1所列。

表6－1　1950年淮北盐场实际收放盐数量统计情况（按销售对象）

单位：担

	盐　场	华中财委	运销处	中盐食销	中盐转销	中盐配销	合　计
销　量	535469.24	639346.05	88300	747801.74	5012720.43	49766	7073403.46
总销量占比%	7.57	9.04	1.25	10.57	70.87	0.70	100

资料来源：根据《1950年度所属各坨实际收放盐斤数量统计表》制成，《关于淮北盐场一般概况介绍》，江苏省档案馆藏档，全宗号4119，永久，案卷号31。

淮北盐的经销权全部转交给淮办以后，淮北盐务管理局成为单纯的生产单位。淮办不仅经销，而且负责运输。由于生产和运销分属不同的单位，双方在运销计划方面又产生了一些矛盾。它们表现在三个方面。

第一，分坨配销方面。“存在主坨（猴嘴坨）运销条件好，中盐多报运，形成供不应求”，这是由于猴嘴坨运输条件好，既通汽车，又有连接陇海铁路的小火车直达，所以淮办多在该坨取盐。而运输条件不好的盐坨存盐积压，如“次坨（陈港、头罾两坨）盐斤，由于中盐不愿报运及很少报运，只形成大量积压”②。

第二，运输计划方面。淮办要求有全年的详细运输计划，而淮北盐务管理局因为不能预先控制全年的产量，所以难以做到按淮办的计划放盐。淮办“不能按

① 《中国盐业公司华东区公司一九五〇年工作总结》，江苏省档案馆藏档，全宗号4119，长期，案卷号11。

② 淮北盐务管理局：《第四次全国盐务会议运销方面材料》（1952年10月17日），江苏省档案馆藏档，全宗号4119，长期，案卷号：23。

合同逐月份季度报运”，造成淮北盐务管理局“财务计划紊乱、税收任务不能按计划完成”[①]。

第三，在盐的质量问题上，双方利益不能一致。淮北盐务管理局则要求淮办应收购那些质量高但盐色差的陈盐（陈盐因存放时间长，水分少，但盐色差），淮办认为，“质好色不好的到市场难销，愿意接受氯化钠85%以下色好盐，但是要盐局贴耗”[②]。

1954年5月，国家实行产销合一政策后，淮办并入淮北盐务管理局。在淮北盐务管理局内部增设储运、销盐、运销财务三科，专责掌握驳运、入坨、包装、运输及税收等工作，作为全场运销业务的领导机构。

二、三级销售渠道的建立

盐业销售由各地盐业公司统筹负责，但是由于短时间内机构发展不成熟，盐业公司很难在一时之间占领所有销盐市场，甚至发生脱销和限销的现象。中国盐业公司华东区公司1950年的工作总结中指出：

机构发展太快，形成部分地区脱销，因为机构发展得太快，在经营意图上过急的希望把销盐阵地迅速地伸展到每一个角落去，而未曾估计到主观力量尚未充实，和客观条件尚未成熟，只顾到占领阵地，而未曾计及以后如何巩固阵地，以致据点散漫，在销旺运艰时暴露了捉襟见肘的弱点，造成了部分小据点脱销和限销的现象[③]。

作为对盐业公司这种国营销盐方式的有效补充，在各地盐业公司分支机构建立的同时，盐业供销合作社和各种承销店、代销店也纷纷建立起来。从分工上看，批发业务由国营盐业公司负责，零售业务由供销合作社经营。在供销社供应不到的地方，由承销店代销。批发环节上脱销由盐业公司负责，批发环节上有盐而零售环节上脱销由供销社负责。由此建立了盐业公司、合作社、承代销店这三级销售渠道。

对此，中国盐业公司华东区公司在1950年的工作总结中就如何扩大经营面来说，提出了如下意见：

争取助手扩展营业网：如主动结合兄弟公司，发展连环贸易——宁司的结合

---

① 淮北盐务管理局：《第四次全国盐务会议运销方面材料》（1952年10月17日），江苏省档案馆藏档，全宗号4119，长期，案卷号：23。

② 淮北盐务管理局：《第四次全国盐务会议运销方面材料》（1952年10月17日），江苏省档案馆藏档，全宗号4119，长期，案卷号：23。

③《中国盐业公司华东区公司一九五〇年工作总结》，江苏省档案馆藏档，全宗号4119，长期，案卷号11。

收茶，杭司的结合土产收购；建立合作社、兄弟公司等承代销关系；建立私商承代销关系；规定合作社优待率及代销手续费率；制订委托代销合同条款，现金保证，私商代销；组织小贩早晨发盐去卖，下午按实销数分账，剩余盐检查后收回，次日交由原贩去卖，以防掺杂。从这种方法来扩展我们的销盐面①。

1950 年，中国盐业公司华东区公司对合作社业务、承代销业务分别采取了不同的政策，并取得了不同的效果。

1950 年 4—11 月，中国盐业公司华东区公司对销售给合作社食盐还是采取了保守的态度。虽然销售给合作社的绝对数字从 4 月份 20775 担增到 11 月份的 236926 担，增加了 10 余倍，但是环比增长过低，9 月份以后就停留在 20%。1950 年年底，中国盐业公司华东区公司经过总结后，决定对合作社采取扶助的政策。

1950 年 4 月，中国盐业公司华东区公司开始办理代销业务，初期三个月内，发展得相当迅速。中国盐业公司华东区公司主要是结合合作社与公营公司办理代销业务，私营公司仅占 1/3 左右。1950 年上半年，华东区代销店共有 226 家，其中合作社和公营公司 146 家、私营公司 80 家。

代销业务的发展，对大力推销、扶助合作社、供应民食、稳定盐价、回笼货币，都有一定作用。但也产生了不少缺点，主要包括：不考虑是否需要就盲目发展，导致代销店林立；对建立代销关系的对方不了解，以致发生了一系列有损盐业公司利益的现象，如不照规定价格售盐、私抬牌价、不按时缴款、货账不符、拖欠货款，以及代客买卖、从中牟利的弊端，个别合作社赚取盐业公司给予的优待率，并在盐业公司存盐不足时，大量购进，囤积居奇；代销店数量太多，导致力量分散，积压资金，难以掌握。

因此，从 1950 年下半年开始，中国盐业公司华东区公司暂时停止代销业务的发展，开始以承销关系来代替。与此同时，中国盐业公司华东区公司根据中国盐业公司的指示，认真整理代销店，普遍进行检查，并采取两种处理方式：一种是马上取消，另一种是重点保留。1950 年 8 月，在北京召开的盐业公司经理会议对该年下半年业务经营原则及方式方法的决定，明确了代销店不是发展的方向，大力开展自主经营，减少依靠外力代销或承销。

1950 年 7 月，南京、杭州分公司两地开始试行承销关系的建立。与此同时，中国盐业公司华东区公司对代销店进行了整理，但是结果并不十分理想。有些公司认真贯彻执行，整理取消了一部分；有些公司对代销店不分好坏，一下子全部

① 《中国盐业公司华东区公司一九五〇年工作总结》，江苏省档案馆藏档，全宗号 4119，长期，案卷号 11。

取消；有些公司取消代销店变为承销店，实际上是换汤不换药的做法；少数代销店则没有什么变化；甚至有些公司的代销店有所增加。

对此，通过进一步研究，中国盐业公司华东区公司从1950年10月份开始，改订代销手续费率及现销优待率，同时扶植合作社的发展，并以现款购销优待为原则。之后，更以盐源不丰，对不必要的承、代销店，要求尽量减少。

截至1950年年底，华东区盐业代销店计有公营48家、私商22家，承销店计有公营6家、私商6家，共计82家；其中，公营（以合作社为主）占2/3。

1950年4—11月中国盐业公司华东区公司销量与承、代销店逐月销量情况，见表6－2所列。

表6－2 1950年4–11月中国盐业公司华东区公司销量与承、代销店逐月销量情况

单位：担

销数 月份	实销总数	公司销量		承代销销量		附注
		销数	占比%	销数	占比%	
4	251922.81 $\frac{1}{2}$	203122.76 $\frac{1}{2}$	80.6	48800.05	19.4	12月份销数未据报齐故本表未计列
5	388902.97	253675.11	65.2	135227.86	34.8	
6	729680.29	419290.56 $\frac{1}{4}$	57.5	310389.72 $\frac{3}{4}$	42.5	
7	641992.50 $\frac{1}{2}$	444964.19 $\frac{1}{4}$	69.3	197028.31 $\frac{1}{4}$	30.7	
8	605083.23 $\frac{1}{4}$	430569.90 $\frac{3}{4}$	71.2	174513.32 $\frac{1}{2}$	28.8	
9	691232.72 $\frac{1}{2}$	532625.30 $\frac{1}{2}$	77.1	158607.42	22.9	
10	960486.54 $\frac{1}{2}$	836203.99 $\frac{1}{2}$	87.1	124282.55	12.9	
11	1264089.28	1100532.68	87.1	163556.60	12.9	
共计	5533390.36 $\frac{1}{4}$	4220984.51 $\frac{3}{4}$	76.3	1312405.84 $\frac{1}{2}$	23.7	

资料来源：《中国盐业公司华东区公司一九五〇年工作总结》，江苏省档案馆藏档，全宗号4119，长期，案卷号11。

由表6－2可知，承、代销业务以5、6、7月发展最好，销量最高时达到总销量的42.5%，8月份以后销量逐渐下降，至10月份迅速降至12.9%。但是，无论承、代销店的发展势头如何，在销量比例上始终以盐业公司为主。

三、私营盐商的清理

运商与销商的名称是历史上遗留下来的。当时所谓运商以办理运输为主，并

不经营门市销售；销商则专营门市，并不办运。新中国成立后的运商既可自运自销，参加联合报运的销商也可自己办运，在经营方式上已经没有太大区别。因此，中国盐业公司华东区公司将运商与销商的名称统一起来，规定凡自运自销的商人一律称为"盐商"，自己不办运而向公司或盐商批购经营零售业务者，称为"食盐零售商"，并在第二届运商登记时改成为盐商登记。

新中国成立初期，华东区政府机构及盐业公司通过多种盐商管理措施，逐步将盐商清理出销盐市场。

第一，通过行政手段限制盐商数量。新中国成立前后，华东地区盐商数量很大，各城市共有专营盐商869家，大多集中在上海、南京、蚌埠、芜湖、安庆、杭州等地。新中国成立后，由于对盐商政策相对宽松，既有多数盐商申请复业，也有申请新开业的。华东区认为盐号过剩，采取了行政手段进行限制。如上海第二届人民代表大会通过了限制盐商登记的提案，使得实际登记盐商大为减少。

据1950年4月的《食盐运商管理会议决定（初稿）》统计：

在解放前运商仅上海即有三百二十余家，其余则分布南京、青岛、连云港、新浦、徐州等地，在沪有"区际运商办事处""上海市盐商业同业公会"。解放后，取消记税办法，运商无机可投，同时海运不通，大部陷于停顿。上年底，华东盐商，在上海曾办理盐商登记，仅登记了运商四十余家，销商一百五十九家，直接赴场区购盐者无几，但走私之小盐贩与营私之盐号颇多①。

又据中国盐业公司华东区公司1950年工作总结中统计：

运商登记计淮鲁盐区内运商16户，区际17户，区内兼区际3户；闽盐区内运商72户；浙盐区内运商104户（浙盐区际运商尚未报奉中盐核定），销商联合报运共194家（计上海81户，杭州18户，济南10户，南京85户）区内报运625123担，区际报运416422担②。

第二，中国盐业公司华东区公司成立后挤占了盐商的销盐市场。1950年上半年，中国盐业公司华东区公司扩展经营，又导致大批盐号倒闭。即便如此，中国盐业公司华东区公司仍然认为："华东区江南及沿江大城市现有运商已达饱和点，私商在盐业方面应由过分集中地区分散开去，不宜再有发展。否则公司既不

---

① 中盐淮北场办事处：《食盐运商管理会议决定（初稿）》（1950年4月3日），江苏省档案馆藏档，全宗号4119，永久，案卷号27。

② 《中国盐业公司华东区公司一九五〇年工作总结》，江苏省档案馆藏档，全宗号4119，长期，案卷号11。

能让出阵地，将来粥少僧多，部分商人必因盐额减少而不能维持，反而影响公私关系。”① 因此，通过提高购运起点对运商的数量采取限制政策。同时对盐商的报运地点进行平衡掌握，防止集中报运上海，鼓励向较远的销区发展。

中国盐业公司华东区公司所占市场销售份额之大，也可以从下面这个事实中看出。1950 年 6 月 1 日，国家规定盐税减半征收。5 月 30 日，中国盐业公司华东区公司呈请华东财委准予该公司停业两天，以避免私商遭受经济损失。

第三，中国盐业公司华东区公司通过盐业公会控制盐商。各方盐价，一般都按照盐业公司的牌价制定。中国盐业公司华东区公司成立之初，根据估计的公私经营比例核定公私经营数量，但是没有正确估计到公私营企业、合作社等的存盐数字，因此使后者大量低价倾销，严重影响了公司经营。1950 年七八月份，华东区各盐局大量放销非计划盐，这部分盐为盐商购得，导致市场上的盐供过于求，纷纷贬价出售。对此，中国盐业公司华东区公司除了说服盐局按计划放盐之外，更重要的是向运商公会提出意见（实际上，各地盐业公司已经加入各地盐商公会中）。经过公会协调，全体运商与盐业公司成立协议，均按牌价出售。同时，所有参加报运商，又成立另外一份协议，即保证在核准计划以外不额外运盐。据统计，1950 年三四季度，私商实际运销盐数字为公司销售量的 13.92%②。

第四，中国盐业公司华东区公司打击投机盐商。抗美援朝战争爆发后，盐业市场一度蠢动，1950 年 11 月销售达 140 万担，超过了正常的需要。对此，中国盐业公司华东区公司采取了三种措施：“（1）是结合工商行政，防止业外游资投入，对个别企图囤积居奇予以说服，如鼎中盐号运蚌埠盐斤囤积不肯出手，销商以 109000 元购进之淮盐，抬高至 125000 元出售，经发觉即予纠正；（2）是脱包放净，阻止商人利用麻袋与市价差价而博取非法利润；（3）主要的是在运输困难车辆不足的困难情况下，极力保持主要市场的供应，故十一月虽然销过于运，仍能稳定市场。”③

就江苏境内的情况而言，新中国成立后，江苏境内有中、小盐商 250 余家。1954 年有盐商 40 余家，连云港市较大的有鼎中、鼎昌、捷运、大业、大陆、永济 6 家盐号。1956 年经过对资本主义工商业的社会主义改造，私营盐业已不存在，从业人员都作了安置。

---

① 《中国盐业公司华东区公司一九五〇年工作总结》，江苏省档案馆藏档，全宗号 4119，长期，案卷号 11。

② 《中国盐业公司华东区公司一九五〇年工作总结》，江苏省档案馆藏档，全宗号 4119，长期，案卷号 11。

③ 《中国盐业公司华东区公司一九五〇年工作总结》，江苏省档案馆藏档，全宗号 4119，长期，案卷号 11。

第二节　运输管制

一、销区划分

新中国成立后，国家在盐业销售上实行指令性计划，其销售区域按国家计划分配流向确定。淮北盐的销售区域大体上仍沿袭旧制，除供应江苏本省外，重点销往湖南58个县、安徽31个县、江西57个县、湖北28个县、河南14个县，以及上海市，共约270个县，供应1.5亿人口。此外还销往浙江、广西、贵州、四川、广东、辽宁等省区。

在销售过程中，盐务总局依据淮盐的丰歉情况，对淮北盐的销售范围又有所调整。1953、1954年淮盐歉产，导致1954年年底存盐不足，“若非在第一、二季度中大量购运，可能接不上新盐而造成中断。因此总局根据全国产销情况进行平衡，将部分销区原购淮盐计划改变盐种由他区供应”①。从表6－3中也可以看出，1955年淮北盐销售区域较其他年份更小，销盐量也最少。

1956年，盐务总局估计，“一五”计划将要完成，至1957年工农业生产计划有可能提前和超额完成，职工工资的增长和农民收入分配的增加，会极大促进市场的活跃，因此对淮盐供应的要求也大为提高。“根据盐务总局全国产销平衡结果，调整盐种分配，若干盐种地区，全部由淮盐递补供应。……加之还要供应一部分品质优良的出口盐和支援辽宁地区工业应用的工业盐”②。

淮北盐场对不同销区的销售任务完成情况有所差异。以1955年的销售结果为例，“江苏、安徽、山东等省皆超额，以山东最高，超计划达81%之多，其他上海、湖南、湖北、江西、河南等省市则均未完成，以河南、湖南最差，只占计划28%及45%，其次是湖南、湖北、上海都在80%上下”③。

---

① 淮北盐务管理局：《关于一九五五年度商品流转计划执行情况检查报告》，江苏省档案馆藏档，全宗号4119，永久，案卷号47。

② 淮北盐务局：《一九五六年改进驳运工作的措施意见》，江苏省档案馆藏档，全宗号4119，长期，案卷号53。

③ 淮北盐务管理局：《关于一九五五年度商品流转计划执行情况检查报告》，江苏省档案馆藏档，全宗号4119，永久，案卷号47。

表6-3　1953—1957年淮北盐历年销往各地数量统计表　　单位：吨

	1953	1954	1955	1956	1957	合计
江苏	183568	176063	211441	218220	197946	987238
安徽	164624	183183	188273	160133	180569	876782
湖北	62984	45549	24252	96962	73282	303029
上海	51092	43678	41498	42094	37243	215605
河南	9783	16974	4173	65198	100466	196594
湖南	61743	42002	16856	35661	17	156279
江西	42129	39305	21453	29945	8132	140964
广西	59361	55255	4	—	—	114620
辽宁	—	—	—	10337	64715	75052
广东	23388	21997	—	—	—	45385
山东	16419	4072	5866	6633	6245	39235
浙江	—	6083	—	—	—	6083
贵州	—	2508	2424	—	—	4932
陕西	—	—	—	2615	503	3118
总计	675091	636669	516240	667798	669118	3164916

资料来源：《1953—1957年按销往地区分列的海盐销售量》，淮北盐务局：《淮北盐场统计资料》，江苏省盐业公司档案室藏档，第166页。

二、运输方式

淮北盐场解放之初，运盐路线逐渐恢复，但是铁路运输仍不太通畅。1950年上半年，淮办因轮运尚未开通，专用火车运盐，但是存在着人力缺乏、调运不当等诸多问题。例如，火车到达后，不论天气条件如何恶劣，均须发动工人装盐，由于人员混杂，盐包容易失窃；开车日期有时延误，也就耽误了运盐的日期；纳过税的同一批盐，有时会被不同的车厢运出，在管理上造成不便；车厢顶部无盖，如果遇到雨天，盐遭淌化，损失严重①。

1950年1月，轻工、铁道、交通三部共同制定《原盐运输管理暂行办法》，本着统一计划、分区平衡、划片定点、就近供应的原则和原盐基本流向，各经营

① 中盐淮北场办事处：《一九五〇年上半年工作总结》，江苏省档案馆藏档，全宗号4119，永久，案卷号27。

单位按年、逐月编报运输计划。运输计划分干线运输和地方运输两种：凡经由铁路、沿海及长江轮驳运输的，均属于干线运输计划；不属上述范围的水运及公路运输，均属于地方运输计划。年度、月度运输计划确定后，按照“先直达、后据点，先远后近，先急后缓，统筹兼顾”的原则安排发运。对水陆联运计划采取“先水陆、后水水”的顺序在当月25日前运出，以免铁路中转计划落空①。

1950年7月，淮办接管淮北盐的运输业务，在各场均设有分处，或派员驻场，主要采取三种运输方式：

一是车运，具体指的是火车运输，由连云港及猴嘴为发运起点，经陇海路东段至徐州再分三路：一转陇海两段至郑州，转京汉路至汉口，再过江至粤汉路达湖南；一由徐州转津浦路至蚌埠，再转淮南路至合肥、巢县；一由徐州转津浦路至浦口，过江转沪宁路上至当涂芜湖，下至上海转沪杭路至杭州，转浙赣路至南昌；

二是轮运，由燕尾港装轮船，循黄海航线，到达上海，再转长江至南京浦口等处；

三是船运，由头罾及陈港装帆船，经淮、灌、潮、盐等河至清江，转京杭运河至扬州、镇江，再转沪宁路火车或长江轮船②。其中，帆船运输是由华东联运公司连云港联运站承运的，由燕尾港装运上海，再转往各长江据点的轮船，是上海招商局承运的。

在这三种方式中，以车运的实际运量最大，但是以轮运最为节约。例如，由燕尾港轮运至上海，每担盐的成本为102105元；而如果由燕尾港轮驳至连云港，再装火车至上海，每担盐的成本为105220元，增加了3.05%。

此外，为了节省运费，淮北盐场办事处规定了一些详细的运输规则。例如，猴嘴坨车运盐到达浦口，即直接改装轮船，转运华中，节省在浦口的上下力资；运盐到上海后，为了减省驳船及外档提驳费用，利用涨潮时间，抓紧仓库码头，直接赶卸进仓；铁路运费递远递减，配合这一条件，凡沿铁路各据点，均争取由场直运。

在初期的运盐工作中，因押运人员缺少或不负责任，运输人员偷盐的事件时有发生。例如，中国盐业公司淮北盐场办事处在1950年上半年的工作总结中提到，“本处原有盐警一连，共计八十八名，分担押运任务，因其在押运途中，不大服从干部分配之工作，常因在车上贪眠，而致盐包被窃，故经将盐警全部先后

① 《轻工业部盐务总局原盐运输管理暂行办法》，税务总局编：《盐税业务手册》（内部发行），中国财政经济出版社1985年版，第113-118页。

② 中盐淮北场办事处：《王主任报告一年来工作检查总结》，江苏省档案馆藏档，全宗号4119，永久，案卷号27。

遣回淮北盐警大队，纯以干部押运，并请由淮北局调来干部二十余人，专任押运事务，补充盐警缺额，结果使盐包被窃现象完全泯灭，增强工作效率颇大”[①]。该处在1951年的工作总结中再次提到了这个问题，“有部分同志因工作不负责任，于押运途中盐包被窃，损失公家财产，全年共计损失三六六包半，及四小包，十一月份及十二月份亦曾有被窃盐斤，但都是押运工人赔偿，以上原因，大都因我处押运人员过少，按照火车货运章程，每车须有一人押运，我处为节省公帑，计每一押运员常押三四节车，遇中途甩车，我押运员因分身不开，时与车站人员发生纠纷，……经自十二月份起，改为每车一人，每到车由我处派运输员三五人负责统率，其余即雇用工人担任，实行以来对各方纠纷事件已少发生”[②]。

另一个问题是工作人员在装车卸船时，常因工作疏忽和称量不精准，发生多装少装的现象。如1950年8月份运盐，曾有一车多装4包，又有一车少装10包；10月份少装5包；11月份多装17包，复少装7包；12月份多装6包，复有车少装4包；总计多装27包，又少装7包。

运盐工作渐渐步入正轨以后，主要问题是一年的不同时期内运输不平衡，造成盐的供应紧张。1956年，淮北盐的年度计划有河南、湖北、上海三省市超额完成，其余都有不同程度的短运，尤其以山东、陕西、湖南为最差，只完成计划的50%～60%。许多省市都在淡季短运，旺季拥运，造成运输极不平衡现象，其后果不仅使产运计划没有完成，并增加运输工作上很多困难与损失，在销区也因为因旺季拥运，淡季往往供不应求，甚至脱销。因此，淮北盐务管理局要求运输机构严格按照年度、月度计划运输，重视计划的准确性，不得频繁变更[③]。

三、销量统计

按销售方式分，淮北盐场始终以国营运销企业（产销分开时期的盐业公司，以及产销合并后盐务局的运销机构）为主，所占比例在80%以上。1953—1957年淮北盐场实际收放盐数量统计表（按销售对象），见表6-4所列。

---

① 中盐淮北场办事处：《一九五〇年上半年工作总结》，江苏省档案馆藏档，全宗号4119，永久，案卷号27。

② 中盐淮北场办事处：《王主任报告一年来工作检查总结》，江苏省档案馆藏档，全宗号4119，永久，案卷号27。

③ 《淮北盐务局对“1956年运输计划实施办法”及“产销区盐斤运输合同”执行情况的检查和修订意见》，江苏省档案馆藏档，全宗号4119，永久，案卷号126。

表6－4 1953—1957年淮北盐场实际收放盐数量统计表（按销售对象）

单位：吨

	1953	1954	1955	1956	1957	合计	占比（%）
运销企业	515145	544161	451381	591414	520842	2622943	82.88
合作社	99047	83875	62960	47670	62090	355642	11.24
生产部门	4105	1736	—	28623	86127	120591	3.81
私营商业	40538	2476	1070	—	—	44084	1.39
零售	16256	4421	—	91	59	20827	0.66
国营商业	—	—	829	—	—	829	0.02
总计	675091	636669	516240	667798	1100988	3164916	100

资料来源：淮北盐务局：《淮北盐场统计资料》，江苏省盐业公司档案室藏档，第167页。

从盐的用途上分，由于当时工业不发达，淮北盐场多售出食盐，占总量的94.07%，因此食盐销售的渠道较宽。另外，私商只准销售食盐，盐场生产部门只能销售工、农、渔业用盐。1949—1957年淮北盐场实际收放盐数量统计表，见表6－5所列。

表6－5 1949—1957年淮北盐场实际收放盐数量统计表（按用途分）单位：吨

	1949	1950	1951	1952	1953	1954	1955	1956	1957	合计	占比（%）
食盐	272871	363119	303722	433597	654926	605987	491027	612564	554956	4292769	94.07
工业盐	465	—	5868	1582	5152	6461	1664	17390	77645	116227	2.54
农业盐	—	—	—	—	—	33	230	10311	11139	21713	0.48
渔盐	166	906	5160	11094	15013	24188	23319	27533	25378	132757	2.91
总计	273502	364025	314750	446273	675091	636669	516240	667798	669118	4563466	100

资料来源：根据《第一个五年计划运销企业几项主要指标完成情况》《1949—1952年按用途分列的海盐销售量》制成，淮北盐务局：《淮北盐场统计资料》，江苏省盐业公司档案室藏档，第164、165、168页。

第三节 取缔走私

一、走私现象与原因

淮北盐场解放之前，走私现象已经普遍存在。1948年2月8日，华中行政办事处的训令中指出，“据两淮盐务管理局报告：淮北盐场全部解放后，因部分地区基层机构未能充实，控制力量薄弱，因而部分之灶民、盐贩走私现象颇为严重”。由于盐税关系到华中根据地的财政，因此该训令要求，“所属货管局、所，密切配合查缉，如查获有偷税者，除令其按照纳税外（每市担纳税一万元），并按情节轻重适当处以罚金，以期达到杜绝走私为目的”①。

新中国成立初期，淮北盐区的食盐走私现象虽然不像淮南盐区那样猖獗，但是也十分严重。以1950年为例，这一年的走私案件有791起、涉及的走私人数有1243人，其中缉获案件为761次、人数为961人，此外还有漏私案件290起、人数673人。走私活动的主体既包括一贯以贩卖私盐为生的私贩，还包括农民、盐民、渔民、市民等各种群众，特别以贫农为甚。淮北盐场1950年度缉私案件统计表，见表6－6所列。

表6－6　淮北盐场1950年度缉私案件统计表

走私数		缉获数		走漏数		走私主要成分							
次数	人数	次数	人数	次数	人数	合计	贫农	中农	贯贩	盐工	渔民	市民	其他
791	1243	761	961	290	673	960	667	76	136	27	4	24	26

资料来源：《关于淮北盐场一般概况介绍》，江苏省档案馆藏档，全宗号4119，永久，案卷号31。

1950年缉获的761起案件中，共缴获盐1200市担99.5斤。其中，以场地缉获为主，共511案，488担31.5斤；销地缉获私盐250案，712担68斤。并根据表6－7中的逐月统计数据可知，盐产最盛的4、5、6月份以及8、9月份，也是走私最盛的时节。

表6－7　淮北盐场1950年逐月缉获私盐数量表

月　份	案件数	缉获盐数量
1	20	21担81斤
2	71	8担67.5斤
3	30	15担55斤
4	51	126担96斤

① 《江淮第二行政区专员公署关于税收的训令税字第529号》（1948年2月8日），华中抗日根据地和解放区工商税收史编写组编：《华中抗日根据地和解放区工商税收史料选编》中册（1946.7—1949.4），安徽人民出版社1986年版，第498页。

（续表）

月　份	案件数	缉获盐数量
5	134	107担30斤
6	95	139担94斤
7	46	43担91斤
8	125	383担43斤
9	95	119担56.5斤
10	64	83担60.5斤
11	27	35担53斤
12	3	5担56斤
总　计	761	1200担99.5斤

资料来源：《关于淮北盐场一般概况介绍》，江苏省档案馆藏档，全宗号4119，永久，案卷号31。

《江苏省志·盐业志》中举例介绍了当时淮北盐区的走私现象以及对销盐市场的影响："赣榆县罗阳等区每日查获走私妇女达一二百人，夜间则多为男子集体到盐场偷盐。青河区龙寓村范某约同伙80余人携木棍到滩场偷盐。因此，私盐充销市场，公盐销售量下降。秦河盐所，每日由销几十担盐，减至日销二三担，有的夜晚走私盐斤在三万担上下。"①

淮北盐场解放后，食盐走私现象普遍存在的原因可以从以下几点进行分析。

第一，盐税、盐价陡增，给民食带来经济压力，也就给走私提供了商机。

1949年8月10日，盐税及盐价由短暂的回落后开始大幅度增长，淮北盐务管理局急忙给所属各场、圩、乡、所等机构发布训令：

查今日盐税及场价调整增加，复又停售盐商，难免个别地区盐价昂贵，深恐在此期间内，各场区周围之营私商贩，定会乘机活跃，走私偷盗，兹为防患未然计，各该场区不仅对过去之缉私组织，应予加强，然须□新严密布置检查网，以杜漏卮②。

1949年12月31日，淮北盐务管理局通知所属各办事处、各场署、各稽征所、各圩公所、盐警处以及公安派出所，转发了华东区盐务管理局12月30日的

① 江苏省地方志编纂委员会：《江苏省志·盐业志》，江苏科学技术出版社1997年版，第256-257页。

② 《淮北盐务管理局训令管秘字第112号》（1949年8月10日），江苏省档案馆藏档，全宗号4119，永久，案卷号16。

电令，电文在规定提高盐税的同时，重点要求各局：

此次盐税增加□大，希各单位首长亲自掌握从速空人下达并严密组织缉私……

此次盐税增加□大，势必□激起私空时，据了解灌云同新区四队南北右乡群众，今日为秘密缝制油布长袋，准备黑夜越水偷盐，凡我台南方洋淤西以及其他各场秋盐□在圩下者，各□负责人，须整理原有缉私组织，从速开始活动，尤其侧重夜间另外各坨存盐斤，亦须加紧防范，各稽征所在盐斤于查上亦须特别注意，各公安盐井等武装亦须开始活动……①

1950年4月4日，华东军政委员会主席饶漱石在《关于加强盐务工作保证盐税收入的指示》中针对整个华东地区的走私漏税现象，指出：

自盐税增加以后，盐区普遍发生走私漏税的严重现象。各地部分基层干部未深刻理解盐税的财政意义，往往从部分群众的眼前利益出发，对群众走私行为不进行教育说服，客观上助长走私，特别新区群众基础薄弱，灾区人民生活困难，走私漏税现象，日趋严重。甚至某些新区，由于残余匪特公开活动，发生武装走私的严重事件②。

第二，土盐大量存在，所产中小籽盐，与公营食盐（主要是大籽盐）争夺市场，导致了土盐的走私行为。

饶漱石在上述报告中还指出：

在抗日战争与解放战争期间，沿海各地发展了很多中小籽盐区，盐产相当增加，目前由于全国交通逐步恢复，各地盐运畅通，中小籽盐不能与大籽盐竞销，造成普遍走私，而各地部分干部对盐务工作的全面情况与方针政策了解不够，对分散的无发展前途的中小籽盐，仍盲目地加以发展，甚至某些机关，以发展中小籽盐为机关生产内容之一，自产自销③。

1952年9月，淮北盐务管理局在近场各县盐管科长及合作社代表联席会议上指出，“由于三反关系，我们与各县联系不够，没有布置具体工作，加之个别县

---

① 《淮北盐务管理局通知管稽字第3号》（1949年12月31日），江苏省档案馆藏档，全宗号4119，永久，案卷号16。

② 饶漱石：《华东军政委员会关于加强盐务工作保证盐税收入的指示》，《山东政报》1950年第4期，第39-40页。

③ 饶漱石：《华东军政委员会关于加强盐务工作保证盐税收入的指示》，《山东政报》1950年第4期，第39页。

盐管人员配备不齐，促使今春土盐复活，市场常有私盐出现，场内亦有走私发生”①。另据涟水、灌云两县反映：

涟水县百禄区全区8577户，产土盐有2574户，每月平均产量128担；锡恩区全区7992户，产土盐有3196户，每月平均产量249担；灰墩区全区13886户，产土盐有2083户，每月平均产量103担；另有黄营、岔庙、东疃等区，亦有产制。灌云县龙苴区有500多户，估计年产约700担，新原、杨柴、伊山等区，均有产制造，全县年产约1000担②。

第三，初期盐税政策的不完善也是造成走私的一项原因。1949年4月19日《中共华中第五地委关于小盐问题的通知》中指出：

在管理方法上，又未采取在途、在栈一律补税原则，故轻税盐、走私盐充斥市场，盐价没有因增税而提高，因而发生纳税盐滞销，灶民生活发生严重困难，形成大批走私，以致在盐东灶区发生某些干部走私、抗税，威胁税收的严重情势③。

此后每次盐税税率调整时，对于在途、在仓按新税率补征的规定不尽相同，而且盐价变动有时不够灵敏，发生上述的走私抗税现象是可以想象的。

二、缉私措施

为了杜绝食私盐、贩私行为，确保盐税收入，淮北盐场从各个方面入手，采取了严格的缉私护税措施。

1. 废灶兴垦，杜绝土盐

1949年4月19日《中共华中第五地委关于小盐问题的通知》中明确指出：“因集中的、运输便利的大盐区已发展，分散的、生产成本特别高的小盐前途必然没落，以此使灶民早行废灶兴垦，另行转业，免将来陷于‘熄火’的困境，是很必要的。”④

---

① 淮北盐务管理局：《近场各县盐管科长及合作社代表联席会议——关于下半年土盐管理缉私及近场民食供应的布置》，江苏省档案馆藏档，全宗号4119，长期，案卷号23。

② 《淮北盐务管理局报告淮盐字第377号》（1952年9月9日），江苏省档案馆藏档，全宗号4119，长期，案卷号23。

③ 《中共华中第五地委关于小盐问题的通知》（1949年4月19日），华中抗日根据地和解放区工商税收史编写组编：《华中抗日根据地和解放区工商税收史料选编》中册（1946.7—1949.4），安徽人民出版社1986年版，第561页。

④ 《中共华中第五地委关于小盐问题的通知》（1949年4月19日），华中抗日根据地和解放区工商税收史编写组编：《华中抗日根据地和解放区工商税收史料选编》中册（1946.7—1949.4），安徽人民出版社1986年版，第561页。

1950年3月5日，政务院发布《关于加强土盐检查和管理令》，要求各地政府协助盐务机关加强土盐管理：

根据各地自盐税提高后土盐大大发展，各地人民政府又因生产救灾，提倡群众刮晒土盐。此种办法对救灾不无好处，从全面说则极有害。群众多晒一斤土盐，即等于使国家少收一斤米的税，直接影响今年财政任务，而且明年停废这些土盐滩地时，又要帮助群众转业，增加新的困难，结果仍会使群众不满。……在产土盐地区，当地政府须协助盐务机关，加强土盐管理。已经停废的滩地，不宜再恢复。说服干部和群众，应从其他方面多想生产办法①。

随后，饶漱石在《关于加强盐务工作保证盐税收入的指示》中要求："产盐各省区今后必须限制中小籽盐的生产，并有计划有步骤地帮助盐民兴垦转业，改种棉花及其他农作物，或从事其他生产，减少盐民生活的困难。"②

废灶兴垦、消灭土盐的措施，从经济方面讲，主要采取对产制土盐的盐户给予贷款转业的政策。例如，中共淮北盐特委在1951年的《秋季工作计划（草案)》中确定，"土盐贷款转业工作，上半年也有很大成绩，但尚未彻底解决问题，应总结深入了解情况，经过当地党政，再度进行贷款转业，加强教育，肃清土盐"③。

另一个重要措施就是在近场各县设立盐管科。盐管科的职责是协助各盐场管理处做好场区以外的盐务管理工作，主要负责土盐管理、缉私以及供应近场民食等工作。

1952年9月3日，淮北盐务管理局召开近场各县盐管科及合作社联席会议。会议针对近场涟水、灌云两县大量产制土盐的严重情况，决定在两县增设管理人员，分别是：涟水县百禄、锡恩、灰墩三重点区，设立盐管区员3人，盐管科内增设检查员1人，灌云县在新安、龙苴两区设立盐管区员2人，盐管科内增设检查员1人④。

会议所布置的下半年工作任务中要求"在淮北近场范围要达到土盐必废私盐必禁的目的"，从而进一步要求"各县盐管科今后必须要调查全面材料掌握重点控制主要地区，即是靠近场区之乡有历史性偷盐的地方不断的检查，对于制土盐

---

① 《政务院关于加强土盐检查和管理令》（1950年3月5日），中央人民政府法制委员会编：《中央人民政府法令汇编（1949—1950）》，法律出版社1982年版，第380页。

② 饶漱石：《华东军政委员会关于加强盐务工作保证盐税收入的指示》，《山东政报》1950年第4期，第39页。

③ 中共淮北盐特委：《秋季工作计划（草案）》，江苏省档案馆藏档，全宗号4119，长期，案卷号12。

④ 《淮北盐务管理局报告淮盐字第377号》（1952年9月9日），江苏省档案馆藏档，全宗号4119，长期，案卷号23。

和偷盐户进行登记，召开会议进行教育以防明年土盐复活及继续偷私，其登记方法一种是调查登记，另一种即是公开号召登记”，“土盐禁绝后仍应不放松检查和教育以防复活”①。

2. 满足近场各县民食需求

1949 年 12 月 23 日，淮北盐务管理局向灌河办事处发出训令，要求“头罾盐斤停止出售，因内运供给人民食盐，自即日起实行，但既指定县分民食盐仍要指定价出售”②。1951 年 9 月 9 日，华东财政经济委员会指示各地政府机关，在大力缉私护税的同时，“要求保证盐场附近和废灶地区的民食能即时得到供应”③。

为供应近场各县，淮办于 1950 年 4 月下旬及 5 月上旬先后在猴嘴、陈港、八滩三地设立分销处（猴嘴分销处也是该处的门市部），之后也在徐圩、头罾等处发售。这里的近场各县，指的是新海、滨海、涟水、灌云、沭阳五县，以及除盐民之外的淮北盐区。

1950 年 7 月 1 日起，上述各处向近场军民发售散盐，计 7 月至 12 月共计售盐 135154 担。当时近场五县人口以及场区盐民之外的人口共计 2926869 人。平均计算，每人每月约购盐 12 两 3 钱④。如果正常发售，是可以满足民食的。但是近场销盐存在着一个很大的问题。由于定价较低，与销区每担相差三四万元，所以发售食盐数量以当地需要为准，并不大量放销。这就难免引起一些商人的投机行为，即从中高价收购，然后化零为整运到销区牟利。但是，如果将近场盐价定得过高，则会导致食用私盐的人数增多，使贩卖私盐的行为猖獗，有损盐税。

由于这些矛盾的存在，虽然淮北盐场对近场各县放销数不少，而近场居民食盐尚感供应不敷。为解决这一问题，淮北场办事处与淮北盐务局划定近场区范围，邀请有关各县政府工作人员举行会议，决定由盐局按人口数配盐，交先各县政府统筹购领，再分配给各合作社及当地盐店负责供应。这项办法从 1951 年开始试行⑤。

1952 年 9 月召开的近场各县盐管科长及合作社代表联席会议要求，“在淮北

---

① 淮北盐务管理局：《近场各县盐管科长及合作社代表联席会议——关于下半年土盐管理缉私及近场民食供应的布置》，江苏省档案馆藏档，全宗号 4119，长期，案卷号 23。

② 《淮北盐务管理局训令管秘字第 681 号》（1949 年 12 月 23 日），江苏省档案馆藏档，全宗号 4119，永久，案卷号 16。

③ 《苏北人民行政公署令苏财字第 525 号》（1951 年 10 月 4 日），江苏省档案馆藏档，全宗号 4048，长期，案卷号 32。

④ 中盐淮北场办事处：《王主任报告一年来工作检查总结》，江苏省档案馆藏档，全宗号 4119，永久，案卷号 27。

⑤ 《中国盐业公司华东区公司一九五〇年工作总结》，江苏省档案馆藏档，全宗号 4119，长期，案卷号 11。

近场区范围内凡公司供应力量所不及之地区（新海连市临洪河以南、盐场特区、灌云县、沭阳县、滨海县），近场民食均享受近场优待价。因此，必须保证满足近场民食之需要，以求达到减轻人民负担，阻止土盐复活，保证税收任务完成”①。对于以何种方式办理近场销盐业务，会议认为在合作社之外，还应普遍利用承销店，“据国家既定政策方针，国公营企业及合作社对私人商业只能从业务上竞争，不能采取强硬态度，同时目前合作社力量还不能普遍供应民食，对承销店不宜裁撤”。

3. 制定缉私法规，明确奖惩办法

1949年6月1日，两淮盐务管理局颁布《淮盐缉私暂行办法》，首先明确规定了私盐的范畴：“两淮盐场之盐斤，统应就场就仓征税，如有未经纳税起运之盐斤及未经盐管机关批准煎晒者，概谓私盐”。

这项办法针对盐工、盐商、小贩的走私行为，分别制定了详细的惩处措施。首先，对于盐工的走私行为：

一、私盐在五十斤以下者，除没收其盐斤外，处以成本一倍至二倍之罚金。

二、私盐在五十斤以上百斤以下者，没收其盐斤，处以成本二倍至三倍之罚金，并召开盐工会议进行教育，予以警告。

三、私盐在百斤以上者，没收其盐斤，处以成本三倍至五倍之罚金，并召开盐工会议，予以记过处分。

四、偷盐三次以上之重犯，除按章处以罚金外，并开除晒滩权。

五、盐工集体走私除按以上处理外，为首者开除其晒滩权。

其次，对于盐商（产商、运商、盐店、盐号）的走私行为：

一、私盐在五十斤以下者，没收其盐斤并处以成本一倍至三倍之罚金。

二、私盐在五十斤以上百斤以下者，没收其盐斤，并处以成本三倍至五倍之罚金。

三、私盐在百斤以上五百斤以下者，没收其盐斤，并处以成本五倍至七倍之罚金。

四、私盐在五百斤以上一千斤以下者，没收其盐斤，并处以成本七倍至十倍之罚金。

五、私盐在一千斤以上者，没收其盐斤，并处以成本十倍以上之罚金。

再次，对于小贩的走私行为：

---

① 淮北盐务管理局：《近场各县盐管科长及合作社代表联席会议——关于下半年土盐管理缉私及近场民食供应的布置》，江苏省档案馆藏档，全宗号4119，长期，案卷号23。

第六条：小贩走私及夹带行为者，得按下列各条分别惩处之。

一、私盐在五十斤以下者，没收其盐斤及走私工具。

二、私盐在五十斤以上百斤以下者，没收其盐斤及走私工具，并处以成本百分之五十之罚金。

三、私盐在百斤以上二百斤以下者，没收其走私工具与盐斤外，并处以成本百分之五十至一倍之罚金。

四、私盐在二百斤以上三百斤以下者，除没收其盐斤及走私工具，并处以成本一倍至一倍半之罚金。

五、私盐在三百斤以上者，没收其盐斤及走私工具，并处以成本倍半至二倍之罚金①。

罚金与没收盐，需要由盐管局的专门稽征机关，以及盐区的场公署与运销局的办事处以上机关处理。在没有盐管机关的地区，由货管机关按盐管条例处理。

另一方面，该办法也规定要奖励检举缉获私盐的个人与团体：

一、盐区盐工、农区群众及其他人民缉获私盐者经处罚后得以没收之盐斤，按当地市场变价提取百分之七十充作奖金。

二、机关部队缉获私盐者经处罚后得以没收之盐斤，按当地市场变价提取百分之五十充作奖金。

三、盐务机关及盐警缉获私盐者经处罚后得以没收之盐斤，按当地市场变价提取百分之三十充作奖金（以百分之十作缉获机关本单位改善伙食或补充办公费等开支，以百分之二十缴管理局留作公益事业之用）。

四、个别人民向机关部队告密因而缉获私盐者经处罚后可按当地市场变价提取奖金百分之五十（密告人得百分之三十，缉获机关得百分之二十）②。

1955 年 1 月 10 日，赣榆县人民政府又颁发了《关于杜绝偷盗私盐、卤水及禁止刮土淋卤的通知》。

4. 成立盐警队

1946 年 12 月，成立由中国共产党领导的淮北盐特区盐警大队，次年成立盐警团纵队。1948 年 3 月，滨海大队与盐警纵队合编，组建淮北盐警独立团，计 1000 多人。1949 年 3 月，淮北盐务局在新浦成立盐警办事处。

1950 年，饶漱石在《关于加强盐务工作保证盐税收入的指示》中指出：“为保卫盐区治安，完成盐税任务，必须加强缉私，扩大与巩固盐警部队。盐警所在

① 《淮盐缉私暂行办法》，江苏省档案馆藏档，全宗号 4119，永久，案卷号 16。
② 《淮盐缉私暂行办法》，江苏省档案馆藏档，全宗号 4119，永久，案卷号 16。

地之各级军区，必须帮助盐警建设，供给其必要的政治、军事教育材料。盐警家属应按军属一样优待。”① 1951 年淮北盐务管理局成立盐警大队。

华东区各地盐警员额由华东区盐务管理局统一分配。1950 年，华东区盐务管理局为支援福建新区，曾从各地抽调盐警名额补充到福建。1950—1951 年华东区各地盐警分配员额统计情况，见表 6－8 所列。

表 6－8　1950—1951 年华东区各地盐警分配员额统计情况

地　区	盐警员额	
	1950 年	1951 年
区局	35	
淮北	380	400
淮南	480	500
浙江	1410	1450
山东	1030	1030
福建	900	900
袁浦	175	170
上海	20	—
南京	—	—
徐州	—	—
合　计	4430	4450

资料来源：《华东区盐务管理局所属员额分配数字统计表》，《华东区盐务管理局通知区警（50）字第 1854 号》（1950 年 9 月 20 日），江苏省档案馆藏档，全宗号 4048，长期，案卷号 12；《一九五一年盐务干警员额分配表》，《华东区盐务管理局通知区秘八（50）字第 2665 号》（1950 年 12 月 11 日），江苏省档案馆藏档，全宗号 4048，长期，案卷号 12。

1952 年，淮北盐警办事处先后更名为公安科、经保科、保卫科，盐警队伍逐渐减少。1955 年，盐警团的干部战士都转为企业职工。

5. 发动群众建立缉私组织

淮北盐场广泛开展了缉私护税的宣传和教育，宣传的大概内容是：走私是违法的行为；人人应当遵守纳税规定，履行稽征手续；人人应当爱护国家财富。与此同时，盐场党委把缉私护税与政治运动密切结合，例如，抗美援朝运动中，在

① 饶漱石：《华东军政委员会关于加强盐务工作保证盐税收入的指示》，《山东政报》1950 年第 4 期，第 40 页。

盐工中就打出了“生产、缉私就是抗美援朝”① 的口号。由于充分地发动、组织群众，淮北盐场掀起了一场群众性的缉私护税运动。

1949 年 6 月 1 日，两淮盐务管理局颁布的《淮盐缉私暂行办法》中，对如何发动群众检举与组织缉私，作出了如下规定：盐区内普遍建立盐工检查队（或纠察队），经常集合起来流动缉私；在盐区外围私盐严重的农区，由淮北盐务局会同当地政府，发动群众组成缉私小组，进行缉私②。

“数以万计的男女盐工、短工自觉地参加了纠察队、缉私组，形成了层层叠叠的缉私网。旺扫季节，在保证‘不走漏一粒盐’的口号下，不分男女老少都参加了缉私护税，青工及妇女、儿童尤为活跃”③。他们在白天检查来往行人，夜间轮班站岗放哨，严格执行了“四班三交制度”（每夜四班岗，每一班站两小时，换岗时通过交班、交廪、交情况的手续）和互相查岗制度；并且创造了睡镇要路口的护盐方法，即在各要道口睡人，遇到偷私情况发生，及时发出信号，各路把守。

盐工纠察队和缉私组经常地向场外活动，有重点地进行伏击，做到“家家护税，人人缉私，夜夜有岗，圩圩有哨”④。同时也深入盐场附近的农区、草区、山区里去，并在当地也组成了许多缉私组织，扩大了盐场外围的缉私力量。

1953 年 7 月，淮北盐务管理在给各场的通知中指出：自 1951 年稽征部门撤销后，盐场内部缉私工作无专人负责，工人纠察队组织流于形式，干群思想上对缉私工作放松；近场农户因当年夏季天时不利导致生活困难，可能会从事食盐走私活动。为防止走私现象的发生，淮北盐务管理局决定，各场及附近地区渔盐管理、工人纠察队，以及缉私小组之领导缉私工作，统由经保部门负责。

淮北盐务管理局专门制订了《五三年稽征工作计划》，在建立群众缉私组织方面提出如下要求：在原有的基础上整顿场内工人纠察队，把原有纠察队由经保部门进行一次登记、编队、编组工作，恢复正常站岗放哨制度；各走私要道组织群众缉私小组，以前已有组织的地方迅速恢复和巩固起来，尚未组织的地方，由当地人民政府协助，以乡村干部为骨干建立缉私组织；在船民中建立缉私组织，建立查舱制度，防止不良船民偷私⑤。此外，这项计划还详细划分了各场需要管

① 中共淮北盐场党委：《淮北盐场简史（草稿）》，江苏省档案馆藏档，全宗号 4119，永久，案卷号 151。

② 《淮盐缉私暂行办法》，江苏省档案馆藏档，全宗号 4119，永久，案卷号 16。

③ 中共淮北盐场党委：《淮北盐场简史（草稿）》，江苏省档案馆藏档，全宗号 4119，永久，案卷号 151。

④ 中共淮北盐场党委：《淮北盐场简史（草稿）》，江苏省档案馆藏档，全宗号 4119，永久，案卷号 151。

⑤ 《淮北盐务管理局五三年稽征工作计划》，江苏省档案馆藏档，全宗号 4119，永久，案卷号 50。

辖的缉私范围。①

6. *以税收政策严格管理邻区盐入境*

《淮盐缉私暂行办法》第三条明确规定："鲁浙盐已税者，准予自由销售，不再补征进口税，其未税者，以私盐论。"1949 年 7 月 1 日，淮北盐务管理局转发两淮盐务管理总局稽字第 2 号通令，其中指出为杜绝私盐及保护淮盐，对入境的浙盐和鲁盐都要补征大盐税②。1949 年 8 月 23 日，两淮盐务管理局召开的局长联席会议决议案提出，由于芦、鲁盐的税票不正规，易为商人造假、用来走私，因此必须对税票加强管理，一方面要积极地向山东盐管局及长芦盐管局建议迅速予以修改，另一方面对江苏境内持有此种税票的商人进行严格检查和管理③。

第四节 盐税与盐价

一、盐税

新中国成立前后，国内的经济形势极不稳定，连续发生了四次涨价风潮。对此，中央政府采取了加强税收、统一财政、统一金融等措施。通过这些措施，中央政府建立了统一的税收，摆脱了依靠通货膨胀维持财政支出的局面，为执行收支平衡的国家财政政策奠定了基础，有力地推动了国家财政状况的全面好转④。

新中国成立后至 1953 年以前，盐税征收均由各级盐务管理部门负责，在各级盐务机构内设立稽征部门，专负其责。"一五"期间，盐务总局从财政部划归食品工业部领导（食品工业部后又与地方工业部合并组成轻工业部），盐的生产、运销经营管理与盐税的管理分开，盐税由各级税务部门管理。这次体制变更后，仍有一段时间，盐税的稽征管理仍由各级盐务部门代管，直到 1956 年以后，

---

① 具体为：1. 内线缉私根据各场区界限进行管理；2. 新海连市云港区所属之东西连岛、高公岛、洞山、陶农、海头湾，西墅各渔空合作社及连云港、埨沟、云台区等地之市镇和附近渔农区划归台北场管理；3. 新海连市所属之高压乡，灌云县所属南岗区边界，划归台南场管理；4. 东西陬山及同兴区东部，靠近场区陬林，划归方洋场管理。界址：北以农场、南至五图河西为界；5. 五图河东岸民及场集区东部附近之陬林，划归灌西场管理；6. 灌云县田楼区，滨海县双港区凡靠近场区附近陬林划归灌东场管理；7. 滨海县靠近新滩场附近地区划归新滩经保股管理；8. 各场所属海滩渔段按场行政区界限分别管理。参见《淮北盐务管理局五三年稽征工作计划》，江苏省档案馆藏档，全宗号 4119，永久，案卷号 50。

② 《淮北盐务管理局通令稽字第　号（电文号空缺）》（1949 年 7 月 1 日），江苏省档案馆藏档，全宗号 4119，永久，案卷号 16。

③ 《两淮盐务管理局通知秘字第 12 号》（1949 年 9 月 2 日），江苏省档案馆藏档，全宗号 4119，长期，案卷号 5。

④ 李良玉：《建国初期统一财政金融的几项政策措施》，《江汉论坛》2005 年第 10 期，第 84-88 页。

盐税的具体管理征收工作，才完全交给各级税务部门负责。

淮北盐场解放后直至1950年，由于经济形势尚未稳定，淮北盐的税率变动异常频繁，波动幅度很大。这一时期的盐税基本上指的是食盐税。两淮盐区税率不尽相同，淮北盐税通常高于淮南盐税，由于淮北盐较淮南盐籽大，所以又将淮北盐税称为大盐税。下文所讲盐税皆指的是淮北的大盐税。

淮北盐场解放后，淮北盐税税率持续走高。1949年5月1日每担征收50000元。此后，盐税率急剧下降，至7月份之前已不足1000元。随后又很快上涨。8月5日升至每担3000元。新中国成立前夕，中共统一全国盐税，此后，盐税税率又开始了大幅度的增长，至1950年1月24日，增为每担145000元。此后，盐税税率有短暂的回落，但又很快上涨，在维持高税率的同时不断浮动。至4月10日，盐税为每担135000元。

由于盐税调整过于频繁，各地实施步骤和时间不一。为了保证迅速执行，1950年1月9日，华东区盐务管理局电令所属各局，“再遇有增加盐税一律自奉到文电之日起立时执行，无须往返请示或因故搁置致令衍期有损国家税收”①。1950年4月份，华东区盐务管理局召开的税务会计会议决议中再次规定，“税率与税额之调整，一律以‘文到之时’立即实行”②。

不久，中央实行了盐税减半征收的政策，盐税最终稳定下来。1950年5月31日，奉中财部与盐务总局指示，华东区盐务管理局向所属部门发送电文，指出自6月1日起华东地区的食盐税调整为每担70000元③。

此次盐税调整后直至1956年，淮北食盐税都维持在每担70000元的水平，如果换算成1955年发行的新人民币，为每担7元。一般情况下，将一担作为100市斤计算（由于考虑到损耗，实际上是多于100斤的，新中国成立初期通常为120斤），每吨食盐的税额为140元（新人民币，下同）。渔盐税率比照食盐税30%征收，为42元。自1956年开始征收农牧盐税，税率比照食盐税40%征收，为56元。除此之外，工业用盐、出口盐免税。

1957年，盐税上涨为172元，较前提高22.86%。渔盐税和农牧盐税也按照上述比例随之提高，分别为56元、68.8元④。1949—1957年盐税变动情况，见

① 《华东区盐务管理局通令场稽字第197号》（1950年1月9日），江苏省档案馆藏档，全宗号4048，长期，案卷号17。

② 《华东区盐务管理局通令区场（50）字第672号》（1950年5月12日），江苏省档案馆藏档，全宗号4048，长期，案卷号17。

③ 《淮南盐务管理局训令税字第28号》（1950年5月31日），江苏省档案馆藏档，全宗号4048，长期，案卷号17。

④ 《1949—1957年盐税收入及税率》，淮北盐务局：《淮北盐场统计资料》，江苏省盐业公司档案室藏档，第158页。

表6－9所列。

表6－9　1949—1957年盐税变动情况　　单位：元/担

日　期	盐税税率	日　期	盐税税率
1949年5月1日	50000	1950年1月24日	145000
1949年7月以前	小于1000	1950年2月1日	120000
1949年7月10日	1000	1950年2月23日	191000
1949年8月5日	3000	1950年3月14日	173000
1949年9月18日	4000	1950年4月1日	162000
1949年11月13日	6250	1950年4月10日	135000
1949年11月20日	16500	1950年6月1日	70000
1949年12月31日	75000	1957年	172（新币）
1950年1月11日	100000	—	—

二、盐价

新中国成立初期，市场物价不稳，盐的价格变动频繁，而且淮北盐区地区之间、场与场之间也不统一，有的以粮食（主要为玉米）及各种实物交换。1951年以后价格渐趋稳定。

淮办在《1950年上半年的工作总结》中指出：

淮北制盐公司在六月份大量招商承购，不论何人，不限数量，亦不问运至何处，均可任意办运，全月共售出二十三万担，三十一日一天即售盐三万余担，并有先交盐价欠税订购者，多系运往汉口一带，汉口公司牌价每担十一万七千元，商盐运汉，连税价及装卸等杂费在内，每担约需九万九千余元，据谓售价较牌价低四千元，每担仍可获利一万三千元，似此廉价出售，并获厚利①。

1. 成本

原盐成本由以下几项组成：燃料及动力费用、工人工资费用、企业管理费、销售流通费用等。其中以工人工资费用所占比例最大，一般占到全部成本的40%以上。淮北盐场的原盐成本较全国平均成本来说，常常处于较高的水平。1949—1957年淮北盐场原盐单位成本及与其他主要盐场的比较，见表6－10所列。

① 中盐淮北场办事处：《一九五〇年上半年工作总结》，江苏省档案馆藏档，全宗号4119，永久，案卷号27。

表 6-10　1949—1957 年淮北盐场原盐单位成本及与其他主要盐场的比较

单位：元/吨

	1949	1950	1951	1952	1953	1954	1955	1956	1957
淮北盐务局	5.80	8.51	10.10	11.08	13.51	13.19	9.29	21.48	14.42
塘大盐务局				5.84	9.69	10.25	6.86	10.36	6.79
汉沽盐务局				8.60	20.56	14.32	9.08	12.96	9.73
东莹盐场				7.66	28.09	10.89	6.48	14.87	7.65
辽宁盐务局				11.27	15.57	11.55	9.39	15.28	11.31
全国平均成本				9.62	13.91	11.68	8.62	15.02	9.98

资料来源：根据《1949—1957 年按成本项目分列的海盐产品单位成本》《1952—1957 年全国各主要盐场原盐单位成本》制成，淮北盐务局：《淮北盐场统计资料》，江苏省盐业公司档案室藏档，第 159、235 页。

2. 出场价

淮北盐场解放初期，盐价随着盐税的增减而波动，盐务机构渐渐重视起对盐价的管理。1949 年 8 月 8 日，两淮盐务管理总局通令所属各局："自我大军渡江后，因物资运输一时不足，致各地物价，时有波动，而各局盐价亦随时有所增减，惟查各局关于盐价增减问题，事前既未请示，事后亦未报告，迄今使本局无从了解各地盐价，以致无法掌握领导，为特重申前令，仰各局接此令后，事后有关盐价增减问题，如事先不及请示者，事后应即时报告，应说明增减理由来局，勿以闲文视之。"① 1949 年 8 月至 12 月淮北盐务管理局原盐场价调整情况，见表 6-11 所列。

表 6-11　1949 年 8 月至 12 月淮北盐务管理局原盐场价调整情况

单位：元/担

调整日期	场价		
	运销盐	民食盐	商盐
8 月 10 日	1500	—	—
9 月 6 日	1200	1250	—
10 月 15 日	1500	1600	—
10 月 22 日	1750	1850	—

① 《两淮盐务管理总局通令秘字第 4 号》（1949 年 8 月 8 日），江苏省档案馆藏档，全宗号 4119，永久，案卷号 16。

（续表）

调整日期	场　价		
	运销盐	民食盐	商　盐
10 月 25 日	2400	2600	3000
11 月 1 日	—	—	5000
11 月 3 日	2700	2900	3500
11 月 5 日	3200	3400	4000、6000
11 月 11 日	—	—	5000、8000
11 月 13 日	3500	3700	
11 月 15 日	3800	4000	9000
11 月 16 日	4300	4600	12000
11 月 19 日	5000	5300	13000
11 月 22 日	6100	6500	
11 月 23 日	8500	9000	
12 月 4 日	7000	10000	14000
12 月 9 日	—	—	16000（部分）
12 月 19 日	—	—	14000

资料来源：上表数据均来自江苏省档案馆藏档，全宗号 4119，永久，案卷号 16 中的电文，为使行文简洁，故不一一列出。

淮北盐务管理局 1950 年原盐场价格调整情况，见表 6 – 12 所列。

表 6 – 12　淮北盐务管理局 1950 年原盐场价格调整情况　单位：元/担

调整日期	场　价		
	运销盐	民食盐	商　盐
1 月 20 日	8500	14000	
1 月 26 日	11000		18000
2 月 4 日	16000	20000	24000
	猴嘴坨	徐圩、堆沟、陈港、头罾四坨	
3 月 11 日	28000	20000	
3 月 31 日	22000	18000	
4 月 3 日	17000	14000	
4 月 22 日	12000	10000	

（续表）

调整日期	场价		
	运销盐	民食盐	商盐
5月15日	10000	7000	
6月18日	8000	7000	
7月18日	11000	9000	
10月4日	—	10000	
10月7日	—	11000	

资料来源：《关于淮北盐场一般概况介绍》，江苏省档案馆藏档，全宗号4119，永久，案卷号31。

随着1951年盐税的稳定，淮北盐场的原盐场价也基本确定，很少再有浮动。1954—1957年按照港坨和运输工具综合定出场价（表6－13）。

表6－13　1954—1957年原盐出场价格（分港坨）表　单位：元/吨

年度	火车、轮船运输					木船运输		
	猴嘴坨	新海坨	燕尾坨	陈港坨	连云坨	陈港坨	徐圩坨	头罾坨
1954	27	27	27	25	—	25	—	21
1955	27	27	27	25	—	25	—	21
1956	27	27	19	19	—	24	24	24
1957	25	25	25	25	25	21	21	21

资料来源：《1954—1958年原盐出场价格（分港坨）表》，江苏省地方志编纂委员会：《江苏省志·盐业志》，江苏科学技术出版社1997年版，第177页。

3. 批发价与零售价

1949年4月淮北盐批发价每担9.4万元（旧人民币，下同），零售价每斤（市斤，下同）1060元。12月苏南地区零售价每斤2400元。

1950年6月1日，政务院财政经济委员会规定：苏州地区淮盐批发价每担11.1万元，零售价每斤1400元。

1951年12月，南通地区批发价为11.12万元，零售价为每斤1212元。1953年12月21日，批发价降至每担10.75万元，零售价每斤1400元。

1954年4月，南通、扬州地区淮北盐批发价每担11万元，零售价每斤1250元。

1955年，淮北各场盐不分等定价，原一、二等盐均按一等盐定价销售，统称淮北盐。

1956 年 11 月 19 日，国务院对江苏的盐税、盐价进行了调整。12 月 22 日，江苏省人民委员会决定，从 1957 年 1 月 1 日起，淮北盐的批发价由每担 9.4 元（新人民币，下同），调整为 11.3 元；零售价每斤由 0.106 元，调整为 0.13 元。

南通、扬州的淮北盐批发价每担由 11 元调整为 12.6 元，零售价每斤由每担 0.125 元调整为 0.145 元，批零差率为 15.1%。

苏州地区淮北盐批发价每担由 10.75 元调整为 12.45 元，零售价每斤由 0.14 元调整为 0.145 元，批零差率为 16.3%。

徐州地区淮北盐批发价每担由 11 元调整为 12 元，零售价每斤由 0.125 元调整为 0.14 元，批零差率为 11.25%。

三、税利上缴制度

新中国成立初期，国内贸易在实行高度集中的商品计划管理的同时，对经营资金管理实行了高度集中的贸易金库制。1950 年 3 月 14 日，政务院发布《关于统一全国国营贸易实施办法的决定》，这项政策规定了国营贸易资金管理的基本原则是：中央贸易部领导下的各专业总公司，均为经济核算单位，各区、各省专业公司的资金均受各该全国专业总公司之调度；中央贸易部委托中国人民银行在全国各市、县代理贸易金库；各大区及各省的专业公司及其分支公司的一切现金支付计划均须上报全国专业总公司，由总公司报告中央贸易部，由中央贸易部核准后，通知贸易金库支付之；各大区及各省的专业公司及其分支公司的一切现金收入，须于当日缴呈贸易金库①。

由于贸易金库统收、统支、统一管理，过分集中，不适应日益发展的业务经营需要，从 1952 年起中央贸易部将金库下放到各专业总公司，中国盐业公司设立了盐业金库，专门管理盐业运销资金的收支周转。

中央贸易部在 1952 年 9 月召开的全国大区贸易部长会议上，根据中财委指示，决定于 1953 年 6 月底以前，国营商业企业全面建站核资，推行经济核算制，把商业体制改为统一领导、分级管理的体制。1952 年 12 月，中国盐业公司召开经理联席会议，贯彻中财委和商业部的决定，从 1953 年 1 月 1 日起，盐业运销系统取消贸易金库制，推行经济核算制。

与此同时，1951 年 4 月，盐务总局召开生产会议，在交流东北盐区国营盐场试行经济核算制的基础上，决定从 1952 年开始在国营盐场（厂）普遍推行经济核算制。

---

① 《中央人民政府政务院发布关于统一全国国营贸易实施办法的决定》，《人民日报》1950 年 3 月 15 日第 1 版。

经济核算制要求国营企业严格地按照所生产的产品数量去使用资金，达到成本的降低以及企业生产效果和财务效果的提高。它主要包括三个方面的内容：一是最大限度地增加产品总量；二是最大限度地降低产品成本；三是尽量增加收益，加速企业内部的资金积累。

1950 年至 1957 年的盐税征解和调度情况分为两个阶段。

1952 年以前，各地盐务机关征收的盐税需要逐日结算、解缴国库。按规定，凡盐务机关所在地有人民银行机构的，由盐务机关按国家规定的预算科目，填写缴款书，交由购盐人直接向银行金库缴纳盐税。盐务机关凭银行收款单据签发税票，准予购盐发运。盐税征解单位所在地无人民银行机构者，由盐务机关直接收纳税款，按规定期限向银行交入中央金库。各基层征税单位，每 5 日将盐税征解数字层报盐务总局转报财政部，以便调度使用。

1952 年 6 月，盐务总局划归轻工业部领导，盐税交由财政部代收。根据中财委关于“盐税任务，按照中央规定数字，由中央轻工业部代中央财政部征收”的决定精神，轻工业部和财政部共同作出以下补充规定：税款损失在 20 元以上（新人民币），由中央轻工部授权盐务总局核销；20 元以下由区局核销；10 元以下由省局核销。税额的调整，需要由省局、大区财政部、盐务总局逐层上报，最后征得中央财政部核准后，由盐务总局下达执行[①]。

四、税利统计

1949—1957 年，全国盐业税收在中央税收中占有一定比例，连同盐业利润收入为国家积累了大量资金。1956 年 7 月《轻工业部盐务总局关于盐务工作基本情况和今后意见的报告》中指出：“目前盐税在国家财政收入中仍占一定数量，1955 年的收入为 48066 万元，占中央税收 5.2%，加上生产和运销企业利润及公收差价收入（即统购价差额的盈余）8959 万元，1955 年为国家积累资金共计 57026 万元。”[②]

淮北盐场作为全国重要海盐生产基地，其税利收入在全国盐业收入中所占比重较大。表 6－14 为 1949—1957 年淮北盐场税利统计数据。以 1955 年为例，淮北盐场税收 70598 千元，占同年全国盐税收入（48066 万）的 14.69%；积累资金 80852 千元，占同年全国盐业积累资金数（57026 万元）的 14.19%。

盐业获利包括盐税、生产企业利润、运销企业利润，其中以盐税所占比重最

① 丁长清、唐仁粤主编：《中国盐业史》（近代 当代编），人民出版社 1997 年版，第 430 页。

② 张道吾：《轻工业部盐务总局关于盐务工作基本情况和今后意见的报告》，江苏省档案馆藏档，全宗号 4119，永久，案卷号 112。

大。由表6－14数据计算得知，9年来，淮北盐场为国家积累资金649856千元，其中，企业生产利润总和为44248千元，占积累资金总数的6.81%；运销企业利润总和为13480千元，占2.07%；税收592128千元，占91.12%。

表6－14　1949—1957年淮北盐场为国家积累资金　　单位：千元

年　份	生产企业利润	运销企业利润	税　收	合　计
1949	9064	—	2905	11969
1950	4999	1061	49368	55428
1951	4476	2495	40296	47267
1952	6801	105	63581	70487
1953	3905	43	92354	96302
1954	2805	185	88047	91037
1955	5925	4329	70598	80852
1956	507	4691	87192	92390
1957	5766	571	97787	104124
合　计	44248	13480	592128	649856

资料来源：根据《1949—1957年淮北盐场为国家积累资金》制成，淮北盐务局：《淮北盐场统计资料》，江苏省盐业公司档案室藏档，第18页。

淮北盐场的盐税收入按照用途分为食盐税、渔盐税、农牧盐税，其中又以食盐税所占比重最大。表6－15为1949—1957年淮北盐场盐税收入统计数据。由表6－15中可知，9年来，盐税收入总和为592132千元（此处数据与上表中略有偏差，可忽略不计），食盐税585073千元，占盐税收入的98.81%。

表6－15　1949—1957年淮北盐场盐税收入统计表　　单位：千元

税　种	1949	1950	1951	1952	1953	1954	1955	1956	1957	合　计
食盐税	2906	49299	40056	63154	91713	87187	69394	85444	95920	585073
渔盐税	1	67	216	425	639	858	1174	1149	1081	5610
农牧盐税	—	—	—	—	—	—	—	597	781	1378
罚　没	1	1	1	1	1	1	29	1	4	40
其　他	1	1	23	1	1	1	1	1	1	31
总　计	2909	49368	40296	63581	92354	88047	70598	87192	97787	592132

资料来源：根据《1949—1957年盐税收入及税率》制成，淮北盐务局：《淮北盐场统计资料》，江苏省盐业公司档案室藏档，第158页。

此外，新中国成立初期，盐商也从食盐贸易中获利颇丰。中国盐业公司华东区公司1950年的工作总结中显示：

以战前典当利息为商业中最高利率，也不过3%，又如战前，食盐报运商的利润最多也不过2.5%，但其经营量较现在为大，故今年下半年度原定无锡、苏州、蚌埠、合肥、滁县、芜湖、南京、镇江、安庆、溧阳、屯溪、扬州、泰州为3.5%，青岛、济南、徐州、德县、济宁、金华、清江为3%，杭州、嘉兴为2.5%，上海、六安为4%，近据各地反映，因食盐经营利润有保证，且超过其他经营利润，原来运商纷纷要求增资，以扩大运额，未登记之盐商准备登记，故觉经营利润，1951年度起当视客观情况逐步减缩①。

实际上，由于中国盐业公司的存在以及对盐商登记的控制，盐商获利比重很小。随着盐商团体的渐渐消失，盐业生产和经营系统全面国有化，税利也尽归国有。

① 《中国盐业公司华东区公司一九五〇年工作总结》，江苏省档案馆藏档，全宗号4119，长期，案卷号11。

第七章　盐场职工

第一节　盐民的身份转换

一、从盐民到盐场职工

淮北盐场坐落在黄海之滨，西北至赣榆县（今连云港市赣榆区），东南至灌河口两岸，南北长约 500 里，是“一片不毛，一望无际，海风咸水，地广人稀”[①] 之地，盐民散居其内。

东汉至唐初，盐民以盐农兼作者居多。唐代中叶，出现了专业制盐者，称为亭户。明代将各种盐户统称为灶户。清代及民国时期，使用晒盐法制盐的盐民称为晒户、晒丁；用煎盐法产盐的称为灶户、灶丁。新中国成立后，盐民一律改称为盐工。

北宋时期，淮北盐区共有亭户 825 家、灶丁 2890 名，淮南有亭户 1701 家、灶丁 2304 人。明代嘉靖年间，两淮盐区共有灶户 27295 户、灶丁 68238 人。清乾隆年间，两淮共有灶丁 69885 人[②]。民国元年，淮北 4 场有盐民 8860 人，临时帮工（季节工）4290 人。1948 年春，淮北盐区有晒户 2569 户、盐民 8436 人。淮南盐区 11 场有灶丁 8263 人[③]。

至 1948 年 12 月，淮北盐场人口约有 6 万以上，其中，盐工约 3 万人。码头

---

① 《新解放之淮北盐场的情况与方针任务的报告》（1948 年 12 月），中共江苏省盐业公司委员会、中共连云港市委党史工作委员会编：《革命战争中的淮北盐场》，南京出版社 1994 年版，第 193 页。

② 沈敏、卢正兴：《两淮盐工的今昔》，《江苏地方志》1995 年第 2 期，第 67 页。

③ 江苏省地方志编纂委员会：《江苏省志 · 盐业志》，江苏科学技术出版社 1997 年版，第 272 页。

工人约万人，船民约万人，此外以不固定劳动维持生活的苦工及小商小贩约15000人①。淮北盐区居民成分复杂，常住人口有46500人、8300余户，有盐民、码头工、渔民、船民、市民、农民等；临时人口有雇工、码头工、季节工、垣商、市民及其代理人等②。

古代两淮地区的盐民社会地位很低，官府往往把犯罪之人发配到两淮制盐。《盐铁论》载："豪强大家得管山海之利，采铁石鼓铸、煮海为盐，一家聚众，或至千余人，大抵尽收放流人民也。"③ 北宋初，朝廷把判死刑及免死的犯人发配到两淮沿海煮盐。明洪武年间实行移民政策，从苏州、嘉兴、松江等地迁移4万居民到淮南盐区从事制盐劳役，又将福建、广西的罪犯发配到两淮盐区煎盐赎罪。

自唐代中叶开始，官府将盐民编为特殊户籍，令其世代专职盐业。明代，灶丁作为在编户籍人口被称为"灶籍"，与匠籍、军籍同为明代三个特殊劳役的户籍。凡是被编为其中一籍者，其身份即成为世袭，不得更改。三者当中，又以灶籍（又称灶户）的地位最低，与娼妓、戏子、奴隶等同被视为贱民。清代的户籍分为军、民、匠、灶四种。凡身隶灶籍的盐丁，子孙世代只能以盐为生。

民国时期，废除了灶户户籍制。但由于盐田大部分被垣商所有，盐民成为垣商的雇用工人。制盐者大都为来自附近的农民。盐民大多合家一起住在滩上干活。一家晒一份滩的叫作单晒，两家或四家合晒一份滩的叫作双晒或四晒。每家有三个整工，长年在滩地劳动，旺产时加雇一至两名帮工，亦称季节工。

民国时期，垣商对盐民的工资支付形式主要采取"灶粮"和"担头费"的形式。所谓"灶粮"，是按滩计算，按月发放，实际上是一种计时工资形式。每滩每年由场商平均发给玉米32市担，旺季时多发一两担。所谓"担头费"，是按产盐的数量和质量，按担计算，按季发给，实际就是计件工资。垣商按照产盐数，在发放盐斤出坨时，由场商发给等于场价1/10的担头费。

此外，产量高的盐民还可获得额外的补贴。一是年赏，每圩产盐最多的灶户叫作头户，其次叫二户，年终由场商发给布匹、棉花等物作为奖赏。二是奖金，年产量超过2000担的盐民，每千担加给10元。季节工和短工的工资，则由其主雇的盐民付给。

但是，不管灶粮也好，担头费也好，垣商常常任意拖欠、剥削，掌管也从中克扣，盐工实际领到的寥寥无几，以致连最低生产都维持不下去。

---

① 《新解放之淮北盐场的情况与方针任务的报告》（1948年12月），中共江苏省盐业公司委员会、中共连云港市委党史工作委员会编：《革命战争中的淮北盐场》，南京出版社1994年版，第193页。

② 《江苏盐业史》编写组：《江苏盐业史》（修订本），江苏人民出版社1992年版，第167页。

③ 桓宽著、王利器校注：《盐铁论校注》卷一《复古第六》，中华书局1992年版，第78页。

历代以来，盐民的生存状态都非常差。

宋代的《太平寰宇记》载："亭户不避盛暑隆冬，专其生业，妇女淋卤，壮丁煎盐，自子至亥，昼夜不停。"[①] 盐民长年居于海滨，远离乡镇，居不能安，食不能足。晒丁都要赤脚裸膝，在寒冷的卤水里干活，致使许多人患有关节炎，其中一些人成为跛子。

明代有一位诗人写道："天雨盐丁愁，天晴盐丁苦，烈日来往盐池中，赤脚蓬头衣褴褛。晒盐朝出暮始归，归来老屋空环墙，糠秕野菜来充饥，食罢相看泪如雨。"[②]

民国时期，盐工穿的是麻袋，吃的是盐蒿种、野菜、小蟹子。民间流行着这样一首歌谣："一去二三里，盐圩七八家，楼台无一座，四季不开花。"[③] 1934年，南京学者李旭旦到淮北考察盐民生活状况时写道："制盐之灶民，大抵只有茅屋一间，弯不盈身，一家老小数人，团坐其中，丰岁食玉米，歉时盐蒿充饥，浑浑噩噩。诚非人生活也！"当时一户灶民只有一间土茅屋，四五口人弄饭住宿都在其中，肮脏潮湿，蚊蝇滋生，传染病经常流行，关节炎、胃病、沙眼成为盐民的职业病[④]。

不仅如此，由于盐民世代居住在海边，受海潮灾害频繁。据统计，自唐开元十四年（726）至1949年，江苏沿海发生大潮灾害93次，其中明清时期发生68次。例如，明洪武二十二年（1389）7月，大潮冲破苏北沿海堤埝，淹死盐丁3万余人。又如，清雍正二年（1724）7月18日的大潮，淹死苏北沿海盐丁5万余人，其中淮北灶丁1445人。民国时期，淮北盐场发生了一次十分严重的海潮灾害。1939年8月31日，特大海潮袭来，伴随着狂风暴雨，卷起丈余高的浪头。海潮冲破海堤，海水铺天盖地冲进盐场，瞬时吞没了百里盐滩。淮北盐民遭受重灾，共有灾户1292家，难民6178人，淹死灶户1600多人，冲毁草房无数[⑤]。

二、职工管理

据统计，1950年淮北盐区除盐民外，还居住着市民、商民、工人、船民、渔民、农民、草民等，共8235户，46180人。其中以盐民为主，共3489户，

---

① 江苏省地方志编纂委员会：《江苏省志·盐业志》，江苏科学技术出版社1997年版，第273页。

② 沈敏、卢正兴：《两淮盐工的今昔》，《江苏地方志》1995年第2期，第68页。

③ 中共淮北盐场党委：《淮北盐场简史（草稿）》，江苏省档案馆藏档，全宗号4119，永久，案卷号151。

④ 沈敏、卢正兴：《两淮盐工的今昔》，《江苏地方志》1995年第2期，第68页。

⑤ 《台北盐场志》编纂委员会：《台北盐场志》，中国矿业大学出版社2008年版，第342-343页。

24369人①。其中，在淮北盐场的盐滩上劳动的盐工占一半左右。1950年春，淮北盐场有全劳动力4751人，另雇用3647人，共计8398人；半劳动力6314人，另雇用413人，共计6727人②。淮北盐场将大部分盐民转为国营盐场的工人，对职工进行统一的招收聘用和管理调配。

淮北盐场的职工，以生产工人为主，生产工人中以基本工占大部分，常年在盐滩生产，旺产季节雇用临时工和季节工。此外还包括为盐业运销服务的搬运工人及职员。例如，1956年8月《国营淮北盐场工作情况报告》中统计为："全场共有职员1300人，固定盐工6273人。……除此之外，还有为盐业生产服务的搬运工人1677人……。在每年旺产季节要雇用短期工4100人左右。"③ 1949—1957年淮北盐场各场职工平均人数，见表7-1所列。

表7-1　1949—1957年淮北盐场各场职工平均人数　　单位：人

职工/年份	工业生产人员						其他业务	合计
	小计	其中：生产工人			其中：职员			
		小计	其中：基本长工	其中：工程技术人员	小计	其中：政工人员		
1949	11596	10111	10052	—	1109	243	208	11804
1950	11421	10069	10020	—	975	241	351	11772
1951	11129	9835	9153	—	930	157	179	11308
1952	10071	8807	6483	—	974	132	231	10302
1953	9567	8784	6839	63	632	77	445	10020
1954	9117	8357	6702	57	608	109	612	9729
1955	8921	8106	6287	241	449	137	663	9584
1956	9228	8369	6291	325	449	129	731	9959
1957	9370	8445	6277	282	522	198	1607	10977

资料来源：《1949—1957年职工人数》，淮北盐务局：《淮北盐场统计资料》，江苏省盐业公司档案室藏档，第126页。

劳动力的管理，在国民经济恢复时期和1954年大区撤销以前，是在中央的方针政策指导下，以地区管理为主的。国民经济恢复时期，公、私营企业都可以

① 《一九五〇年度场区人口统计》，《关于淮北盐场一般概况介绍》，江苏省档案馆藏档，全宗号4119，永久，案卷号31。

② 《淮北盐务管理局所辖各场劳动力统计表》，《关于淮北盐场一般概况介绍》，江苏省档案馆藏档，全宗号4119，永久，案卷号31。

③ 叶志俊：《国营淮北盐场工作情况报告》，江苏省档案馆藏档，全宗号4119，永久，案卷号112。

自行决定增加职工。1954 年撤销大区和 1956 年社会主义改造完成以后，开始过渡到中央集权为主的管理体制。1954 年以后国家逐年批准下达职工人数计划。

新中国成立初期，淮北盐场对招收职工具有很大的自主权，同时为照顾场区盐民和失业人口，在招收职工时以场区人员为首选。1952 年 11 月，淮北盐务管理局在《关于冬季生产工作补充指示》中介绍了当时工人配备的情况是："1. 虽有人工定额与工作保证，但定员管理人员变动是极其混乱，这样使我们今后对在册工人的劳动保证工作很难进行；2. 今秋又接收了一部分工人（包括裁减之半人工与转业后又复业之工人）……4. 五三年外短工招请手续已初步计划，由企业劳动工资部门直接统一办理，因此所缺短工，冬季即需作手，否则将会招请困难，贻误生产。"

按上述情况，1952 年冬季人工配备工作应按以下步骤进行："1. 按组审定精确现有工人数字……2. 小组所缺或剩余人工数字，先在场所范围内统一调剂，场所范围不能平衡时，各场应将所缺少或剩余之名额报局再作场与场之间平衡；3. 在配备与招请中应注意基本长工中不应有外短工抵作长工，场区以内可作生产使用的人工（包括失业盐工、无固定职业之市镇码头工人及草民、散户），未全部安插以前不得招请外短工。"①

1954 年开始，各级盐务机构加强了对生产企业的劳动用工管理。1954 年，盐务总局、省级盐务管理局及大中型盐场（厂）相继成立了专管劳动工资部门，加强劳动力的调配，制定不同工种的劳动定额。1955 年，在国营企业、公私合营企业中全面推行编制定员工作。"企业编制定员工作的主要内容是，根据生产和管理工作的需要，按照先进合理的劳动定额、工作岗位和职责范围，确定组织机构和定员人数，确定企业内部各单位、各岗位应该配备多少人和配备什么样条件的人，保证生产、工作对人员的需要，合理地使用劳动力。"②

1955 年 8 月，国务院发出了《关于控制各企业、事业单位人员增长和加强劳动力管理问题的指示》，其中规定：

（一）自 1955 年下半年起，中央各部所属企业、事业单位，除在现有职工总人数内进行调剂外，应停止从社会上录用新职工。临时工的使用也应严格控制，并减少到最低限度。

（二）现有企业应根据节约和合理使用劳动力的原则制定编制和定员表。

---

① 淮北盐务管理局：《关于冬季生产工作补充指示》（1952 年 11 月 5 日），江苏省档案馆藏档，全宗号 4119，永久，案卷号 47。

② 《当代中国》丛书编辑部：《当代中国的劳动力管理》，中国社会科学出版社 1990 年版，第 268－269 页。

（三）增加劳动力的管理工作，建立劳动力的调配制度①。

9 月 14 日，轻工业部发出中轻（55）劳组字第 4306 号指示，下达了国务院的指示。

为贯彻实施，9 月 21 日，淮北盐务管理局制定了《淮北盐场生产工人劳动组织情况及今后定员工作意见》（以下简称“《意见》”）②。《意见》首先介绍了淮北盐场生产工人的组织情况：“在 1952 年度即曾将旧企业遗留给我们一家一晒的小包工生产形式改为按滩定员固定其在册工人，并将非生产性的家属予以分开，既而进一步改以工组集体劳动代替了按滩固定分工的办法，从而达到在工组内人力动力设备的互相调配使用，为了加强这方面的工作，今年我们在工区内设立了专职工长和不脱产的副工长记录员，还建立了考勤日报制度。”

《意见》指出了在劳动组织工作中不合理的现象：“由于劳动定额陈旧保守，首先是长工的配备不够合理，□技术工人（领滩）和轻重体力负荷的普通工人均未能完全根据生产需要出发，尚有平均主义现象”；“在工组内的普通工人中轻重不同体力负荷的工人在配备中有时高时低现象”；“工人岗位责任制未能建立，在长工、季节工、临时工中间互相任务不明，长期处于混乱状态”；“临时工使用无一定的范围和控制定额”；“生产工人在生产时间要去干非生产性工作和私人家庭事务”；“劳动负荷不能平衡”。

《意见》指出，为解决上述问题，需要实行科学的定员工作，从而规定了对今后淮北盐务管理局生产工人定员工作的意见：

一、废除按滩定员，建立以工组与等级重新计算定员。

二、按照长年生产的需要，固定技术工人和轻重体负荷的工人数字，取消所谓半劳动力的领滩，肯定各场工人定额指标，逐步废除整半折换办法。

三、季节工临时工应根据产量任务之大小、抢雨盘小廪的数量来计算配备并固定工作定额。

为达到上述目的，《意见》提出要“废除以往按滩地等级制，改为工组等级制”。在此之前，淮北盐场根据不同等级的滩地需要安排不同数量的劳动力。例如，1950 年淮北盐场劳动力标准见表 7－2 所列。

---

① 《中华人民共和国轻工业部指示中轻（55）劳组字第 4306 号》（1955 年 9 月 14 日），江苏省档案馆藏档，全宗号 4119，永久，案卷号 97。

② 淮北盐务局：《淮北盐场生产工人劳动组织情况及今后定员工作意见》（1955 年 9 月 21 日），江苏省档案馆藏档，全宗号 4119，永久，案卷号 97。

表 7－2　1950 年淮北盐场劳动力标准

特等		头等		二等		三等		四等		五等	
春	秋	春	秋	春	秋	春	秋	春	秋	春	秋
6	4	4	3	3.5	2	3	2	2.5	2		

资料来源：《关于淮北盐场一般概况介绍》，江苏省档案馆藏档，全宗号 4119，永久，案卷号 31。

《意见》中提出的工组等级制是：

工组等级的划分是以目前的圩与小组为单位，其工组的等级划分按照每一工区每一操作平均生产面积的大小即产量多寡而定，依照面积大小划分等次，依照产量多寡划分级别，这新定的工组划分共分五等十八级……

《意见》按照等级制定了各场（共 10 场）生产工人定员人数，1955 年下半年淮北盐场职工定员人数见表 7－3 所列。

表 7－3　1955 年下半年淮北盐场职工定员人数

应定员长工数	合　计	6572
	领滩工	2186
	四至六级普通工	1648
	一至三级普通工	2738
应定员季节工数	合　计	3754
	四至八级工人	2145
	一至三级工人	1609
应定员临时工工日数	合　计	26584
	五月份抢雨用	8387
	六月份抢雨用	12584
	五月份盘盐用	660
	六月份盘盐用	4953

资料来源：《分场分等生产工人控制总数》，《淮北盐场生产工人劳动组织情况及今后定员工作意见》（1955 年 9 月 21 日），江苏省档案馆藏档，全宗号 4119，永久，案卷号 97。

1955 年 11 月 25 日，盐务总局根据工业部的上述指示，提出了补充意见，其中特别针对海盐企业指出："应结合这次定员工作，通过算细账，同时确定常工、季节工、临时工的合理比例。凡招雇临时工困难的地区可根据生产需要和不窝工的原则下，适当扩大季节工，控制临时工，以减少工人的流动性，解决临时工的招雇困难，并促使劳动生产率不断提高。”①

1956 年 7 月，盐务总局《关于盐务工作基本情况和今后意见的报告》中再次要求改进劳动组织，具体为：“海盐企业生产突击性大，使用季节工和临时工较多，季节工与临时工约占在册工人三分之一左右。在目前农业合作化之后，季节工和临时工的招雇已发生很大困难，……目前必须适当调整长工和季节工、临时工的比例，尽量少用季节工，更少用临时工，固定一部分长工，对解放劳动力供应不足，减少工人流动性，培养技术工人都有很大好处。同时，我们也准备与地方党政协商，动员农业生产合作社的剩余劳动力，到盐场参加生产，以保证生产工作的正常进行。”②

第二节　工资改革

一、淮北盐场解放初期的盐民工资

淮北盐场解放初期，基本维持着旧有的工资形式，但在工资标准上有所提高。当时在全国四大海盐区的工资制度，有计件工资、计时奖励工资和计时、计件混合工资三种形式。淮北盐场采用第三种形式，工资制度为按滩发给计时工资（亦称灶粮），按产量发给计件工资（亦称担头费），计时工资约占 1/3，计件工资约占 2/3。季节工计件工资为基本工所得，基本工供给季节工伙食，并代为起伙。由于计件工资是计时工资的两倍，除供给季节工伙食外尚有很大结余。

淮北盐场所属各场由于在民国时期灶粮标准并不统一，因此，对各场按照解放早晚分为新、老二区，分别制定不同的计时工资标准。新滩、灌东、灌西三场，由于解放较早，又该三场在敌伪时，均为济南场管辖，工资标准是统一的，列为老区。方洋、台南、台北，过去由于分散经营，标准多少不一，且解放较晚，谓之新区。1950 年上半年老区固定工资标准表，见表 7－4 所列；1950 年上半年新区固定工资标准表，见表 7－5 所列，由此可以计算出每个劳动力在不同时节的工资标准。

① 《轻工业部盐务总局指示生劳（55）字第 736 号》（1955 年 11 月 25 日），江苏省档案馆藏档，全宗号 4119，永久，案卷号 97。

② 张道吾：《轻工业部盐务总局关于盐务工作基本情况和今后意见的报告》，江苏省档案馆藏档，全宗号 4119，永久，案卷号 112。

表 7－4　1950 年上半年老区固定工资标准表　　　　单位：斤

滩地等级	全年粮食数	忙　月	平　月	闲　月	劳动力	
					春　季	秋　季
头等	5648	522	470	410	4	3
二等	4800	450	400	350	3.5	2
备注：1. 固定工资粮食规定以小麦、玉米各半为标准。 2. 忙月为每年的 3、4、5、6 月，平月为 7、8、9、10 月，闲月为 11、12、1、2 月。						

资料来源：《关于淮北盐场一般概况介绍》，江苏省档案馆藏档，全宗号 4119，永久，案卷号 31。

表 7－5　1950 年上半年新区固定工资标准表　　　　单位：斤

滩地等级	全年粮食数	忙　月	平　月	闲　月	劳动力	
					春　季	秋　季
特一	6400	617	533	450	6	4
特二	5416	504	450	400	5	3
头	5220	490	435	380	4	3
二	4568	442	380	320	3.5	2.5
三	3916	375	324	280	3	2
四	3482	340	290	240	2.5	2

资料来源：《关于淮北盐场一般概况介绍》，江苏省档案馆藏档，全宗号 4119，永久，案卷号 31。

计件工资，春盐与秋盐不同，春秋盐均按盐斤入坨担数，分别头等、二等，按标准付给。标准是：春产期间，一等盐每担玉米 2 斤，二等盐每担玉米 1.75 斤；秋扫期间，一等盐每担玉米 3 斤，二等盐每担玉米 2.625 斤①。

这种工资制度是同当时一滩一晒的劳动组织形式相配合的，因此在劳动组织形式未改变前一直沿用。但是它也有一定的局限。一方面，由于计件工资所占比重很大，因此，滩地好坏，产量大小，年成丰歉，致使工人收入极不平衡。而且季节工的工资与基本工相比，有较大差距。另一方面，在新中国成立后物价和人民币稳定的条件下，再沿用粮食“实物工资”，也给企业的后勤供应造成极大困难。建国初期，淮北盐区人口大约有 5 万人，每年发放粮食达 3600 万斤。这些

① 《一九五〇年担头工资标准》，《关于淮北盐场一般概况介绍》，江苏省档案馆藏档，全宗号 4119，永久，案卷号 31。

粮食的采购和分发都是由局粮食部门负责。因此，每年在粮食的采购和供应商要牵涉巨大的人力和物力。粮食的收入也给职工的生活带来不便，既要储存，又要卖出多余的粮换回货币，再购买生活日用品。有时粮价陡跌，又使职工实际收入降低。

二、1952 年工资改革

1950 年 8 月 31 日至 9 月 18 日，在政务院财政经济委员会的领导下，劳动部和全国总工会联合召开全国工资准备会议。“会议根据建国初期的实际情况，研究确定了全国国营企业进行工资改革的 3 条原则：（一）要在可能的范围内调整得比较合理；（二）一定要照顾现实，尽可能做到为大多数工人拥护；（三）要照顾目前国家财政经济能力，不过多地增加国家负担。”①

1952 年，根据中央工资准备会议的精神，淮北盐场进行了工资制度改革，将“灶粮制”改为“货币工资制”。盐工粮食的供应，经华东军政委员会批准，改由当地政府的粮食部门统一供应。

工资改革的主要内容是：

采取计时、计件混合形式的工资制度；废除滩权制，取消以家庭为操作单位的包工形式，改为按滩定员，按劳动力计算；季节工的工资也从原由基本工支付的办法改为企业发放；同时还根据按劳分配的原则，在工人中按技术水准划分为七个工资等级；计时工资和计件工资的比例也有所调整，计件工资从改革前的 70% 降为 35%，计时工资则从 30% 增加到 65%，以保证盐工的固定收入②。

工资等级的确定，以盐工民主评议后的每位盐工滩地质量优劣和技术高低为根据。盐工按月领取计时工资，计件工资先按报产 80% 付给，年终再根据所完成任务的多寡、质量高低结算付清。改革先在方洋场进行试点，然后全面推开。工资改革中，以年产 950 万担为基数，计件工资减低二分之一，将被减部分加入计时工资，以及加给其他辅助工人。

这次工资改革有利于刺激工人提高技术，却存在着很大的缺陷。如工资标准定得偏低使部分工人收入减少；又因定员太紧，造成了工人失业现象和劳动负担加重；加上缺乏科学的技术标准和合理的工资等级制度等等，因而影响了工人生活水平的提高，使生产上曾一度造成混乱的现象。

---

① 黄定康、舒克勤主编：《中国的工资调整与改革（1949—1991）》，四川人民出版社 1991 年版，第 40 页。

② 中共淮北盐场党委：《淮北盐场简史（草稿）》，江苏省档案馆藏档，全宗号 4119，永久，案卷号 151。

工资改革的结果很糟，它“使2000余工人被裁减失业，工资收入普遍较五一年低15%左右”①；“它使大部分工人降低了工资水平特别是占淮北盐场整个滩份的70%以上的大滩（特头二等）工资降低的比例更大，平均降低约20%左右，造成工人的普遍不满，纷纷要求转业，反映共产党先甜后苦，使党和政府的威信受了很大损失”②。

1952年9月，盐务总局、盐业工会、华东局纪律检查委员会、华东财政经济委员会、华东人民监察委员会，曾向华东苏北有关机关组织检查组，在当时的苏北行署主任惠浴宇的亲自主持下，在淮北盐场做了深入的检查，揭发了上述错误，对已造成的损失采取了紧急补救措施，暂时解决了工人生活上的困难，但是仍需要对工资制度进行重新改革。至1953年，尚存在以下问题需要解决：

（1）工资水平低，工人生活苦，部分不能维持。根据台南场典型调查，全场有231户不能维持生活或有很大困难的，占该场总户48%。这些工人只有依赖救济和借贷生活，陷于不能维持。

（2）在评定工资等级时，整、半劳动力均分三级，机械地规定了中间大两头小的原则，即一级不能多于20%，三级不能少于20%，二级要保持60%的比例，因而有部分工人不能维持原来等级，加之受滩地定额限制，使半劳动力中有186名已符合整劳动力条件的工人，无法提升，减少收入，不利生产。

（3）淮北盐场工人情况：旺产时外请季节工多，盐场内部失业工人多（尤其是闲淡季节），全场外雇季节工，整劳动力2634人，半劳动力118人，但盐场内部失业工人有整劳动力213人，半劳动力1508人。整劳动力失业是因定额所限，半劳动力失业是因生产上重型（担盐）操作未改变所造成的。整劳动力虽是在上半年，基本上充当了季节工；半劳动力也部分地充当季节工，但至下半年完全陷于失业状况，以至迫切要求转业。

（4）计件工资不够维持季节工伙食。工资改革后，计件工资缩小一半，高产滩地尚够维持季节工伙食，产量不高的滩地，除要替季节工烧饭外，并要补贴口粮。因此，基本工纷纷不愿招请季节工，提出季节工伙食要企业负担。

（5）全场因人口多劳动力少所造成的困难户约有532户（全场产盐工人3464户），另有丧失劳动能力的困难户70余户。

（6）在1952年的紧急补救措施中，其中一项是对剩余工人包下来，其工资每月玉米90斤，全场共计被包工人原为2222人，已被吸收做基本工者439人，

---

① 中共淮北盐场党委：《淮北盐场劳动组织及工资改革方案的意见》，江苏省档案馆藏档，全宗号4119，长期，案卷号26。

② 中共淮北盐场党委：《淮北盐场目前工资问题意见》，江苏省档案馆藏档，全宗号4119，长期，案卷号26。

尚有1783名①。

1953—1954年，淮北盐场根据上级指示的精神和盐场现有工资基金的情况，进行了一次工资调整。其内容是：

增加工人的工资收入，调整后比原有工资平均增加了11%；根据技术标准与劳动强度相结合的原则，将原七级制改为八级制；对一部分工人因条件差而降低工资的，在一定时期内用补贴和保留的办法，以保持原来收入；计件工资分配办法，规定以小组为单位，用计时工资等级统一计算分配；并规定工人工资的增加部分从1953年起补发②。

经过调整，淮北盐场工人工资得到普遍增加，其中5973名工人增幅较大，占工人总数的87.4%③。

此外，搬运工人的工资在1955年年底至1956年年初之间，也进行了一次改革。主要是取消计件工资的不合理分配制度，克服劳动报酬上的平均主义，并建立了工资等级制度，按新的技术标准评定等级。

三、1956年工资改革

由于第一次工资改革后，职工工资制度仍存在许多问题，以及为适应当时的经济形势，1956年，全国进行了第二次工资改革。1956年7月，国务院发布了《关于工资改革的决定》，对企业（包括国营企业、供销合作社企业、全行业公私合营前的公私合营企业）、事业和国家机关的工资制度，进行进一步改革。凡是这次进行工资改革的企业、事业和国家机关一律从1956年4月1日起实行新的工资标准。这项决定“确定1956年企业、事业和国家机关职工的平均工资提高14.5%（如包括1956年新增人员在内，则为13%左右）”，并规定了工资改革的主要内容是：取消工资分制度和物价津贴制度，实行直接用货币规定工资标准的制度；改进工人工资等级制度，使熟练劳动和不熟练劳动、繁重劳动和轻易劳动，在工资标准上有明显差别；改进企业职员和技术人员的工资制度；推广和改进计件工资制；改进奖励工资制度和津贴制度④。

淮北盐场的工资改革在生产工人和管理人员中分别进行。1956年7月28日，淮北盐务管理局根据上述决定以及盐务总局的指示，制定了《淮北盐场一九五六

① 中共淮北盐场党委：《淮北盐场劳动组织及工资改革方案的意见》，江苏省档案馆藏档，全宗号4119，长期，案卷号26。

② 中共淮北盐场党委：《淮北盐场简史（草稿）》，江苏省档案馆藏档，全宗号4119，永久，案卷号151。

③ 《江苏盐业史》编写组：《江苏盐业史》（修订本），江苏人民出版社1992年版，第192页。

④ 《国务院关于工资改革的决定》，《人民日报》1956年7月5日第1版。

年生产工人工资改革实施方案》（以下简称《方案》）①。

《方案》首先指出了生产工人现行工资制度上存在的问题：（1）无精确产量定额，计时、计件混合工资形式，使工人工资水平经常处于不稳定状态，歉产年头需要国家拨出大量短产补贴；（2）季节工工资水平较低，与基本工同工不同酬，而且企业不付计件工资给季节工，每月仅直接支付 10～20 元计时工资，季节工伙食部分由基本工支付，季节工所创造的全部计件工资为基本工人所得；（3）由于工人之间劳动强度、技术差别不大，八级工资制与盐场目前的实际情况不相符合；（4）大滩与小滩之间的同级工人工资水平不一致，大滩工人工资几乎为小滩的两倍；（5）尚有半日制、包给工 648 名，在这些被包工人中情况较为复杂，其中有全包、半包，有些有劳动力、有些无劳动力，有些做全日工、有些做半日工，也有的不做工。

为了改进不合理的工资制度，《方案》规定工资改革的具体方针原则是：

一、在较一九五五年平均工资水平稍高的基础上改革制度，树立新标准使绝大部分的工人工资水平均有不同程度的提高，低的有较高的提高，并从一九五六年四月一号起按新标准发给工资。

二、鉴于淮北盐场目前生产受自然影响很大，不能完全实行先进的计件工资，为了有效地贯彻在发展生产、提高劳动生产率的基础上逐步改善工人生活的方针，并使工人工资收入平衡合理，保证工人生活正常，从今年四月份起扩大计时工资、缩小计件工资比例。计时工资比例提高到 70%，计件工资缩小到 30%。并根据计划产量制订计件单价。这样改革的结果，既可保证工人生活的改善与国家资金的积累之间的增长速度保持正常，又可使工人工资收入不因高产而畸增、低产而畸减。同时还可使大小滩之间工人收入存在一定程度不合理情况基本上得到解决。

三、改八级工资制为六级工资制，制订新的技术标准、重新评定等级。

四、改变季节工工资支付形式。鉴于今年季节工已经下工，故仍按原规定的制度执行，但到明年必须与基本工执行一个标准，并统一制度。季节工伙食改由本人负责，在基本工人家带饭，由企业适当地给以酬劳。

五、在这次工资改革的期间必须同时处理半日制和被包工人。

淮北盐场以党委为主成立工资改革委员会，由 11 人组成。内设 3 个小组，分别负责机关职工、生产工人、搬运工人工资改革具体工作。各场分别成立工资改革领导小组。此外，淮北盐场还抽调 20 名机关干部组成 6 个工作组深入各场具体帮助。

---

① 淮北盐务局：《淮北盐场一九五六年生产工人工资改革实施方案》，江苏省档案馆藏档，全宗号 4119，长期，案卷号 52。

从8月3日开始至9月5日为止，在中共新海连市委领导下，在中央食品工业部、盐务总局和全国盐业工会三个单位组成的联合工作组的直接指导与具体帮助下，淮北盐场对全场生产工人进行了工资改革。

改革按照宣传教育、全面评级、审批等级与补发工资三个步骤进行。

早在工资改革前一个月，盐场党委宣传部就专门召开了各场宣传委员会议，经过布置与讨论，在工人中宣传全国工资改革政策。工资改革全面开展后，先利用18天的时间宣传淮北盐场工资改革的具体方针原则。

首先，淮北盐场召开了各场、各单位党政工负责干部会议，以及各场召开党分支书记、正副工长、工会组长会议，学习贯彻改革方案，并培养宣传骨干。更重要的是，各场训练了大批积极分子，他们一般都是工作表现好、与群众关系好的优秀工人，较干部更有说服力。据统计，在工资改革期间，各场共训练了866名积极分子，其中党员403人、团员193人、群众270人，再加上淮北和各场直属机关从各部门抽调出143名领导骨干，配合中央工作组，深入现场与广大积极分子结合在一起，这样就形成了一支强大的工资改革宣传队，采取“分段包干送上门跟上滩，做个别工作”的工作方法①。

其次，淮北盐场党委宣传部制定了《一九五六年淮北盐场工人工资改革宣传提纲》，淮北盐务局制定了《产盐工人技术等级标准》，这为宣传内容提供了蓝本。

再次，除通过各种会议外，各场的口头宣传材料、黑板报、大字报、漫画等，搞得很活跃，大力地配合了工资改革的宣传。此外，还重视了向工人家属的宣传教育。

全面评定工人等级，单纯依据技术标准进行。在评级之间，分三个批次先后对工区骨干、党员、工人进行了摸底排队。评定方法是，先由工区骨干讨论提出初步意见，然后民主评议，小组通过，确定各类工人等级。

工人等级评定以后，首先要向群众公布草榜，反复征求群众意见，然后工资改革领导小组对工人等级进行审批。批准后再向群众公布各类工人最后确定的等级，并补发工资。

与此同时，淮北盐场实行了对管理人员（即干部）的工资改革。当时干部工资制度存在着很大问题。“首先在干部晋级工作上缺乏全面规划，致使几年来干部晋级幅度很小，1953年晋级人数只占0.4%，1954年晋级人数只占11.4%，绝大部分干部的等级从1952年改薪以来就没有动过，存在着场长股长级，股长

① 中共淮北盐场委员会、淮北盐务局：《关于淮北盐场生产工人工资改革工作总结的联合报告》，江苏省档案馆藏档，全宗号4119，长期，案卷号52。

办事员级，职级不相称的严重情况。其次在干部提拔问题上存在着保守思想，……输入的干部较输出的要多得多。”① 此外，干部工资水平曾受到不同的限制，先是执行个人工资增长一般不能超过20%的原则，后又改变为“不结余、不超过、合理使用”的原则。对干部的工资改革，一方面是实行企业工资标准，提高工资水平；另一方面是初步解决了干部等级较低，职级不相称的状况。

这次工资改革取得了一定成效。

第一，废除了行政标准，实行企业标准；推行了职务工资制，初步解决了职工等级较低的问题，使工资有了较显著的增长。

新旧工资数额、等级、评定人数比较表，见表7-6所列。

表7-6　新旧工资数额、等级、评定人数比较表　　单位：元、人

新等级		一	二	三	四	五	六
新工资		31.74	36.18	41.58	47.93	55.23	65.07
		人　数					
原等级	原工资						
1	23.97	1453					
2	26.43		657				
3	30.23		510				
4	39.42			262			
5	43.23				755		
6	47.71					2423	
7	52.41						485
8	57.36						9

资料来源：《工资测算表》，江苏省档案馆藏档，全宗号4119，长期，案卷号52。

职工的工资水平确实有了明显提高，改变了因短产造成工资水平下降的现象，解决了90%的工人生活困难问题。据统计，淮北盐场基本工合计6555人，其中增资人数5941人，占长工总数的90.48%，减资人数624人，占9.52%②。在工资改革前，干部生活有困难的有538人，占总人数46.18%。经过工资改革，生活困难完全解决的200人，基本解决的183人，还有困难的155人，困难人数

① 中共淮北盐场委员会、淮北盐务管理局：《淮北盐场职工工资改革工作总结报告》，江苏省档案馆藏档，全宗号4119，长期，案卷号52。

② 淮北盐务局：《淮北局汇总表》，江苏省档案馆藏档，全宗号4119，长期，案卷号：52。

占总人数13%①。

另据1956年11月4日的统计，淮北盐场的各类职工工资总额，较原工资总额，增长率多为25%以上。

淮北盐场工业人员工资调整统计表，见表7－7所列。

表7－7　淮北盐场工业人员工资调整统计表

人员类别	总人数	原工资总额	新工资总额	新工资增长差额	按九个月计算的增资额（1956年4-12月）	新工资比原工资增长百分比
干什人员	1165	51386.79	64679.00	13292.21	119629.89	25.87
基本长工	6331	—	—	—	19264.24	—
其他工	392	14286.69	17495.67	3208.98	28880.82	22.46
企业全部人员	7888	—	—	—	167783.95	—

资料来源：《淮北盐场工业人员工资调整统计表》，江苏省档案馆藏档，全宗号4119，长期，案卷号52。

淮北盐场基建、运销、工会、职教人员工资调整统计表，表7－8所列。

表7－8　淮北盐场基建、运销、工会、职教人员工资调整统计表

人员类别	总人数	原工资总额	新工资总额	新工资增长差额	新工资比原工资增长百分比
基　建	106	5216.26	6503.00	1286.74	24.67
运　销	127	5390.48	6852.00	1461.52	27.3
工　会	57	2905.38	3685.00	779.62	26.84
职　教	69	2374.13	3135.00	760.87	32.1
小　计	359	15886.25	20175.00	4288.75	27

资料来源：《淮北盐场基建、运销、工会、职教人员工资调整统计表》，江苏省档案馆藏档，全宗号4119，长期，案卷号52。

第二，改善了工资制度。改变计时与计件工资的比例，缩小计件工资，扩大计时工资。将计时工资所占比例由1955年的52.85%，提高到70%；将计件工资所占比例由1955年的47.15%，缩小到30%。同时，改善了季节工人工资支付形式与工资标准。季节工与基本工执行同一工资标准，并统一制度，季节工同样分得计件工资，伙

① 中共淮北盐场委员会、淮北盐务管理局：《淮北盐场职工工资改革工作总结报告》，江苏省档案馆藏档，全宗号4119，长期，案卷号52。

食费由本人负责，如果由基本工负责伙食，则由企业给以基本工适当的报酬。

第三，处理了一部分半日制和包给工人。其中，包给工人原494人，退职227人，占49.95%；吸收为在册工人67人，占13.56%。半日工人原155人，退职17人，占10.97%；转为一级工人55人，占35.49%。半日制和包给工人共计352人。对退职、退包工人，均发给退职、退包费，每人为100~150元[①]。

但是，工资改革也存在着一些不足，主要反映在评定职工等级方面。由“新旧工资数额、等级、评定人数比较表”可知，工人等级评定原则相对简单，将原来的8个等级重新评定为6个等级，实际上就是将原来的二、三等级合并，七、八等级合并，其余按原等级依次递进。与此同时，淮北盐务局制定的技术标准偏高，改革初期严格执行技术标准时，造成工人保留等级多、晋级幅度小，工资基金大量结余。后来纠正了这个偏向，又不能严格执行技术标准，影响了技术标准的严肃性。此外，工资改革中采取了对少数技术差的工人在一定时期内保留等级的措施，并计划将保留等级的人数控制在生产工人总数的5%以下，但实际执行的结果占到18.3%，影响了后续工作的进行。在评定干部等级时也存在着等级偏低的问题，有不少干部所定等级还不在本身等级线。据调查，整个淮北盐场不在本身等级线的干部共有299人，占干部总人数27.5%[②]。

淮北盐场自解放后至1957年，经过了两次工资改革，工资制度发生了很大的变化，固定工资（即计时工资）所占比重逐次增大，职工工资水平有了一定提升。1949—1957年淮北盐场历年职工工资总额，见表7-9所列。

表7-9　1949—1957年淮北盐场历年职工工资总额　　单位：千元

工资总额 / 年份	工业生产人员						其他业务	合计
	小计	其中：生产工人			其中：职员			
		小计	其中：基本长工	其中：工程技术人员	小计	其中：政工人员		
1949	324	155	154	—	117	30	10	334
1950	1578	1312	1307	—	201	40	29	1607
1951	3298	2892	2584	—	312	47	51	3349
1952	3125	2668	2281	—	375	51	73	3198

① 中共淮北盐场委员会、淮北盐务局：《关于淮北盐场生产工人工资改革工作总结的联合报告》，江苏省档案馆藏档，全宗号4119，长期，案卷号52。

② 中共淮北盐场委员会、淮北盐务管理局：《淮北盐场职工工资改革工作总结报告》，江苏省档案馆藏档，全宗号4119，长期，案卷号52。

（续表）

工资总额 年份	工业生产人员						其他业务	合　计
	小　计	其中：生产工人			其中：职员			
		小　计	其中：基本长工	其中：工程技术人员	小计	其中：政工人员		
1953	3512	3156	2626	36	292	28	184	3696
1954	3541	3188	2770	35	280	52	249	3790
1955	4662	4207	3361	126	304	90	311	4973
1956	4745	4186	3250	210	315	101	406	5151
1957	4946	4342	3280	183	368	149	857	5803

资料来源：《1949—1957 年职工工资》，淮北盐务局：《淮北盐场统计资料》，江苏省盐业公司档案室藏档，第 130 页。

第三节　福利待遇与文化教育

新中国成立初期，淮北盐场的职工福利待遇没有得到太大改善。直到“一五”计划期间，淮北职工的生活福利事业才有所发展。

职工的住房困难向来是个严重的问题。国家曾多次拨付巨款，为职工大量修建住房。在第一个五年计划的投资中，职工宿舍的建筑，占了很大的比例。为了彻底解决职工住宅问题，除了国家拨款建筑外，还发掘职工自己建房的潜力，提倡自建、公助私建等办法。从 1956 年 5 月份起，对住外的机关职工给予房租补贴，每月每间 0. 8 元。

1953—1957 年淮北盐场职工住房情况，见表 7 - 10 所列。

表 7 - 10　1953—1957 年淮北盐场职工住房情况

年份	基本工								季节工	
	公　有		公私合有		私　有		合　计			
	间数	居住人数	间数	居住人数	间数	居住人数	间数	居住人数	间数	可居住人数
1953	5263. 5	—	364	—	5458	—	11085. 5	—	627	2543
1954	5868. 5	11768	1310	2613	4796. 5	8089	11975	22470	699	2837
1955	5596. 5	12759	1310	2613	4796. 5	8089	11703	23461	685	2740

（续表）

年份	基本工								季节工	
	公　有		公私合有		私　有		合　计			
	间数	居住人数	间数	居住人数	间数	居住人数	间数	居住人数	间数	可居住人数
1956	7565.5	15952	438.5	1312	4215	7109	12219	24373	694	2684
1957	7908	18361	506	1019	3990	6702	12404	26142	696	2784

资料来源：《1953—1957 年盐工住房面积》《淮北盐场统计资料》，江苏省盐业公司档案室藏档，第 199 页。

在蔬菜及副食品的供应方面也有了改善。淮北盐场因交通不便，运输困难，肉类、蔬菜及副食品的价格较高。为了解决这个困难，各制盐场组织了蔬菜供应小组，并由福利金贷款作为供应基金，供应组按计划供应。此外还直接与农业社、供销社、蔬菜公司签订合同，负责供应盐工日常使用的蔬菜、副食品及日用品。

医疗卫生方面，淮北盐场解放之初即开办了盐场医院，至 1957 年，全场已有设备完整的医院一所、保健院一所、门诊室六所、妇婴保健院两所，计有医卫人员 134 人，做到每个场有卫生所，每个工区有专职医生。1952 年开办工人疗养院，几年来参加疗养的计 1330 人。

此外，托儿所、浴室也普遍建立起来，为解决工人吃淡水的问题，采取了开凿淡水井、利用船只送水等办法。至 1957 年，共有托儿所（站）80 个，浴室 12 个，洋井 16 个，吃水塘 53 个，送吃水船 160 多只。

新中国成立前后，淮北盐场的工人绝大多数不能读书识字，据 1949 年统计，新中国成立前工人文盲占工人总数 97%，家属文盲占总人数 99%，其中虽有一些非文盲，但也不过是粗粗识字而已。新中国成立后对盐场职工进行了业余教育工作，分为这样几个阶段：1950 年和 1951 年期间，在部分职工群众中开展了冬学的扫盲识字教育；1952 年下半年起，在全场范围内普遍地开展了以祁建华速成识字法为主的业余文化教育；1956 年中共中央提出向文化科学进军的号召以后，全场掀起了一个学习文化、学习技术的热潮，当时参加学习的竟达 12000 多人。据 1957 年统计，全场计有 3134 人摘去文盲帽子，2623 人入高小，323 人升入初中，28 人升入高中①。1953—1957 年淮北盐场职工业余学校开办情况，见表 7－11 所列。

① 中共淮北盐场党委：《淮北盐场简史（草稿）》，江苏省档案馆藏档，全宗号 4119，永久，案卷号 151。

表 7－11 1953—1957 年淮北盐场职工业余学校开办情况

年份	学生人数	文盲人数	青壮年中的文盲占比（%）	教师人数（兼职在内）
1953	4685	—	—	59
1954	3701	—	—	55
1955	6400	10646	78.7	309
1956	11809	10335	76.4	469
1957	8337	8339	65.0	469

资料来源：《1952—1957 年文教福利设施》《淮北盐场统计资料》，江苏省盐业公司档案室藏档，第 198 页。

淮北盐场除了大规模创办职工业余学校以外，还办了许多小学、中学和员工子弟学校。这些学校到 1953 年盐场企业化以后才移交地方政府管理，但仍然是盐工子女学习的地方。

《淮北盐工报》是淮北盐场自己开办的报纸，主要用于刊登盐场大事和职工的作品，如生产报道、通讯、快板、小调、戏剧等。它的前身是《盐场大众》，1948 年创刊，至 1957 年，全场共有 600 多位职工担任报社的通讯工作。1952—1957 年，《淮北盐工报》的发行份数分别为：70662、110748、134041、139292、177378、199558 份，在盐场工人中间有一定的影响。

同时，至 1957 年，淮北盐场共有业余剧团 21 个、电影队 4 个、男子篮球队 127 个、女子篮球队 29 个、排球队 17 个、俱乐部 22 个。

除此之外，淮北盐场实行了劳动保险制度，为职工生活提供了基本保障。1951 年 2 月国家颁布了劳动保险条例，当时淮北盐场由于自身条件限制，未曾实行，只是由工会与企业行政签订集体合同，对劳动保险做了规定。1955 年 12 月，淮北盐业工会就拟订了“淮北盐场关于工人享受生、老、病、死、伤、残待遇的暂行条例”呈报全国总工会。中华全国总工会盐业工作委员会当即批准淮北盐场自 1956 年 3 月 1 日起实行劳动保险条例。

劳动保险条例首先在生产工人中实行，7 月份开始在搬运工人中实行，不久在全场企业管理人员及一切附属单位的工作人员中也一律给予享受劳动保险条例的待遇。从此，全场一万多名职工的生活都得到了保障，工人的劳动条件得到了进一步改善。

1952—1957 年，淮北盐场所支付的企业奖励基金、医药卫生补助金、福利补助金及劳动保险支出总额为 3178011 元（表 7－12），与同时期淮北盐场职工工资总额 26611000 元相比较，前者为后者的 11.94%。

表 7－12　1952—1957 年特种基金及劳动保险支出情况　　单位：元

年份	企业奖励基金	医药卫生补助金	福利补助金	劳动保险金	合　计
1952	171202	—	—	—	171202
1953	9645	93021	77562	40844	221072
1954	11059	139303	83317	68292	301971
1955	59089	255577	75808	112278	503252
1956	361279	311881	129356	251641	1054157
1957	215955	313193	97600	299609	926357

资料来源：《1952—1957 年特种基金及劳动保险支出情况》《淮北盐场统计资料》，江苏省盐业公司档案室藏档，第 157 页。

同时需要注意的是，淮北盐场的福利待遇和职工文化生活仍存在着严重问题。

淮北盐场的住房条件虽然得到了一定改善，但是由于 1953、1954 年停止兴建职工住房，1956 年又遭到台风破坏，房荒现象越来越趋严重。工人们几代同居一室，住草舍宿席篷是非常普遍的，干部宿舍也十分缺乏。例如，“十场有个所谓万能俱乐部（两间俱乐部除了供职工进行业余活动外，还担负开会、摆工具以及家属、干部临时宿舍等任务）和五用场长室（一间场长室担负着场长办公室、会议室、会客室、招待所以及场长宿舍五种任务）”。例如，“九场有一干部家属看丈夫在场住一月，搬宿舍十八次。由于同一原因，有很多青年无法结婚，有些结婚也因缺房夫妻无法同居”。“工长住处缺乏更加严重，由于 1955 年组织改革时，对工长住房没有及时的相应解决，把将近三百名工长安插在俱乐室和盐工家里，……同时又因俱乐室有限，盐工住房缺乏，有个别工长不得不在猪圈住宿办公”。据 1956 年的调查，全场须新建 1959 间，须修理 2538 间（搬运工人尚未统计在内）①。

日用品供应方面，淮北盐场有近万名职工，约 6000 名船民，近三万名家属，分布在 10 个制盐场，有消费合作社的只有 7 个场，六、九、十场没有合作社，这就增加了这些场职工购生活日用品的困难。如九、十场工区职工购买些日常用品，最近的到合作社一趟往返要 30 华里，最远工区往返就要 60 华里。但是，其他合作社组织推销小组来盐场销售，还遭到盐场合作社阻拦，如滨海县的合作社

① 淮北盐务局：《关于从解决职工生活问题着手发动群众争取秋季丰产的报告》，江苏省档案馆藏档，全宗号 4119，长期，案卷号 52。

到九、十场推销日用品，曾先后遭到陈港和头罾合作社的批评与阻止。

盐场娱乐设备缺乏，导致职工文化生活枯燥：

盐场地处海滨，长达三百华里，宽达一二华里不等，在这广阔的地区内既无电影院又无戏院，职工的文化娱乐生活主要有赖于淮北工会的三个电影小队，由于地区分散，场下交通不便，所以放映效率很低，场下职工要将近一个月的时间才能看到一次电影。他们的日常文化娱乐只有打打扑克牌和球类活动，而且就是扑克牌和篮球活动设施也不能满足职工要求，所以场下职工日常生活活动规律是：从床上到饭堂，从饭堂到滩上，从滩上到会场，从会场到床上，睡觉、吃饭、工作，开会是场下职工日常生活中四大活动内容，日常如此，星期天也无不如此。盐工中男女关系不好，如在六月中旬一天就发生逮捕案件四起，我们认为这是与缺乏文化娱乐活动有着重大关系。特别是一部分分散单位的职工文化娱乐生活更糟，这如动力部门的扬水站、机器站，基建部门的施工单位，交通部门的电话机房，这些单位地处偏僻加之人少，各方面活动难以开展，文化学习学不起来，报纸不能及时看到，这些单位有些职工反映我们已经脱离红尘了①。

上述问题的出现，很大程度是由于领导上对职工生活不重视，加之缺乏专管机构，造成行政与工会之间、行政内部科室之间，对职工生活问题互相推诿，很少解决具体问题。例如，工人建房问题，盐务总局1955年主动提出拨款37万元解决淮北盐场工人住房问题，当时盐场领导只考虑盐场规划，就主动提出退回18万多元，支持新厂建设，其余18万多元，直到1956年下半年才着手用于建房。又如，全国盐业工会鉴于淮北盐场职工文化生活方面存在很多问题，先后拨款24万元解决文化娱乐场所和设备，淮北盐场接到款项后却很少付诸行动。

第四节　工伤事故与安全生产

淮北盐场的工人在安全生产方面存在着极大的隐患，这也是盐业生产中的一个突出问题，主要表现为劳动负荷重、劳动工时长、工伤事故多三个方面。首先是劳动负荷重。在生产和运输过程中，由于完全依靠工人的体力劳动，特别是生产的季节性、突击性很强，加上露天操作，这就形成了“天愈热，人愈忙”的现象。其次是劳动工时长。在春季旺产期间，工人的工时一般超过10个小时。

① 淮北盐务局：《关于从解决职工生活问题着手发动群众争取秋季丰产的报告》，江苏省档案馆藏档，全宗号4119，长期，案卷号52。

如遇天时变化，工人因突击抢收，工时更长，有时甚至连续工作20个小时以上。再次是工伤事故多。由于工人劳动负荷重、工时长，就造成了工伤事故多，这也是淮北盐场长时期未能解决的严重问题。

从1950年到1952年8月份，淮北盐场因工死亡13人，残废4人，吐血138人，一般工伤246人，女工小产65人①。对此，全国总工会、盐务总局、华东军政委员会劳动部、华东盐务局、苏北行署等领导机关均十分重视，数次发出指示，并派员到现场进行检查，要求采取措施，切实加以解决。当时，虽然也采取了一些措施，但1952年工伤事故仍有所增加。为此1952年9月，中央组织了由轻工业部、全国总工会、华东军政委员会和苏北行署等单位组成的调查组，深入淮北盐场进行检查，结合当时工资改革中的问题，做了处理，要求认真吸取教训，把安全生产当作头等大事抓好。

淮北盐场领导遵照指示，进行了安全卫生大检查，采取了具体措施，纠正了工资改革中的错误，改善了工人的劳动条件；降低了盐滩大廪的标准高度，限制加班加点的时数；改小盐筐，减轻负荷，发给使用的跳板，旺季生产时，发给每个盐工一副风镜，并普遍发给手套、袜套、垫肩、绑腿等防护工具，风车上装保险扣。为了解决工人的夏天乘凉问题，还发给每户盐工以搭凉棚用的竹子。

但是实际上，这些措施并未真正实施到位。例如，1953年6月8日，《人民日报》刊登了一封读者来信。信中指出，淮北盐场在安全卫生大检查后，在增添安全设备方面，花了一亿四千多万元，把全场风车装上了“保险扣”和“保险套”，却没有起到丝毫作用：

可是，使人惊异的是这些“保险扣”和“保险套”，百分之八十的工人都没有用它。

我们访问该场方洋场西港所老唐圩生产组时，这个组共有十一挂风车，“扣”儿都不晓得那儿去了，“套”儿也是残骸遍地。盐工李守法说：“我用了十几年的风车，没见过狗头咬人。”（风车的木齿轮俗称“狗头”，“保险套”是套在“狗头”上，防止发生事故。）

我们问：“照你说这个‘保险套’子就没个用处吗？”

“同志你想，那有用的风车篷子，为什么我们不把它丢在旁边呢？”另一个老工人这样回答我们。

过几天，我们路过徐圩镇，看见道旁有三四挂风车都有“套子”。我们又怀疑了：“要是真没有用，这儿怎么又用它呢？”后来工人告诉我：“上边干部下圩都要经过这里，不把套子套上可要挨责备。”

---

①《江苏盐业史》编写组：《江苏盐业史》（修订本），江苏人民出版社1992年版，第181页。

他还告诉我："当风车'保险套'发下来时，工人向场里提意见说这是浪费，场里生产股长拿出淮北盐务管理局的公示说："你们提有什么用？这是管理局叫办的！"

我们认为：这些保险扣保险套如果确实必需，淮北盐务管理局应该深入工人中间宣传、动员和教育工人使用它；如果这些"扣"儿和"套"儿因为质量不好，不能起到应有的作用，那么应该采取有效的办法补就①。

1955年，淮北盐场共发生200件工伤事故，其中上半年发生101件，较1954年同一时期增加了64.52%。更为严重的是，还发生了一件死亡事故——5月份第一制盐场第一工区发生一名工人家属触电死亡事故。该年因工伤事故、疾病而缺勤的达82381个工作日，相当于228个工人一年未工作②。

1956年发生工伤事故144件（不包括基建及触电死亡2人），比1955年发生的200件减少34.55%。但从发生事故的性质来看，是十分严重的。因为这一年严重短产，劳动负荷较轻，而该年的重伤、死亡事故是风车绞断脖子和触电死亡，这些都是提高安全生产意识就可以避免的事故。在10月份的安全卫生大检查中，据一至八场统计材料反映，发生危险事故（即未有构成人身事故）的即达7981次，其中一场就有162人次，二场九工区就有53人次，一场七工区有13个工人均发生过4次以上③。

1952—1957年淮北盐场职工工伤事故次数及所损失，见表7-13所列。

表7-13　1952—1957年淮北盐场职员工伤事故次数及损失

单位：人次、元

年份	合计	轻伤	重伤	死亡	歇工天数	损失金额
1952	662	527	129	6	4322	4179.00
1953	269	263	3	3	3133	3564.40
1954	176	175	1	—	1525	2007.05
1955	200	199	—	1	1979	7659.14

① 毅远、桑林：《淮北盐务管理局应该检查"保险扣"是否真正起了作用》，《人民日报》读者来信摘要，1953年6月8日第2版。

② 叶志俊：《国营淮北盐场工作情况报告》，江苏省档案馆藏档，全宗号4119，永久，案卷号112；淮北盐业工会：《关于关心改善群众生活问题的初步总结（草稿）》，江苏省档案馆藏档，全宗号4119，永久，案卷号80。

③ 淮北盐务局：《1956年工作总结》，江苏省档案馆藏档，全宗号4119，永久，案卷号126。

（续表）

年　份	合　计	轻　伤	重　伤	死　亡	歇工天数	损失金额
1956	144	141	3	—	2127	—
1957	137	136	1	—	2731.5	5495.31

资料来源：《1952—1957年工人职员伤亡事故次数及损失》《淮北盐场统计资料》，江苏省盐业公司档案室藏档，第150–151页。

盐业生产过程中频发工伤事故的严重问题，在全国范围内都普遍存在。1956年7月，《轻工业部盐务总局关于盐务工作基本情况和今后意见的报告》中指出，“事故多是企业管理中不能容忍的缺点。1955年国营、中央公私合营企业共发生工伤事故1768人次，较1954年增加了19%。其中轻伤1758人，重伤7人，死亡3人，今年又死亡工人3名。设备事故也多，几项重大事故直接间接损失即达29万余元。事故中约有60%是发生在井、矿盐区”。发生事故的主要客观原因是“生产设备陈旧落后”，“但是更重要的是我们改变这种落后状况是迟缓的。也有些同志由于缺乏科学知识，技术水平低，在事故面前束手无策，对减少和消减事故信心不足，放松了对职工进行安全生产的教育，安全技术组织措施不够及时，使用劳动护具不够广泛，更没有积极试制新的劳动护具，这是事故不能减少的主要根源”①。

淮北盐场各机构的领导人员对于工伤事故不够重视，没有安全生产意识，这是造成工伤事故的重要原因。

1950年，淮北盐区的搬运工人当中，“因工致伤者即达66人之多，其数目足够惊人，直到秋天才引起领导上注意重视，但在医药方面也未明确指示解决办法，其中百分之七十是工人自己解决的，或者是工人内部发扬互助替被伤者代一份工资，约百分之卅是基层工会所留会费解决的”②。

淮北盐场燕尾港码头工人搬运盐包时经常发生工伤事故，据1952年11、12两月统计，运盐工人扛盐包时发生吐血、扭腰、跌伤等事故30起。有关领导方面虽曾多次派员检查，但问题仍未解决。从淮北盐场的坨地到燕尾港码头的屯场原有一段运盐的轻便铁道。如果把码头加宽一些，把轻便铁道铺到码头横枕上，从屯场到横枕运盐包时就不必再用人扛。1953年，工人曾提出以上的建议。“但是，管理燕尾港码头的上海区港务管理局连云港分局说：‘码头工人不属我们领

① 张道吾：《轻工业部盐务总局关于盐务工作基本情况和今后意见的报告》，江苏省档案馆藏档，全宗号4119，永久，案卷号112。

② 淮北盐特区搬运工会筹委会：《一九五〇年工作总结》，江苏省档案馆藏档，全宗号4119，永久，案卷号27。

导，工伤事故我们不能负责。'中国盐业公司淮北海滩办事处的干部说：'我们只管运盐，一切设备都应由港务分局和盐务管理局解决。'淮北盐务管理局的干部说：'码头是港务分局管的，我们的轻便铁道不能铺到码头上去，也无权把码头加宽。'结果三个机关互相'扯皮'，谁也不管，工伤事故仍继续发生。"①

1957年第一季度，淮北盐场的工伤事故比1956年同期增加，忽视安全生产的情况仍未扭转。例如，"五场在第一季度曾一连串的发生工伤事故，并曾发生危险事故十几次，但该场并未采取有效措施，加以预防，有的支书反而公开说：'什么安全不安全，该出事故躲也躲不过'"；"还有燕尾港蔡栈长说：过去淮北局批评我们对淮劳字文一概不看，确是事实"②。

淮北盐场对安全生产制度未能完全贯彻实施，是造成工伤事故的另一个重要原因。经常出现的情况是："尽管每一次都组织检查组，盐场的领导上也空喊一阵大道理，实际上并没有什么行动。"③ 1955年，淮北盐场工会指出："安全运动月和安全活动日基本上是流于形式，安全设备未能切实利用，大浦的电线未能促出行政修理，造成死亡事故，对工时制度执行不严，五六月份工时经常在10小时以上，雨时抢盐工时就更长，最高达连续24小时，工人得不到休息……目前不执行工时和轮流休息制度的现象仍然存在。"④

此外，劳动护具质量差、工作设备不足等，都导致了工伤事故的增加。

另一方面，"一五"计划时期，淮北盐场在执行安全生产方面，也取得了一些成绩。1953—1957年每年支出的劳动保护费为：35564、20573、65649、124813、95452元⑤，平均为1952年劳动保护费的533%，1956年更达1235%以上。五年来，各场大量增添了行人桥、自动舢、安全走桥板（石）、电石灯照明等安全设备，数千辆风车都安装了保险扣，设立了轻便轨车（工人称为"长寿车"）、推广了推盐小车。根据不同工种和操作，还大批添置了13种个人防护用品，其中，盐工每人都配备雨衣和高筒胶靴。

此外，淮北盐场还逐步建立与健全了安全规程制度。1956年10月10日，淮北盐务局根据食品工业部颁发的"安全技术劳动保护工作职责"暂行规定的精神，并结合淮北盐场的具体情况，制定了《淮北盐务局安全生产责任制度》。这

① 朱熏池：《淮北盐场燕尾港码头运盐工人劳动条件应该改善》，《人民日报》读者来信摘要，1953年9月2日第2版。

② 劳动部、食品工业监察局、盐务总局、全国盐业工会、淮北盐务局联合工作组：《关于淮北盐区当前工作检查报告》（1957年5月3日），江苏省档案馆藏档，全宗号4119，长期，案卷号90。

③ 一读者：《雨前未绸缪，羊亡不补牢》，《人民日报》读者来信摘要，1956年8月6第2版。

④ 淮北盐业工会：《关于关心改善群众生活问题的初步总结（草稿）》，江苏省档案馆藏档，全宗号4119，永久，案卷号80。

⑤ 《1952—1957年文教福利设施》，《淮北盐场统计资料》，江苏省盐业公司档案室藏档，第198页。

项制度指出："为了使各级领导在管理生产的同时能担负起安技工作（安全技术、劳动保护工作的简称——著者按）的责任，局、场必须迅速建全劳动保护工作专职部门；运销、动力、基建、工具厂、交通队等部门，必须配备劳动保护工作专职或兼职人员。局劳动保护部门，由总工程师或生产副局长领导。场由工程师或生产副场长领导。其他有关单位劳动保护工作，由各单位之主管人负责领导"；"局的劳动保护部门，对场劳动保护部门及其他有关单位劳动保护工作人员，在业务上系指导关系"。并详细规定了企业各级行政领导（局长、场长、工长、队长及有关科室等）与劳动保护部门应负的职责①。这一制度的颁布，促使淮北盐场在执行安全生产方面趋于规范与合理。

① 《淮北盐务局安全生产责任制度》，江苏省档案馆藏档，全宗号4119，长期，案卷号53。

结语

淮北盐业原本是两淮盐业的一个组成部分，民国初年以来，它逐渐发展壮大，至1948年11月为中共政权接管，并成为新中国成立初期的一个重要的经济单位。

从1948年到1957年，淮北盐场在中共的全面改造和建设下，整体面貌发生了很大变化，这主要体现在以下几个方面。

第一，建立了统一的管理体制。

淮北盐场的管理体系以盐场党委和盐务管理局为中心，并在场、圩务所建立了分支机构。

盐场党委首先占据了重要地位。特别是1948—1952年，淮北盐场设立了中共淮北盐场特区和中共淮北盐场特区委员会（简称“淮北盐特委”），由淮北盐特委对淮北盐场进行统一管理。直至1953年江苏建省后，淮北盐场特区以及淮北盐特委才被撤销，新成立的盐场党委归新海连市（今连云港市）党委领导。盐场党委的工作也逐渐转到以党务为中心。

淮北盐务管理局的性质和职能也经历了变化。从机构的性质来看，1948—1952年，淮北盐务管理局是政企合一的机构，1953年以后转变为单纯的工业企业。从机构职能来看，1948—1952年，淮北盐务管理局管理淮北盐场的行政、生产、税收等各项业务。特别是对于盐税，需要逐日结算、解缴国库。盐的运销由中国盐业公司华东区公司淮北场办事处掌管。1954年，中国盐业公司华东区公司淮北场办事处并入淮北盐务管理局。淮北盐务管理局负责淮北盐场的行政、生产和运销业务，盐税划归税务部门负责。这就大致符合了企业的正常运行模式。

第二，实现了生产资料的国有化。

盐滩是淮北盐场的最主要的生产资料。中共接管淮北盐场时，滩地多为国民党政府及其官僚、垣商所有。对淮北盐场的生产资料实现国有化，实际上就是解决土地所有权问题。针对不同性质的盐滩，中共分别采取了没收、代管、收买、租营、代营等方式进行处理，其中以没收、代管和收买为主。特别是1951年年底，淮北盐务管理局执行了国家将大盐田收归国有的政策，完成了淮北盐场滩地国有化的关键一步。到1954年，淮北盐场的绝大多数滩地的所有权已转变成国有性质。

第三，统一组织生产与运销。

农村地区普遍开展合作化运动的时候，淮北盐场也实行了生产上的互助合作，组织了集体生产组。它以圩为生产单位，生产资料公有公用，劳动力统一调配，劳动收入统一分配，实行生产组长负责制。集体生产组的出现，改变了淮北盐场传统的一家一户一份滩的个体生产方式。与此同时，随着全国性的劳动竞赛的兴起，淮北盐场也组织了持续的大规模的劳动竞赛，将盐工充分地组织起来投入生产。

淮北盐业的运销权先后由国营的盐业公司和盐务管理局掌管，统一组织运输，并销往固定地区。这些国营运销机构承担了全部销盐量的80%以上。作为对国营运销机构的补充，还建立了供销合作社和承销、代销店，承担零售业务和偏远地区的销售业务。在国营运销机构占领市场绝大多数份额的情况下，盐商的生存状况不容乐观，他们的发展规模和销盐地域等经营活动都受到很大牵制，因此盐商数量很快减少。经过1956年的社会主义改造后，私营盐业已不存在。

第四，将盐民改造为企业职工。

古代盐民被称为亭户、灶户，生存条件艰苦，社会地位极端低下。新中国成立初期，淮北盐场将大部盐民转为国营盐场的工人，对职工进行统一的招收聘用和管理调配，并通过工资改革和发展福利事业提高了工人的生活水平。

淮北盐场经历了新中国成立初期的恢复和发展，盐的产量、销量与税利等方面均取得了显著的成绩。1950年，淮北盐场的盐产量恢复到抗战以前的水平。“一五”计划时期，淮北盐场的盐产量有了明显增长。1949—1957年，淮北盐场的原盐总产量为4784841吨，占全国海盐总量的13.08%，占全国盐产总量的10.89%；销盐量为4563466吨；税收连同利润收入共为国家积累资金649856千元，其中税收592128千元，占税利总收入的91.12%。这一成绩的取得是同全国发展良好的经济势头密切相关的。

1958年以后，淮北盐场又经历了一些变化。

一是下属盐场情况发生了变化。1964年，青口场重新划归淮北盐务管理局领导。1965年，江苏省境内（传统的淮南盐区）最为成功的民营盐场——射阳盐场划归淮北盐务管理局管辖。至此形成了淮北盐务局领导下的江苏省八大国营制盐场，分别是：青口、台北、台南、徐圩、灌西、灌东、新滩、射阳八场。实际上，淮北盐场的地理范围已经涵盖了传统的两淮盐区，淮北盐场这个概念也将存在于故纸堆中。

二是管理体制经历了再三变化。先是下放地方所在市、县管理，后又收归中央轻工业部管辖，再下放到江苏省轻工业局领导，最终下放至盐场所在地级市管辖。其中青口、台北、台南、徐圩、灌西五场划归连云港市管辖，灌东、新滩、射阳三场划归盐城市管辖。

1958 年以后，淮北盐场的制盐工艺和年产量也有了很大进步。特别是 1966 年试验成功塑料薄膜苫盖结晶池新技术，接着进行大面积推广，在海盐生产工艺上实现了突破。1978 年，年产量由新中国成立前最高年产量的 54 万吨增长到 210. 15 万吨。1949—1978 年向国家上缴利税 45. 06 亿元，相当于国家向企业投资的 43. 02 倍①。此外，盐化工产品在 1956 年以后发展起来，曾于 20 世纪 80 年代成为江苏盐业的一大经济支柱，20 世纪 90 年代中期之后趋于衰落。

20 世纪 80 年代末，随着井矿盐的发现，江苏省单一的海盐生产格局被打破。1987 年，经地质矿产部华东石油地质局勘探队和化工部钾盐勘探队勘察，在江苏省淮阴、淮安、丰县、金坛四个盆地，发现蕴藏量约 2700 亿吨的矿盐资源。矿盐的开采最初受到技术条件和设备的极大限制，但是这一限制随着开采技术的进步而逐渐减小。矿盐的大量开采，对传统海盐业形成了巨大冲击。

与此同时，1995 年，盐行业正式进入市场经济，随着工业盐市场的放开，盐业产区失去了计划经济下的国家政策保护，盐价开始下跌，产区经济结构单一的弊端日益暴露出来，盐场经济逐渐陷入困境。

为了保证经济效益，淮北盐场重点调整了产业结构，将大片盐田改辟为水产养殖区、农垦区，或当地政府的经济开发区。如今的淮北盐场，已不复 20 世纪 50 年代的模样。只有灌东场仍保留有大片盐田，而青口场只剩下了一个场部。本书所记录的，是这个饱经沧桑的盐场在新中国成立初期的一段历史印迹。

---

① 《江苏盐业史》编写组：《江苏盐业史》（修订本），江苏人民出版社 1992 年版，第 4 页。

附　　录

华中财委关于统一华中盐务管理的决定

（1945 年 10 月 10 日）

一、食盐过境，对华中解放区财政收入及群众生活关系甚大。过去食盐大半为敌人占领，西运路线又极迂回曲折，因此在行政管理上不得不采取分散管理政策。自敌人投降后，盐运路线畅通，响水口又为我克服，整个盐务情形完全改变。过去分散管理政策，自不足应付今日之情况而必须改变之。

二、华中江北解放区，整个盐务行政之管理、盐税征收，决定由两淮盐务管理局统一管辖。苏中军区之两淮盐务管理局及苏北军区之淮盐管理局予以改组，设立两淮盐务管理局。苏北、苏中两总办事处，直属两淮盐务管理局。其具体步骤，由两淮盐务管理局决定之。

三、华中以北解放区之盐税，决定统一实行就场征收。统一征收方案及实行日期，由两淮盐务管理局拟订，呈请财委会决定后通知实行。统一征收后，除各地税局有义务查验补票外，不得有重征行为。

四、统一征收后，友区来盐照章纳税，准予自由买卖。敌区来盐，原则上予以封锁，但在不妨碍我盐销时，亦得许其报缴特定之盐税予以放行。至于无源私盐，不论何处进口，各税收机关一经查觉，均得予以没收。

五、目前盐政方针，主要在改善盐民生活，保护盐产，减低税率、运费，扩大食盐市场，以求稳定与提高本币（抗币）之币值。其具体方案，由两淮盐务管理局提请财委会决定后实行。

华中财委关于统一华中盐务管理的补充决定

（1945 年 10 月）

一、确定两淮盐税，概由两淮盐务管理局就场统一征收。不论大中小子盐，每担一次征华中币贰拾元，不另征出口税。分运手续亦归该局所属机关办理。惟津浦路西（淮南、淮北）出口时，准许其再征出口税每担华中币拾元。

二、凡持有两淮盐务管理局盐税之税票及分运证者，各地一律不准再行重征。

三、但目前完全就场征税，可能发生困难。该局得在淮海、盐阜境内几个主要的食盐进口要道上，同时办理征收统一盐税。至于过去已缴纳地方盐税之存盐，其运往各地时，仍由各地税收机关按盐章征收盐税。

四、敌伪区来盐及友区来盐之征税事项，暂仍由各地货管机关办理之。

五、新解放区之盐场，目前尚难严密控制，加之公家和群众又纷纷抢运食盐，必有大量私盐走销，而两淮盐管局尚无统一的缉私武装与组织，故各地货管机关，应配合该局积极进行缉私，以保证盐税之收入。

六、两淮盐务管理局之业务，暂仍维持现有范围（包括管理场产，征收盐税，运销盐斤，管理食盐外汇），候将来再行调整。

七、本决定自十月十五日起开始执行。

淮盐缉私暂行办法

两淮盐务管理局训令字第号（1949 年 6 月 1 日）

第一章　总则

第一条　为杜绝盐税走私偷漏，并奖励缉私与检查，以期增加财政收入，保证供给，支援人民革命战争之早日胜利，特定本办法。

第二条　两淮盐场之盐斤，统应就场就仓征税，如有未经纳税起运之盐斤及未经盐管机关批准煎晒者，概谓私盐，悉依本办法处理之。

第三条　鲁浙盐已税者，准予自由销售，不再补征进口税，其未税者，以私盐论，按本办法处理之。

第二章　私盐处理办法

第四条　场区盐工（灶民）有偷私贩卖行为者，得按下列各条分别惩处之。

一、私盐在五十斤以下者，除没收其盐斤外，处以成本一倍至二倍之罚金。

二、私盐在五十斤以上百斤以下者，没收其盐斤，处以成本二倍至三倍之罚金，并召开盐工会议进行教育，予以警告。

三、私盐在百斤以上者，没收其盐斤，处以成本三倍至五倍之罚金，并召开盐工会议，予以记过处分。

四、偷盐三次以上之重犯，除按章处以罚金外，并开除晒滩权。

五、盐工集体走私除按以上处理外，为首者开除其晒滩权。

第五条　盐商（产商、运商、盐店、盐号）及船民私买盐斤者得按下列各条分别惩处之。

一、私盐在五十斤以下者，没收其盐斤并处以成本一倍至三倍之罚金。

二、私盐在五十斤以上百斤以下者，没收其盐斤，并处以成本三倍至五倍之罚金。

三、私盐在百斤以上五百斤以下者，没收其盐斤，并处以成本五倍至七倍之罚金。

四、私盐在五百斤以上一千斤以下者，没收其盐斤，并处以成本七倍至十倍之罚金。

五、私盐在一千斤以上者，没收其盐斤，并处以成本十倍以上之罚金。

第六条　小贩走私及夹带行为者，得按下列各条分别惩处之。

一、私盐在五十斤以下者，没收其盐斤及走私工具。

二、私盐在五十斤以上百斤以下者，没收其盐斤及走私工具，并处以成本百分之五十之罚金。

三、私盐在百斤以上二百斤以下者，没收其走私工具与盐斤外，并处以成本百分之五十至一倍之罚金。

四、私盐在二百斤以上三百斤以下者，除没收其盐斤及走私工具，并处以成本一倍至一倍半之罚金。

五、私盐在三百斤以上者，没收其盐斤及走私工具，并处以成本倍半至二倍之罚金。

第七条　罚金与没收盐斤之处理，由盐管局之专门稽征机关及盐区之场公署与运销局之办事处以上机关处理之。此外如无盐管机关时，由货管机关之县局及其所属货管分局按盐管条例处理之，各机关于处理私盐后，必须填具正式收据交受罚人，没收之盐斤及罚款，除提奖外，应即按级向上报解。

第八条　发动群众检举与组织缉私

甲、盐区内普遍建立盐工检查队（或纠察队）经常集合流动缉私。

乙、在盐区外围，私盐严重之农区，由盐管局会同当地政府，发动群众组成缉私小组，进行缉私，其办法如下：

一、以农区有组织的群众团体为基干，组成缉私小组，该项缉私组织行政上受当地乡村政府领导，业务上属盐管局领导。

二、缉私组员有检查权无处理权，其所查获之私盐须在二十四小时内送交盐管部门处理。

三、缉私组员不得有违法行为，否则取消其组员资格，其犯法严重者，得按法处理之。

丙、在未组织缉私小组地区，盐管局得发动群众检举。

一、任何机关团体与个人，均有权检举私盐，但不得徇私舞弊。

二、盐管局于走私地点，未设缉私小组者，可委托可靠关系检举私盐，前项缉私之私盐处理权，概归盐管机关，若无盐管机关者，由各级货管机关按淮盐缉私办法处理之。

第三章　奖励

第九条　凡检举缉获私盐之个人与团体，经处理后得给予一定奖金以示奖励。

一、盐区盐工、农区群众及其他人民缉获私盐者经处罚后得以没收之盐斤，按当地市场变价提取百分之七十充作奖金。

二、机关部队缉获私盐者经处罚后得以没收之盐斤，按当地市场变价提取百分之五十充作奖金。

三、盐务机关及盐警缉获私盐者经处罚后得以没收之盐斤，按当地市场变价提取百分之三十充作奖金（以百分之十作缉获机关本单位改善伙食或补充办公费等开支，以百分之二十缴管理局留作公益事业之用）。

四、个别人民向机关部队告密因而缉获私盐者经处罚后可按当地市场变价提取奖金百分之五十（密告人得百分之三十，缉获机关得百分之二十）。

上项奖金统按当地市场盐价（盐税除外）以人民币折发，不得奖发杂物。领取奖金之机关或群众必须填写领据给发奖机关，以便按级向上报销之。

第四章　附则

第十条　本办法业经华中行政办事处批准及呈请华东财办备案。

第十一条　本办法公布后以前所颁之办法一律废除之。

第十二条　本办法如有未尽之处呈请华东财政经济办事处以命令修改或补充之。

淮北盐场管理细则

华东区盐务管理局指复（区场（51）字第434号（1951年6月16日）

第一条　本细则依据全国盐场管理规则第十五条之规定，结合淮北盐场具体情况订定。

第二条　本盐场分为台南、台北、灌东、灌西、方洋、新滩六场，必要时得呈请变更之。

第三条　本盐场大部分系公营、少数民营，凡有制盐池滩，悉依本细则管理之。

第四条　本盐场所属各场，应成立盐场管理委员会，以充分发扬民主，改进场管制度，保证生产计划，其具体办法另订之。

第五条　民营池滩，非经申请领得制盐许可证者，禁止产制，已领制盐许可证之盐工，应在盐场机关领导下进行生产。

第六条　本盐场大部滩池，对于本低质高产丰运便集中易于管理，应适当的恢复与发展，如部分池滩质低本高、分散难管、运输不便，应暂时维持，积极创造盐工转业条件，稳步转业裁废。

第七条　为实行计划生产，各场及分场应根据总的生产任务提交盐工讨论，拟定分场分滩分年计划，曾报上级机关，核准施行，非经呈准，不得自行增减。

第八条　建立生产按级负责制，以明分工提高效能。

第九条　国营生产应由管理局与盐场总工会订立集体合同，双方保证其执行。如有争议应呈请上级机关处理。民营制盐户与盐工应成立劳资协商会议，以解决劳资间之有关问题，其工资标准，亦由劳资协商会议研究决定，但无论如何，不得低于国营部分。

第十条　在生产过程中，积极完成生产计划，认真改进生产技术，遵守劳动纪律之盐工，得分别予以表扬或奖励之。

第十一条　本盐场产盐，尽可能以春扫为主，如有不足以秋扫补充之。

第十二条　非产盐期，应组织盐工兴办泥工，并采取重点扫硝，适当组织生产盐业副产品，以利工人收入，并于空间时间进行组织盐工文化教育工作。

第十三条　本盐场产盐以含氯化钠百分之八十五以上为合格，由管理局会同总工会制定分等标准盐样，照样产制，在产制期间，盐务机关对新产盐斤，得随时化验检查，其质量过差，不宜使用，亦不能移充工农渔业用者，必要时得动员盐工盐民化卤重制。

第十四条　新产盐斤，应斤速归坨，分等堆存，每担连耗按一百二十斤计算，并应随时注意苫盖，防雨护色。

第十五条　凡民营盐滩所产盐斤一律按盐局所核定之圩盐成本，由盐局统一就圩收买，盐数按入坨数为标准，付款按中盐公司购盐比例付给。

第十六条　盐工盐民存圩盐斤，如发生淌化失窃，应即时报告当地盐务机关处理。

第十七条 仓坨存盐损耗率，如超过规定时，应由场管处随时检查原因，向管理局报告处理。

第十八条 在产制期间，各圩生产盐斤，由生产组长，分清公营、民营各户产数，逐日报告所辖之圩公所登账检查，并由圩公所五日上报场管处转报管理局一次，各圩盐民盐工应接受指导，组织盐工纠察队，进行缉私护税。

第十九条 潮汛期间，应督促盐工及闸工，进行纳潮，夏秋两季适当排淡。

第二十条 制盐成本，国营盐场按企业经营组织核算之，民营盐滩由场管处随时检查，并托会同盐民代表协商计算，报由上级核定。

第廿一条 场管处所及盐工对各种盐场建设，应注意保护并随时检查，如有损坏或应添建之处，公有者应遵照工程请示报告制度编具预算图说，曾报核准兴修，属于盐民私有者，应随时督促修整。但私营盐滩，若有必需应用国营企业投资之河、路、桥、闸、机器等建筑时，其费用按合理原则平均负担。

第廿二条 盐场气象，应由测候所逐日登记公告，并按月层报上级备查。

第廿三条 本细则自曾奉盐务总局核准后施行之，修改时亦同。

淮北盐务管理局关于《执行大盐田收归国有的决定》的具体实施办法（草案）

苏北人民行政公署（报告）苏财字第692号（1951年10月21日）

（一）兹为实施全国二届盐务会议《关于执行大盐田收归国有的决定》，并根据决定第七项规定结合本区实际情况，特订定本办法。

（二）本局管辖地区所有大盐田（不论公营私营）土地，均依法收归国有，由本局直接管理。但盐田之地面投资（包括建筑工程及制盐设备等）仍归原经营者所有，允许其继续经营。如原经营者无力或不愿经营时，盐田上之设备，可以转租或出卖，但须依照制盐许可规则，向本局登记。

（三）凡属本局管辖现已荒废之盐田及未经开辟之荒滩，概归国有，非经本局批准任何人不得擅自进行有关制盐工程设备之投资。

（四）持有旧制盐证券与盐田契约及国民党反动统制期间所发之土地所有证者，限在1951年12月底前，一律呈缴本局核销，有继续经营权利之制盐户，准换领新制盐许可证。否则，在1952年开始时，由本局公布一律作废。

（五）前条所列各项证件，有继续经营权利之制盐户，如果确已毁坏或遗失，须具文申明作废，呈由本局核销，准予换领新制盐许可证。

（六）已领取制盐许可证之制盐户，在指定之生产盐田上，只准进行盐业之生产，在制盐休闲时期，有自由兴修泥工之权利，但不得在盐田上进行非盐业之生产及兴建与产制盐无关之建筑物。

（七）在许可产制盐期中，若遇有关建国性之修建，必须征收盐田为国有者，制盐户应绝对服从，但本局得酌给转业津贴。

（八）在进行产制期中不得将有关生产制盐工事荒废，若遇人力不可抗之天灾，致使盐田工程荒废，制盐户在灾后有继续兴修之权，如自行荒废致不能生产者，本局得予以收回。

（九）对许可产制期满之盐田，应再行呈请领得许可证后进行生产，在未呈准以前不得继续经营。

（十）商营盐滩，在必须出租或出卖时，业户与承受户或承租户，除遵照本办法第二条之规定，向本局登记核许外，在双方订立契约上应载明只准收受盐田面上投资所有之变价或租金，不得以盐田为买卖或租赁之目的物。

（十一）经许可承受或承租商营盐滩之业户，其经营期限及生产权益应继续遵守原业户未满之期限及已许可之生产权益。

（十二）本办法经层报华东区财政部审核转报中央财政部核准后公布施行，修改时亦同。

参考文献

一、档案资料

江苏省档案馆藏档：江苏省盐务管理局档案，全宗号4119

江苏省档案馆藏档：淮南盐管局档案，全宗号4048

江苏省盐业公司档案室藏档：《淮北盐场统计资料》（1949—1957）

二、报刊资料

民国报刊：

《盐政杂志》《盐务公报》《盐务汇刊》《盐务月报》

新中国成立后报刊：

《人民日报》《中国轻工业》

三、地方志

1. 《灌西盐场志》（未公开出版）。

2. 连云港市海州区地方志编纂委员会编：《海州区志》，方志出版社1999年版。

3. 江苏省地方志编纂委员会：《江苏省志·盐业志》，江苏科学技术出版社1997年版。

4. 《江苏省灌东盐场志》（未公开出版）。

5. 《台北盐场志》编纂委员会：《台北盐场志》，中国矿业大学出版社2008年版。

6. 《台南盐场志》（未公开出版）。

7. 《江苏省徐圩盐场志》（未公开出版）。

8. 《新滩盐场志》（未公开出版）。

9. 张荣生编撰：《南通盐业志》，凤凰出版社2012年版。

四、资料汇编

1. 国民政府财政部盐务署盐务稽核总所编：《中国盐政实录》，台北文海出版社 1971 年影印本。

2. 华中抗日根据地和解放区工商税收史料编写组：《华中抗日根据地和解放区工商税收史料选编》，安徽人民出版社 1986 年版。

3. 江凤兰编：《国民政府时期的盐政史料》，台北“国史馆”1993 年版。

4. 南开大学经济研究所经济史研究室编：《中国近代盐务史资料选辑》（1–4 卷），南开大学出版社 1985—1991 年版。

5. 宋良曦、林建宇、黄健等：《中国盐业史辞典》，上海辞书出版社 2010 年版。

6. 中共江苏省盐业公司委员会，中共连云港市委党史工作委员会编：《革命战争中的淮北盐场》，南京出版社 1994 年版。

7.《中国工运史料全书》总编辑委员会编：《中国工运史料全书》，北京图书馆出版社 1998 年版。

8. 中国社会科学院、中央档案馆编：《1949—1952 中华人民共和国经济档案资料选编：工业卷》，中国物资出版社 1996 年版。

9. 中国社会科学院、中央档案馆编：《1953—1957 中华人民共和国经济档案资料选编：工业卷》，中国物资出版社 1998 年版。

五、中文论著

1. 陈芳：《曾国藩对两淮盐务治理之研究》，华中师范大学 2008 年硕士学位论文。

2. 陈锋：《近百年来清代盐政研究述评》，《汉学研究通讯》2006 年第 2 期，第 1–12 页。

3. 陈建勤：《清代扬州盐商园林及其风格》，《同济大学学报（社会科学版）》2001 年第 5 期，第 15–20 页。

4. 陈然、谢奇寿、邱明达编：《中国盐业史论丛》，中国社会科学出版社 1987 年版。

5. 陈然：《中国盐业史国际学术讨论会述要》，《盐业史研究》1990 年第 4 期，第 74–79 页。

6. 程龙刚：《新中国盐业生产的发展历程和辉煌成就》，《盐业史研究》2003 年第 2 期，第 36–43 页。

7. 程龙刚：《试述新中国盐业运销管理的作用》，《晋阳学刊》2007 年第 5

期，第104-107页。

8. 程龙刚：《中国现行盐业管理体制研究》，《盐文化研究论丛》第4辑，2009年，第86-91页。

9. 丁长清主编，刘佛丁等编写：《民国盐务史稿》，人民出版社1990年版。

10. 丁长清、唐仁粤主编：《中国盐业史（近代当代编）》，人民出版社1997年版。

11. 董振平：《抗战时期国民政府盐务政策研究》，齐鲁书社2004年版。

12. 董志凯，武力主编：《中华人民共和国经济史：1953—1957》，社会科学文献出版社2011年版。

13. 董志凯：《当代中国盐业产销的变迁》，《中国经济史研究》2006年第3期，第11-19页。

14. 段超：《陶澍盐务改革及其时代特点》，《江汉论坛》2000年第12期，第73-77页。

15. 范金民：《明代徽州盐商盛于两淮的时间与原因》，《安徽史学》2004年第3期，第5-11页。

16. 范金民：《清代徽州盐商的销盐纠纷与诉讼》，《中国社会经济史研究》2006年第2期，第38-44页。

17. 方裕谨：《顺治年间两淮盐务题本》，《历史档案》1988年第3期，第3-11页。

18. 方裕谨：《道光初年两淮私盐研究》，《历史档案》1998年第4期，第86-89页。

19. 方裕谨：《道光初年清政府遏制两淮私盐之对策》，《明清档案与历史研究论文选》（下），新华出版社，2005年，第1035-1068页。

20. 方志远：《明清湘鄂赣地区食盐的输入与运销》，《中国社会经济史研究》2001年第4期，第72-86页。

21. 方志远：《明清湘鄂赣地区的"淮界"与私盐》，《中国经济史研究》2006年第3期，第104-113页。

22. 冯尔康：《明清时期扬州的徽商及其后裔述略》，《徽学》2000年卷，安徽大学出版社2001年版，第166-198页。

23. 卜永坚：《商业里甲制——探讨1617年两淮盐政之"纲法"》，《中国社会经济史研究》2002年第2期，第14-21页。

24. 郭正忠主编：《中国盐业史（古代编）》，人民出版社1997年版。

25. 郭正忠：《中国盐业史研究八十年》，《中国盐业史国际学术讨论会论文集》，四川人民出版社1991年版，第571-585页。

26. (韩) 曹永宪:《明代徽州盐商的移居与商籍》,《中国社会经济史研究》2002 年第 1 期,第 32–38 页。

27. 何泉达:《吴中水利与滨海盐利——兼论明清两代上海盐业衰颓的原因》,《史林》1991 年第 3 期,第 53–58 页。

28. 何亚莉:《二十世纪中国古代盐业史研究综述》,《盐业史研究》2004 年第 2 期,第 34–44 页。

29. 黄俶成:《论两淮盐业经济对清代学术文化的影响》,《江海学刊》2001 年第 3 期,第 119–125 页。

30. 黄国信:《区与界:清代湘粤赣界邻地区食盐专卖研究》,三联书店 2006 年版。

31. 黄国信:《从“川盐济楚”到“淮川分界”——中国近代盐政史的一个侧面》,《中山大学学报(社会科学版)》2001 年第 2 期,第 82–90 页。

32. 黄国信:《清初湘南“派行盐引”案研究——清代湘粤赣界邻近地区食盐专卖研究之一》,《盐业史研究》2003 年第 2 期,第 3–12 页。

33. 黄国信:《盐法变迁与地方社会的盐政观念——康熙年间赣州盐法所见之市场、考成与盐政关系》,《清史研究》2004 年第 3 期,第 1–10 页。

34. 黄国信:《周学思叩阍与清初衡州府盐区“改粤入淮”——清代湘粤赣界邻地区食盐专卖研究之三》,《盐业史研究》2004 年第 4 期,第 3–9 页。

35. 黄健:《抗战时期的中国盐业》,巴蜀书社 2011 年版。

36.《江淮论坛》编辑部编:《徽商研究论文集》,安徽人民出版社 1985 年版。

37. 江巧珍、孙承平:《徽州盐商个案研究:〈疏文誓章稿〉剖析》,《清史研究》2005 年第 1 期,第 67–74 页。

38.《江苏盐业史略》编写组:《江苏盐业史略》,江苏人民出版社 1988 年版。

39.《江苏盐业史》编写组编:《江苏盐业史》(修订本),江苏人民出版社 1992 年版。

40. 江希岳:《两淮盐业机构的演变概要》,《盐业史研究》1991 年第 2 期,第 25 页。

41. 江希岳:《浅议两淮盐业缉私沿革》,《盐业史研究》1996 年第 2 期,第 52–56 页。

42. 姜华明:《江苏盐业经济 50 年之发展》,《盐业史研究》1999 年第 3 期,第 26–30 页。

43. 李百强:《两淮盐垦之过去及今后》,《经济学季刊》1934 年第 5 卷第 1

期，第 123–140 页。

44. 李传江：《上世纪六十年代以来江淮盐业研究综述》，《盐业史研究》2012 年第 2 期，第 52–62 页。

45. 李洪普、刘怀玉等：《淮北食盐集散中心淮安》，中国书籍出版社 2008 年版。

46. 李积新：《江苏盐垦事业概况》，《东方杂志》1924 年第 21 卷第 11 期，第 66–79 页。

47. 李积新：《兵工开筑江苏海滨盐垦区域河堤计划》，《中华农学会报》1929 年第 67 期，第 69–72 页。

48. 李积新：《整理江苏海滨盐垦之管见》，《中国建设》1930 年第 1 卷第 6 期，第 115–135 页。

49. 李积新：《江苏盐垦问题》，《地政月刊》1933 年第 1 卷第 1 期，第 41–55 页。

50. 李积新：《淮南盐垦区之垦殖问题》，《地政月刊》1935 年第 3 卷第 5 期，第 705–719 页。

51. 李建萍、樊嘉禄：《从清代扬州务本堂看徽州盐商商儒价值观的内涵》，《安徽史学》2010 年第 6 期，第 105–108 页。

52. 李寅生：《略论晚清盐政及陶澍的盐政改革措施》，《学海》1996 年第 1 期，第 87–90 页。

53. 林永匡：《清初的两淮运司盐政》，《安徽史学》1986 年第 3 期，第 27–34 页。

54. 凌申：《黄河夺淮与江苏两淮盐业的兴衰》，《中国社会经济史研究》2011 年第 1 期，第 11–17 页。

55. 刘隽：《盐法通志及清盐法志》，《中国近代经济史研究集刊》1932 年第 1 卷第 1 期，第 80–89 页。

56. 刘隽：《道光朝两淮废引改票始末》，《中国近代经济史研究集刊》1933 年第 1 卷第 2 期，第 123–188 页。

57. 刘隽：《咸丰以后两淮之票法》，《中国近代经济史研究集刊》1933 年第 2 卷第 1 期，第 142–160 页。

58. 刘隽：《国防与盐务》，《东方杂志》1933 年第 13 卷第 15 期，第 47–51 页。

59. 刘淼：《清代前期徽州盐商和扬州城市经济的发展》，《安徽史学》1987 年第 3 期，第 68–73 页。

60. 刘庆龙、蔡建：《近 20 年清代两淮盐业研究述评》，《盐业史研究》2005

年第 2 期，第 42–49 页。

61. 陆勇：《近代长江下游青帮研究》，扬州大学 2004 年硕士学位论文。

62. 吕一群：《清代湖广私盐浅议》，《华中师范大学学报（哲学社会科学版）》1991 年第 4 期，第 64–68 页。

63. 马俊亚：《被牺牲的“局部”：淮北社会生态变迁研究（1860—1949）》，北京大学出版社 2011 年版。

64. ［美］何炳棣：《扬州盐商：十八世纪中国商业资本的研究》，巫仁恕译，《中国社会经济史研究》1999 年第 2 期，第 59–76 页。

65. ［美］罗威廉：《汉口：一个中国城市的商业和社会（1796–1889）》，中国人民大学出版社 2005 年版。

66. 倪玉平：《博弈与均衡：清代两淮盐政改革》，福建人民出版社 2006 年版。

67. 倪玉平：《政府、商人与民众——以陶澍淮北票盐改革为中心》，中国社会科学院近代史研究所青年学术论坛，2004 年 6 月 30 日。

68. 倪玉平：《陶澍与清代“东南三大政”》，《江苏社会科学》2008 年第 1 期，第 184–191 页。

69. ［日］渡边淳：《清末时期长江下游的青帮、私盐集团活动——以与私盐流通的关系为中心》，《盐业史研究》1990 年第 2 期，第 60–77 页。

70. ［日］吉田寅：《中国盐业史在日本的研究状况》，《中国盐业史国际学术讨论会论文集》，四川人民出版社 1991 年版，第 586–594 页。

71. 宋新中主编：《当代中国财政史》，中国财政经济出版社 1997 年版。

72. 徐泓：《清代两淮盐场的研究》，台北嘉新文化基金会 1972 年版。

73. 徐泓：《清代盐务史料：以两淮为例》，《近代中国》2000 年第 139 期。

74. 徐泓：《清代两淮盐商没落原因的探讨》，《徽学》（第七卷），2011 年，第 10–32 页。

75. 唐仁粤主编：《中国盐业史（地方编）》，人民出版社 1997 年版。

76. 涂金：《二十世纪八十年代以来刘晏盐法问题的研究综述》，《盐业史研究》2007 年第 3 期，第 59–64 页。

77. 韦明铧：《两淮盐商》，福建人民出版社 1999 年版。

78. 王建东：《战争时期的苏北盐场工作》，《社会科学》1983 年第 11 期，第 52–53 页。

79. 王叔涵：《两淮盐务与钱庄》，《经济学季刊》1931 年第 2 卷第 3 期，第 118–207 页。

80. 王日根、吕小琴：《析明代两淮盐区未取晒盐法的体制因素》，《史学月刊》2008年第1期，第100-106页。

81. 王思治、金成基：《清代前期两淮盐商的盛衰》，《中国史研究》1981年第2期，第66-92页。

82. 王瑜、朱正海：《盐商与扬州》，江苏古籍出版社2001年版。

83. 王振忠：《明清徽商与淮扬社会变迁》，三联书店1996年版。

84. 王振忠：《明清两淮盐商与扬州青楼文化》，《复旦学报（社会科学版）》1991年第3期，第106-113页。

85. 王振忠：《明清扬州盐商社区文化及其影响》，《中国史研究》1992年第2期，第104-117页。

86. 王振忠：《清代两淮盐业盛衰与苏北区域之变迁》，《盐业史研究》1992年第4期，第3-13页。

87. 王振忠：《明清时期徽商社会形象的文化透视》，《复旦学报（社会科学版）》1993年第6期，第80-84页。

88. 王振忠：《清代两淮盐务首总制度研究》，《历史档案》1993年第4期，第101-104页。

89. 王志坚主编：《淮盐今古》，中国文史出版社2005年版。

90. 汪崇筼：《明清徽商经营淮盐考略》，巴蜀书社2008年版。

91. 汪崇筼：《乾隆朝徽商在淮盐业经营中的获利估算》，《盐业史研究》2000年第1期，第13-22页。

92. 汪崇筼：《明清两淮盐利个案两则》，《中国经济史研究》2000年第3期，第78-86页。

93. 汪崇筼：《清代徽州盐商江仲馨获利案例试析》，《清史研究》2002年第2期，第106-111页。

94. 汪崇筼：《关于徽州盐商性质的两个问题》，《徽学》第2卷，2002年，第104-128页。

95. 汪崇筼：《明清淮盐经营中的引窝、税费和利润》，《安徽史学》2003年第4期，第17-22页。

96. 汪士信：《乾隆时期徽商在两淮盐业经营中应得、实得利润与流向试析》，《中国经济史研究》1989年第3期，第95-111页。

97. 吴承明、董志凯主编：《中华人民共和国经济史（1949—1952）》，社会科学文献出版社2010年版。

98. 吴海波、曾凡英：《中国盐业史学术研究一百年》，巴蜀书社2010年版。

99. 吴海波：《明清两淮盐商的资本来源、增值及其特点》，《兰州学刊》2005年第4期，第301-303页。

100. 吴海波：《清中叶两淮私盐与地方社会——以湖广、江西为中心》，复旦大学2007年博士论文。

101. 吴海波：《近十五年来清代私盐史研究综述》，《盐业史研究》2001年第3期，第46–49页。

102. 吴海波：《清代盐业史料述略》，《盐业史研究》2006年第3期，第40–45页。

103. 吴海波：《二十世纪以来明清盐商研究综述》，《盐业史研究》2007年第4期，第55–64页。

104. 吴海波、罗习珍：《20世纪以来中国私盐史研究述评》，《盐文化研究论丛》第三辑，巴蜀书社2009年版，第3–24页。

105. 吴仁安：《清代上海地区盐场述论》，《历史教学问题》1991年第6期，第21–23页。

106. 吴善中：《客民·游勇·盐枭——近代长江中下游、运河流域会党崛起背景新探》，《扬州大学学报（人文社会科学版）》1999年第5期，第29–36页。

107. 吴雨苍：《清代两淮盐政》，《国专月刊》1936年6月第3卷第5期，第62–74页。

108. 萧国亮：《清代两淮盐商的奢侈性消费及其经济影响》，《历史研究》1982年第4期，第135–145页。

109. 萧致治：《林则徐和陶澍在江苏》，《江海学刊》2004年第3期，第14–21页。

110. 杨德泉：《清代前期两淮盐商资料初辑》，《江海学刊》1962年第11期，第45页。

111. 于海根：《试论华中抗日根据地的盐务工作》，《盐业史研究》1991年第3期，第39–45页。

112. 于海根：《简论宋太宗淮盐政策的六次变更》，《上海师范大学学报》1992年第1期，第46–48页。

113. 于海根：《民国期间苏北淮南盐区的废灶兴垦事业》，《盐业史研究》1993年第1期，第49–59页。

114. 于海根：《试析明清徽州盐商文化人格》，《中国社会经济史研究》1994年第3期，第20–30页。

115. 羽离子：《张謇未刊文稿所及之两淮盐垦要务》，《江苏地方志》2004年第4期，第34–37页。

116. 曾凡英主编：《盐文化研究论丛》（1–5辑），巴蜀书社2006年版。

117. 詹玲、程龙刚：《华中抗日根据地盐业述略》，《四川理工学院学报（社会科学版)》2010 年第 6 期，第 24-26 页。

118. 张海鹏：《徽商在两淮盐业经营中的优势——“明清徽商与两淮盐业”研究之二》，《明代研究第 4 辑——庆王毓铨先生 85 华诞暨从事学术研究 60 周年专辑》，1994 年，第 15-24 页。

119. 张立杰：《南京国民政府的盐政改革研究》，中国社会科学出版社 2011 年版。

120. 张连生：《清代扬州盐商衰败原因综述》，《盐业史研究》第 1 辑，1986 年，第 81-84 页。

121. 张小也：《清代私盐问题研究》，社会科学文献出版社 2001 年版。

122. 赵赟：《明代淮盐流通及管理机制》，《史学集刊》1991 年第 2 期，第 21-28 页。

123. 赵赟：《〈中国盐书目录〉述介》，《盐业史研究》2005 年第 1 期，第 46-48 页。

124. 郑力民：《徽商与开中制》，《江淮论坛》1982 年第 2 期，第 10-14 页。

125. 钟春翔：《抗战初期抢运沿海存盐述论》，《抗日战争研究》1996 年第 3 期，第 116-127 页。

126. 钟长永：《当代中国盐业 50 年》，《盐业史研究》1999 年第 3 期，第 3-11 页。

127. 周琍：《清代广东盐业与地方社会》，中国社会科学出版社 2008 年版。

128. 周晓光：《徽州盐商个案研究：〈二房赀产清簿〉剖析》，《中国史研究》2001 年第 1 期，第 144-152 页。

129. 周志初：《曾国藩与两淮盐务》，《扬州大学学报（社会科学版)》1987 年第 4 期，第 117-124 页。

130. 周志初：《晚清的两淮盐商》，《盐业史研究》1988 年第 3 期，第 46-50 页。

131. 周志初：《清乾隆年间两淮盐商的资本及利润数额》，《扬州大学学报(人文社会科学版)》1997 年第 5 期，第 35-38 页。

132. 朱宗宙：《明清时期盐业政策的演变与扬州盐商的兴衰》，《扬州大学学报（人文社会科学版)》1997 年第 5 期，第 30-35 页。

133. 邹思齐：《陶文毅公对于两淮盐务之改革》，《中国公论》1940 年第 4 卷第 1 期，第 63-72 页。

后　记

本书是在我的博士论文基础上整理完成的。从2014年博士毕业至今已将近9年，其间由于各种原因一再迁延了书稿的出版，我的博士生导师李良玉教授为此焦心如焚，在此首先向李老师表示深深的歉意和感谢！李老师一直以来对我悉心指导，本书的立意、框架和写作方式都融入了老师的建议。我才疏学浅，读书不认真，所幸的是能得老师耳提面命，督促我用功，才不致虚掷光阴。

我的硕士生导师陈红民教授对我的学业关心备至。他在忙碌之余，仍不忘时时提点于我，使我获益良多。江苏省档案馆的诸位老师，不厌其烦地帮我调档、复印，让我顺利将档案资料全部查完，这对完成书稿至关重要。我的同门仇海燕老师，以及江苏省盐业公司、灌东盐场、新滩盐场、金桥盐业公司的诸位领导，他们或帮我联络接洽，或给我提供资料，或带我参观盐场，对本书的完成有很大助益。我所在的工作单位河海大学马克思主义学院为本书的出版提供了经费资助，学院的诸位领导和老师们对我的工作给予了极大的帮助和便利，在此一并致谢。最后要感谢的是合肥工业大学出版社的朱移山副社长、责任编辑郭娟娟以及提供技术支持的各位同仁。

周倩倩

2023年3月16日于南京